Mathias Wais · Kindheit und Jugend heute

Mathias Wais

Kindheit und Jugend heute

Sinn und Unsinn der Erziehung

MAYER

Mathias Wais, geboren 1948, studierte Psycholgie, Judaistik und Tibetologie in München, Tübingen und Haifa und schloß als Diplom-Psychologe ab, eine psychoanalytische Ausbildung und Forschungen schlossen sich an. Zunächst Spezialisierung auf Neuropsychologie und Therapie von Hirnverletzten. Seit 1985 Arbeitsschwerpunkt Biographik, Biographie- und Erziehungsberatung und Leitung des Dortmunder Zentrums »Beratungsstelle für Kinder, Jugendliche und Erwachsene«; ausgedehnte Vortrags- und Seminartätigkeit. Er ist Autor von zahlreichen Sachbüchern. Im Verlag Johannes M. Mayer sind von ihm erschienen: *Der Mythos der heilen Kindheit,* 1999 in zweiter Auflage; *Trennung und Abschied – Der Mensch auf dem Wege;* die Neuherausgabe von *Ich bin, was ich werden könnte – Entwicklungschancen des Lebenslaufs;* ferner der Thriller *Töte, Lama, noch einmal.*

Die Deutsche Bibliothek – CIP-Einheitsaufnahme

Wais, Mathias:
Kindheit und Jugend heute : Sinn und Unsinn der Erziehung / Mathias Wais. – Stuttgart ; Berlin : Mayer, 2000
ISBN 3-932386-45-0

© 2000 Verlag Johannes M. Mayer & Co. GmbH,
Stuttgart · Berlin
Umschlaggestaltung: Bruno Schachtner, Dachau
Satz und Druck: Freiburger Graphische Betriebe, Freiburg

Inhalt

Inhalt

Zweiter Teil: Stationen und Lebenswelten der Kindheit

Inhalt

Vorwort

Nach sechzehn Jahren Erziehungsberatung bin ich zu der Auffassung gekommen, daß Kindheit sowohl überschätzt wie unterschätzt wird. Sie wird überschätzt, was ihre kausale Bedeutung für das spätere Erwachsenenleben und die Möglichkeiten prägender Erziehung betrifft. Und sie wird unterschätzt, was ihre Eigenständigkeit und Eigengesetzlichkeit betrifft. Um dieser Eigenständigkeit Gehör zu verschaffen, halte ich es für sinnvoll, daß wir die Haltungen, Motive und Bilder von Kindheit hinterfragen, aus denen heraus wir erziehen.

Erziehung, die sich selbst auffaßt als ein »Ziehen« des Kindes von einem Ist-Zustand zu einem Soll-Zustand, hat meines Erachtens keine Zukunft, weil sie am heute sehr ausgeprägten Eigenerleben des Kindes vorbeizugehen neigt.

Ich versuche, dieses Eigenerleben des Kindes, soweit ich es erfassen kann, zum Bezugspunkt zu machen. Insofern ist das Buch aus einem einseitigen Blickwinkel heraus geschrieben, was zudem noch durch die Tatsache verstärkt wird, daß es aus der Erziehungsberatung hervorgegangen ist, das heißt aus einem Zusammenhang, in dem nur Kinder und Eltern in Erscheinung treten, die untereinander in Schwierigkeiten kommen, die sie meinen, selbst nicht mehr handhaben zu können. Das Bild eigenständigen und eigenberechtigten Erlebens des Kindes, das ich von da entnehme, ist also möglicherweise nicht repräsentativ. Andererseits ist nicht erkennbar, weshalb diejenigen Anlässe, die Eltern und Kinder zur Erziehungsberatung führen, grundsätzlich verschieden sein sollten von familiären Gegebenheiten, die nicht bis zur Erziehungsberatung vordringen. Vielmehr dürften jene Anlässe nur wie vergrößert, wie unter dem Mikroskop ganz normale Mißverständnisse und Probleme sichtbar werden lassen.

Deshalb geht es hier auch nicht um einen Erziehungsratgeber oder um ein Kompendium kindlicher Verhaltensauffälligkeiten, sondern um die Hintergründe, aus denen heraus wir erziehen.

Mein Bild von Erziehung ist offen. Im Moment scheint mir die Präsenz des Erwachsenen wichtiger zu sein als Methoden.

Die Beispiele sind typisiert. Sie sind jeweils zusammengesetzt aus konkreten Beratungsfällen. Ich bin mir im klaren darüber, daß Typisierungen und Verallgemeinerungen den Einzelfall nie erschöpfend beschreiben und ihm insofern nie gerecht werden, sondern günstigenfalls nur die Funktion haben können, Perspektiven zu eröffnen.

Ich danke meiner Kollegin Rosi Buschulte, die den Ersttext unterstützend und kritisch kommentiert hat.

Sommer 2000 *Mathias Wais*

Erster Teil

Bilder von Kindheit

Schicksal und Biographie

Was ist das Wesen der Erziehung? Und wo gehört sie hin; wo aber gehört sie nicht hin? Was kann das Kind füglich von Erziehung erwarten, und inwiefern braucht es davor möglicherweise einen Schutz? Um diese Fragen aus der Kurzatmigkeit der bloßen Erziehungsratschläge herauszunehmen, gilt es hier zunächst den Raum aufzuspannen, in welchem Erziehung überhaupt sinnvoll sein kann. Es ist jene Sphäre, die sich zwischen Schicksal und allmählich sich entfaltender Biographie auftut.

Ein Kunstwerk entsteht

Worin besteht die Spannung zwischen Schicksal und Biographie? Um für diese Frage eine Perspektive zu bekommen, können wir uns vor Augen führen, wie eigentlich das Werkstück eines Künstlers entsteht. Zunächst dürfen wir davon ausgehen, daß kein Künstler nur ein einziges Werkstück schafft, gleichsam aus dem Nichts, um sich danach zufrieden in Rente zu begeben. Vielmehr ist da am Anfang ein Suchen. Der Maler zum Beispiel mag nach Darstellungsmöglichkeiten einer bestimmten Idee suchen – und zwar sucht er danach nicht aus Laune, sondern weil sich ihm aus seinem bisherigen künstlerischen Schaffen ein drängendes Sehnen ergibt nach weiterer Entwicklung, nach genauerer oder reinerer Darstellung, nach Vereindeutigung oder Steigerung. Das Sehnen nach einem weiteren Bild ergibt sich also aus einem Entwicklungsprozeß und ist selbst Teil eines solchen immer weiter strebenden Prozesses. So wird es auch nach dem jetzt zu schaffenden Bild wieder ein Sehnen und Suchen geben, und es wird wieder ein Bild entstehen.

Wenn das innere Suchen und Sehnen einen gewissen Formungsgrad, eine gewisse Deutlichkeit erreicht hat, kommt es zu einem Beschluß: Ich werde wieder ein Bild malen; diesmal soll es noch näher an dem liegen, worum es mir geht. Der Künstler beschließt also, seinem derzeitigen Impuls im Irdisch-Physischen eine sinnenfällige Existenz zu geben.

Jetzt spannt er die Leinwand auf, wählt das Format, die Farben, die Technik, das Werkzeug. Aber noch ist das Bild nicht da. Es wird jetzt von sehr vielen Umständen abhängen, was genau das für ein Bild wird – von der Tradition, in der der Maler steht oder von der er sich vielleicht absetzen will; von seinen bis dahin entwickelten handwerklichen Erfahrungen und Fertigkeiten; von seinen Stimmungen aber auch; seiner persönlichen Situation sodann; dem Stand seiner Auseinandersetzung mit anderen Malern; von Kritiken – zustimmend oder verständnislos –, die er zu seinen letzten Bildern erhalten hat; von seiner körperlichen Verfassung dann wieder; von Zuspruch oder Desinteresse, die ihm von Freunden uns Bekannten zukommen mögen; von seinem künstlerischen Gewissen schließlich.

Das so real entstehende Bild ist also nie die direkte Umsetzung eines geistigen Impulses oder einer Inspiration in die einzig mögliche irdische Form. Vielmehr ist das Bild *eine* Verwirklichungsmöglichkeit des ursprünglichen Impulses, abhängig eben von Umständen. Geistiger Impuls und irdische Verwirklichung des Impulses kommen also nie vollständig zur Deckung. Und genau das macht die Spannung des Kunstwerkes aus, das ja gerade dadurch gekennzeichnet ist, daß es über sich selbst, so wie es geworden ist, hinausweist. Diese Spannung ist es wiederum, die den Betrachter erfaßt und die auf der anderen Seite den Maler impulsiert zu wiederum erneutem Suchen nach einem weiteren Ausdruck des von ihm urbildlich Geschauten.

Der Hinweis darauf, daß das real sich ergebende Bild nie direkt seinem Urbild entspricht, sondern daß das Umgießen des Urbildes in eine irdische Form von Umständen abhängt, bedeutet aber keineswegs, daß das reale Bild »zufällig« so geworden wäre, wie es eben geworden ist. Vielmehr gehören seine Umstände zu diesem Bild und damit zum Schaffen des Künstlers überhaupt – genau so wie die Inspirationen, aus denen heraus das Bild impulsiert ist. Es besteht ein *Sinnzusammenhang* zwischen dem Urbild und seiner konkreten Realisierung. Die Umstände, die ja sowohl Möglichkeiten wie Beschränkungen beinhalten, sind offenbar notwendiger Teil des Inkarnationsvorganges, der ja gerade dadurch gekennzeichnet ist, daß ein geistiger Impuls, eine geistige Dynamik sich zu ihrer Realisierung im Irdischen der situativen Umstände bedienen, die zu Beginn und während des Inkarnationsvorganges vorliegen.

Und da wir einen Sinnzusammenhang finden, können wir sogar noch einen Schritt weiter gehen und annehmen, daß der geistige Impuls, der sich inkarnieren will, konstellierend, arrangierend auf die situativen Umstände einwirkt. Es ist Teil seines Inkarnationsvorganges, das heißt seiner Sinnverwirklichung, daß er die situativen Umstände und Abläufe ebenso ergreift und mitkonstelliert wie die inspirierenden Vorgänge in der künstlerischen Seele. Die Umstände sind also Teil der Inkarnation.

Wie entsteht Individualität?

Von hier aus fragen wir nun: Wie entsteht eigentlich die individuelle Biographie eines Menschen?

Da ist zunächst ja auch ein geistiger Impuls zur erneuten Inkarnation – ein Impuls, der hervorgeht aus dem, was der geistige Wesenskern eines Menschen in früheren Erdenleben erfahren und sich erarbeitet hat, aber auch aus dem, was ihm dabei versagt, was unerledigt geblieben ist, was er ausgleichen, vereindeutigen will, steigern will. Während diese Ich-Substanz in der geistigen Welt weilt und sich dort sowohl mit dem früheren Erdengang auseinandersetzt wie auch mit über ihr Wesen hinausgehenden geistigen Strömungen und Strebungen, reift ein Entschluß zur Inkarnation. Dieser Entschluß bezieht sich – je konkreter er wird, umso deutlicher – auf eine bestimmte Zeit, eine bestimmte Volksgruppe, später auch auf konkrete Menschen, die als Eltern und erster sozialer Raum aufgesucht werden. Denn dieses geistige Ich-Wesen verspricht sich für seinen nächsten Erdengang gerade von der Auseinandersetzung mit bestimmten zeitlichen und zwischenmenschlichen Umständen eine weitere Entwicklung – für sich selbst ebenso wie für seine Wirkungsmöglichkeiten auf Erden. Das Ich sieht also in Zusammenhang mit seinem Inkarnationsbeschluß die Möglichkeiten, die ihm situative Gegebenheiten und konkrete, gleichzeitig inkarnierte Individualitäten bieten.

Es ist zu betonen, daß das Ich *Möglichkeiten* sieht. Es sieht zum Zeitpunkt seines Inkarnationsentschlusses noch nicht das, was dann konkret aus diesen Möglichkeiten wird. Es sieht Urbilder, nicht aber die realisierten Ausformungen der Urbilder – wie auch der Maler zum Zeitpunkt seines Entschlusses, erneut ein Bild in Angriff zu nehmen, das fertige reale Bald noch nicht vorhersieht.

Im Zuge dann der Annäherung an das Irdische, welche für das Ich eine Art Verdichtungsvorgang ist, sieht dieses Ich immer genauer die tatsächlichen realen Gegebenheiten – und ergreift sie, greift so in ihre Konstellation und ihren Ablauf ein, daß sie möglichst nahe kommen dem, was vom Inkarnationsbeschluß her intendiert war. Noch bevor es also von einem konkreten Körper Besitz ergreift, inkarniert sich das Ich bereits in seinen künftigen Lebensumständen, unter denen es antreten wird. Dieses Ergreifen der realen Umstände und das Eingreifen in diese setzt sich fort; es ist ein das ganze Leben fortwährend begleitender Vorgang, wenngleich der Eingriff in die anfänglichen Lebensumstände sicherlich der stärkste ist.

Die Freiheitsgrade sind zu Beginn der Biographie noch recht hoch – wenngleich andere Iche ja gleichzeitig ihre Lebensumstände zu konstellieren versuchen und es dadurch zu Überschneidungen, und das heißt Einschränkungen der individuellen Freiheitsgrade kommen muß. Dennoch ist vieles am Anfang noch offen. Wie werden sich die Eltern tatsächlich verhalten, die von der Seele des Kindes aus der geistigen Welt heraus ja nur in ihren urbildlichen Möglichkeiten geschaut wurden? – Welche gesundheitlichen Umstände werden real bestehen? Wie werden die Eltern zum Beispiel mit den Kinderkrankheiten umgehen? Werden sie diese durch Impfung zu verhindern suchen oder werden sie sie in ihrem Persönlichkeit bildenden Wert zulassen? – Oder wie, zum Beispiel, wird der Umkreis des Kindes mit den Tatsachen seiner Geschlechtszugehörigkeit umgehen? – Gelassen? Einseitigkeiten herausfordernd? Aufgeregt? Akzeptierend oder mit Skepsis?

Die konkreten Umstände, die als Möglichkeiten vorher ausgewählt beziehungsweise konstelliert wurden, prägen natürlich erste Signaturen in die junge Biographie ein. Dadurch aber schränken sie im Laufe des weiteren Lebens den Zugriff auf die jeweils sich auftuenden Möglichkeiten entsprechend ein.

Ein Junge, dessen Mutter seine Geschlechtszugehörigkeit mit Skepsis oder einer ängstlichen Ratlosigkeit handhabt, wird ein ambivalentes Verhältnis zu diesem Aspekt seiner Identität entwickeln. Er wird voraussichtlich später nur solche sozialen Zusammenhänge aufsuchen, die diese Ambivalenz und Verunsicherung entweder vertiefen oder ihm zu übertönen helfen. Er kann ein Macho werden oder er weicht innerlich vor seiner Geschlechtsrolle zurück.

Aber anders kann es nicht sein. Denn das Werk muß ja entstehen, es muß seiner Vollendung entgegen geführt werden.

Der Raum der ergreifbaren Gestaltungsmöglichkeiten verengt sich dabei rasch. Schon die erste Skizze legt Art und Umfang des Spielraumes fest, der zum Ende hin bleibt. Anders kann es also nicht sein.

Wenn dann Jahrzehnte später der Betreffende selbst oder Mitmenschen diesen Lebensgang überblicken, ist eine konkrete Biographie entstanden, ein Werk.

Und wie das Kunstwerk des Malers ist diese Biographie nie ein direktes Abbild dessen, was urbildlich gemeint und intendiert war. Dennoch haben wir hier eine Individualität vor uns, deren Lebenswege einen inneren Sinnzusammenhang erkennen lassen. Die realen Lebensumstände und die sich real ergebenden Lebensereignisse gehören ebenso dazu wie die untergründig sich durchziehenden »roten Fäden«, die Lebensthemen.

Urbild und Abbild

Daraus ergibt sich nun zunächst, daß Individualität nicht etwas ist, das man »hat« wie eine lange oder kurze Nase. Vielmehr besteht die Individualität gerade darin, daß sie fortlaufend entsteht – eben aus der Spannung zwischen Urbild und konkreten Lebensumständen, zwischen ihrem geistigen Wesenskern und den konkreten Menschen, Ereignissen und Umständen, unter denen sie aufwächst und ihr Leben gestaltet. Der Griff der Inkarnation geht also weit über den einzelnen konkreten Menschen, seinen Körper und seine Seele hinaus und gestaltet mit an dem Lebenszusammenhang, der diesem Menschen zukommt.

Wir müssen also unterscheiden zwischen mitmenschlichen und situativen Möglichkeiten, die immer wieder urbildlich aufgesucht und ergriffen werden, und dem, was dann konkret daraus wird. Hier liegt der Unterschied zwischen

Schicksal und Biographie. Schicksal sucht und schafft Möglichkeiten der Verwirklichung des ursprünglich Intendierten. Biographie ist demgegenüber die sich in der Zeiterstreckung formende Gestalt aus realen äußeren und inneren Taten. Sie ist das, was der Betreffende aus seinem Schicksal gemacht hat, und so entfaltet sich allmählich ein Sinnzusammenhang. Schicksal enthält und schafft immer mehr und weiter gehende Möglichkeiten, als was dann tatsächlich realisierbar ist. *Im Schicksal* also sucht das Ich sich zu inkarnieren. Biographie ist das Ergebnis dieses Versuchs. Somit entsteht ein Spannungsverhältnis zwischen Schicksal und Biographie, welches am Ende des Lebens nach erneuter Inkarnation ruft.

Ein Beispiel. Um sich diesen Zusammenhang etwas plastischer vorstellen zu können, ist es zunächst sinnvoll, auf die Erwartung zu verzichten, Schicksal müsse immer mit Pauken und Trompeten daherkommen. Das tut es fast nie. Vielmehr ist zu beobachten, daß es eher »am Rande« erscheint, beiläufig, unbemerkt, oft unerkannt, aber hineingearbeitet in die Selbstverständlichkeiten unseres Lebenszusammenhanges.

Und das Schicksal ist auch nicht unablässig am Werke; vielmehr hat es Phasen, in denen es auch ruht – während die Biographie keine Pause macht. Tätig wird das Schicksal, indem es situative Verdichtungsmöglichkeiten aufsucht oder solche schafft. Verdichtungsmomente, die es aufsucht – oder besser: abwartet –, sind solche, die sich aus der Eigengesetzlichkeit der Biographie als Zeitgestalt ergeben. Es sind bestimmte Zeitpunkte, die in jeder Biographie »anfällig« sind für den Eingriff des Schicksals. Mit dieser Art Verdichtungsmomenten befaßt sich das letzte Kapitel des ersten Teiles dieses Buches.

Zusätzlich, also außerhalb zeitlicher Gesetzmäßigkeiten, führt das Schicksal Konstellationen oder – meist krisenhafte – Ereignisabläufe herbei, die biographieträchtig werden können. Betrachten wir auch hierzu ein Beispiel: Zwischen einem jetzt elfjährigen Jungen und seinen Eltern hat sich über Jahre hinweg ein großer Schmerz aufgebaut. Er, vom Naturell her eigentlich fröhlich, unbesorgt, immer offen für Neues und begeisterungsfähig, empfindet zunehmend einen Schatten, eine Verdunklung auf seinem eigentlich expansiven Lebensgefühl lastend. Er spürt, daß seine Eltern eine zunehmende und grundsätzliche Enttäuschung an ihm haben. Er denkt weniger darüber nach, als daß er, halb-bewußt, eine Zähigkeit registriert, ein Fehlen des freien Fließens zwischen sich und den Eltern. Er kann es nicht genau bestimmen, was es ist, empfindet es aber wie eine zwischen ihnen errichtete Mauer. – Diese Eltern, anfangs beglückt über das erste Kind, sich beschenkt fühlend durch seine Fröhlichkeit, machen sich bald besorgte Gedanken über die Sprunghaftigkeit des Jungen. Schon kurz nach der Einschulung fällt das Wort »Aufmerksamkeitsstörung«. Die Lehrerin spricht zunächst von »Oberflächlichkeit« und bald von »Lügenhaftigkeit«. Auch den Eltern fällt auf, daß ihr Sohn sich weniger mit dem konkret Anstehenden beschäftigt – Hausaufgaben, Zimmer aufräumen –, sondern sich lieber Geschichten ausdenkt, in die er so eintauchen und die er so plastisch erzählen kann, daß nicht nur er selbst, sondern auch seine Umgebung manchmal nicht mehr Realität und Phantasie zu unterscheiden vermögen. – Erst behutsam, später ärgerlich konfrontiert ihn der Vater immer wieder damit, daß diese Tagträumereien doch nicht »wirklich« seien und daß er gefälligst sich mit dem befassen solle, was »wirklich wichtig« sei.

Wir sehen die Freiheitsgrade in solchen Lebensumständen; wir sehen aber auch, wie sie verspielt werden. Man hätte sich zu dem unbekümmert-verspielten Zug des Jungen auch anders stellen können: akzeptierend, fördernd, in konstruktive Bahnen lenkend. Der Vater hätte abends mit seinem Sohn eintauchen können in gemeinsam erdachte Geschichten. Sie hätten beide ihren Spaß daran haben und er hätte sehen können, daß die Tagträumereien für das Kind mindestens ebenso »wirklich« sind wie das, was er aus seiner Leistungsbezogenheit heraus für wichtig hält. Die Mutter hätte die kreativen Möglichkeiten sehen und ihnen Form geben können, hätte ihn anleiten können, seine inneren Bilder zu malen oder im Kindertheater zu spielen oder ähnliches.

Die Lehrerin hätte ihre moralisierende Brille zur Seite legen und stattdessen die Fähigkeit des Jungen zum schnellen Überblick positiv ansprechen können. Sie hätte die »Sprunghaftigkeit« legitimieren, aber auch erden können, indem sie sie in den Unterrichtsablauf einbindet: »Max, ich glaube, du kannst uns erzählen, was der Fluß alles erlebt auf seinem Weg von der Quelle bis hin zu Meer« (Erdkunde). Oder: »Max, du könntest jetzt das Transparentpapier aussuchen und verteilen, mit dem wir in unseren Heften die Zehner-Reihe, die Hunderter-Reihe und die Tausender-Reihe unterlegen« (Rechnen).

Das Schicksal hat also Möglichkeiten geschaffen: das Naturell des Kindes, die Wesensart und Wertewelt der Eltern, die urteilende Lehrerin, Konfliktsituationen. Was davon real wird und ob überhaupt die Möglichkeiten gesehen statt als Zwangsläufigkeiten verbucht werden, das hängt von der Wachheit der Bezugspersonen ab, ihrer Intuition und Geistesgegenwart – also von den Möglichkeiten, die ihnen, als schon sehr geprägten Erwachsenen, noch verbleiben. Die Eltern hätten in dem Naturell des Kindes auch eine Aufforderung sehen können, ihre etwas ängstlich-melancholische Grundhaltung zu hinterfragen. Die Lehrerin hätte sich zu pädagogischer Flexibilität herausgefordert sehen können. Tatsächlich aber sind die Bezugspersonen in diesem Beispiel in ihrem gewohnten Wahrnehmen, Denken und Handeln verhaftet geblieben. Sie haben das Kind einzupassen versucht in *ihre* Kriterien. Dies um den Preis der Einschränkung von Lebensfreude auf allen Seiten.

In den Möglichkeiten des Jungen lag es offenbar, ein kreativer Mensch zu werden, weltoffen und zugewandt. Tatsächlich – und auch das lag als Möglichkeit in seinem Schicksal –

wurde er in den nächsten Jahren Autoritätspersonen gegenüber sehr verschlossen und entwickelte jetzt eine geheime innere Welt. In sein Wesen kam ein Zug vehementer Opposition gegen alle Arten von Zwängen. Mit sechzehn Jahren »stieg er aus«. Er verweigerte den Schulbesuch, entzog sich dem Elternhaus und ging schließlich auf Trebe. Erst ein Pfarrer, auf den er mit achtzehn Jahren traf, wußte ihn mit dem zu nehmen, was ihm gegeben war, und führte ihn über den zweiten Bildungsweg zum Grafik-Studium. Max ist inzwischen ein anerkannter Werbegrafiker geworden.

Diese Geschichte ist also gut ausgegangen. »Gut« insofern, als wir erkennen können daß Max doch noch zur konstruktiven, das heißt ihn weiterführenden Handhabung seiner mitgebrachten Fähigkeiten gefunden hat – durch Umstände und Bezugspersonen. Umstände und Bezugspersonen waren es andererseits, die ihn, zunächst, davon weggebracht hatten.

Schicksal schafft also Chancen – und zwar mit einer gewissen Beharrlichkeit. Das vom Schicksal her Intendierte kann behindert, es kann aber auch ergriffen werden. Beides ist da. Oft haben wir Erwachsenen den Eindruck, daß die widrigen Umstände in unserem Leben überwiegen würden gegenüber der Entfaltung von Möglichkeiten. Das mag sein, es ist aber offensichtlich nie so gemeint, daß Schicksal etwas verhindern will. Es schafft einfach nur Möglichkeiten. Aber oft sind es Möglichkeiten zur kämpferischen Auseinandersetzung – des Betreffenden mit sich selbst, mit Umständen, mit Mitmenschen. Das heißt, das vom Schicksal Intendierte will oft erarbeitet, ja erkämpft sein. Dazu braucht es Widerstände, und so sind Hindernisse kein Hinweis dahingehend, daß der Betreffende die Finger davon lassen soll, sondern im Gegenteil eher eine Aufforderung, sich das Erstrebte gegen Widerstände zu erarbeiten und zu erkämpfen.

Wenn das Schicksal etwas nicht will (weil es nicht im Rahmen des ursprünglichen Inkarnationsbeschlusses liegt), dann unternimmt es nichts. Es schafft in diesem Fall eben keine Möglichkeiten.

Wir sehen also, daß das Wirken des Höheren Ichs, unseres geistigen Wesenskerns, weit über das hinausgeht, was herkömmliche Psychologie erfassen kann und will. Was es mit der Individualität eines Menschen auf sich hat, was der innere Zusammenhang seiner Biographie ist, erschließt sich nicht aus dem, was er psychologisch ist. Eigenschaften, Geprägtheiten, Innerseelisches sind davon natürlich ein Teil, aber ein sehr kleiner Teil des Feldes, auf dem das Ich sich zu inkarnieren versucht. Der einzelne Mensch und die konkreten Vorgänge in seinem Leben sind letztlich nur verstehbar, wenn wir auf seinen Lebenszusammenhang hören und auf diese Weise zu erfassen versuchen, worum es ihm geht.

Andererseits kann man einen Menschen nie abschließend beurteilen. Er ist eben immer mehr als das, was sich durch ein psychologisches Gutachten sagen ließe. Und er ist auch mehr, als was sich biographisch für ihn ergibt. Er hat ein Schicksal, das über die konkrete Person und die konkrete Biographie hinausgeht. Eben da heraus ergibt sich nach dem Tod sein nächster Inkarnationsbeschluß.

Die besondere Abhängigkeit des Kindes

Aus der Tatsache also, daß wir einen Menschen nie vollständig erfassen können, weil wir die Gesamtheit seiner Schicksalsmöglichkeiten als Sterbliche nicht überblicken können, ergibt sich die besondere Situation des Kindes. Denn das Kind kann an seinen Schicksalsmöglichkeiten noch gar nichts tun – es kann diesen Blick noch nicht einnehmen. Dieser Blick entsteht erst in der Pubertät; und erst da kann auch ein Wille entstehen, aktiv und eigenverantwortlich die eigene Biographie zu gestalten.

Das Ich des Kindes beginnt mit einer sehr breiten In-karnationsfläche – ähnlich der gerade aufgespannten Lein-wand des Malers. Es hat sich Eltern ausgesucht, einen Körper, Lebensumstände, geographische Verhältnisse, gesellschaftli-che Möglichkeiten und Barrieren – all dies noch von der gei-stigen Welt her. Auch seine frühen Beziehungen – Spielkame-raden, Verwandte – sind noch ganz von da her gewollt. Die Eltern oder Erziehende können nicht wissen, welche Schick-salsmöglichkeiten in dem liegen, was das Kind sich ausgesucht hat. Es ist also, noch ganz anders und elementarer als der Er-wachsene darauf angewiesen, daß ihm Schicksalsmöglichkei-ten nicht gleich beschnitten werden. Darin liegt die eigentli-che existentielle Abhängigkeit des Kindes vom Erwachsenen. Die zunächst physische und dann seelische Abhängigkeit sind nur ein kleiner Teil davon.

Der Erwachsene muß also hören lernen auf die situativen Umstände, die sich für das Kind ergeben. Und er wird die Berührung des Kindes mit diesen Umständen zulassen müs-sen – natürlich in Verantwortung seiner Schutz- und Führungsrolle gegenüber.

Ein Beispiel. Ein wohlbehütetes Kind aus bürgerlichem Haus trifft im Kindergarten auf ein chaotisches, ungepflegtes, im Verhalten schwieriges Kind aus sozial belasteten Verhält-nissen. Der Wunsch der Eltern, ihr Kind fernzuhalten von diesem problematischen Einfluß, ist verständlich, aber möglicherweise nicht schicksalsfördernd. Man kann nicht vorgängig wissen, was in einer solchen Begegnung für das Kind liegt. Stellvertretend für das Kind muß der Erwachsene auf solche Konstellationen hören und zulassen, daß sie zum Zuge kommen – auch wenn sie vielleicht nicht gerade schön erklingen. Falls in diesem Beispiel das unordentliche Kind doch nicht Teil des Schicksals des bür-gerlichen Kindes ist, wird diese Begegnung schnell wieder stumm werden. Ausgehend von einem geistigen Menschenbild könnten wir hierin eigentlich ein großes Vertrauen haben.

Natürlich meine ich nicht, daß Eltern hier einfach alles geschehen lassen sollten, was immer sich um das Kind herum ergibt. Aber wir sollten nicht Schicksal spielen wollen. Wir sind nicht die Schicksalsinstanz für unsere Kinder, sondern vielmehr Teil ihrer Schicksalsmöglichkeiten. Und insofern auch nur Werkzeug. Dem Werkzeug obliegt es nicht, über das Werk bestimmen zu wollen. Gleichwohl hängt es sehr von diesem Werkzeug ab, ob das Werk gelingt.

Das Werk ist die Biographie, die beim Kinde erst anfängt. Worauf diese junge Seele hinaus will – das zu beurteilen oder gar steuern zu wollen, gehört nicht zu den Aufgaben von Eltern oder Erziehenden. Glücklicherweise sucht sich das Schicksal des Kindes wie Wasser seinen Weg. Was solche Konstellationen für die gerade beginnende und dann immer fortschreitende Inkarnation bedeuten, entscheidet das Höhere Ich des Kindes aus sich selbst heraus. Das Kriterium ist der Schicksalsentwurf, mit dem es angetreten ist. Dieser ist aber allen irdisch Beteiligten unbekannt und ihm selbst unbewußt. Gerade aus diesem Umstand ergibt sich die Notwendigkeit zu größter Vorsicht im Umgang mit Möglichkeiten – auch wenn es aus der Sicht der Eltern negative Möglichkeiten sind.

Das notorische Beispiel des Jugendlichen, der in Berührung mit der Drogenszene kommt, zeigt, wie kurzgriffig – bei bestem Willen – Eltern Schicksal zu spielen versuchen. Jugendliche experimentieren oft auf ihrer Suche nach Identität und eigener Biographie und überschreiten dabei gern Grenzen, die die Eltern gewahrt sehen möchten. Sie tun dies, weil sie zurecht empfinden, daß ihre Biographie und Identität letztlich jenseits der Grenzen liegen, die sich aus dem Elternhaus ergeben. Ein solches – in 95 % der Fälle vorübergehendes – Interesse am Aussteigermilieu kann für den Betreffenden positive Möglichkeiten enthalten: Der Jugendliche lernt hier eine Lebensform und -haltung kennen, um dann festzustellen, daß er diese für sich nicht will. – Und die 5 %, die dennoch dort verbleiben, suchen, meist aus einer existentiellen Enttäuschung heraus, im Drogenmilieu etwas, was sie meinen, sonst nicht zu finden – zum Beispiel echte Solidarität.

Natürlich meine ich auch hier nicht, daß Eltern nur tatenlos zusehen sollten. Im Gegenteil verlangt eine solche Situation nach ihrer deutlichen Stellungnahme – aber nicht immer schon aus der Kritik und Verurteilung heraus, sondern aus dem herzlichen Interesse für die werdende Individualität.

Im Unterschied zum Erwachsenen liegen beim Kind die Ansatzpunkte seiner Inkarnation noch sehr in der Peripherie, im Umfeld. Sein Ich ist noch ganz hineingewoben in seine Lebensumstände und *arbeitet von außen her am Kinde.* Das Kind kann, bis zum Abschluß der Pubertät, biographisch noch nicht aus sich selbst heraus an sich gestalten. Es weiß noch gar nicht, was es schicksalsmäßig in diesem Erdengang sucht. Es hat diese Frage nicht! Daß sie lebendig und offen bleibt, ist die eigentliche Erziehungsverantwortung des Erwachsenen. Hier heraus ergibt sich seine Erziehungspflicht. Das *Recht* auf Erziehung hat heute nicht mehr der Erwachsene, sondern das Kind. In den nächsten Kapiteln wird zu zeigen sein, daß es in der Geschichte Phasen gegeben hat (nachwirkend zum Teil bis heute), in denen der Erwachsene Erziehung als sein Recht sah. Unter einem geistigen Menschenbild, wie es auch in unserer Kultur heute wieder möglich ist, kann das nicht sein. Aber was nicht sein kann, gibt es dennoch. Auch davon wird die Rede sein.

Jedenfalls kann es nicht anders sein, als daß das Werk in seinem Entstehungsprozeß sich rasch festlegt auf *einen* Sinnzusammenhang. So ist es auch mit unseren Biographien. Schon mit fünfunddreißig, vierzig Jahren sind wir so festgelegt, daß wir oft nur noch danach streben, uns – durch Auswahl von Freunden, durch Reflexion und Lebensführung – das zu bestätigen, worin wir vom Anfang her und aus den frühen Jahren des Erwachsen-Seins geprägt worden sind.

Oft tritt der Maler, wenn das Bild abgeschlossen ist, davon zurück und betrachtet es aus dem Abstand. In der Biographie entspricht dem die Situation des Alters. Auch diese Station enthält Möglichkeiten. Der Maler kann jetzt entweder einfach zufrieden sein damit, was ihm diesmal gelungen ist. Dennoch wird er aus der Diskrepanz zwischen Intendiertem und Realisiertem innerlich bereits jetzt erneut das nächste Bild entwerfen. – Er kann auch, jetzt ganz in Ruhe und der Freiheit gewiß, die sich aus dem Abschluß des Werkes ergibt, noch einmal neu daran gehen. Vielleicht setzt er doch noch andere Akzente, revidiert hier etwas, bringt da noch eine andere Nuance ins Bild, öffnet das fest Gewordene wieder. So kann der alte Mensch, wenn er seine Biographie überblickt, sich einfach damit zufrieden geben. Das wäre schon ein guter Abschluß. Er kann aber auch, jetzt aus neu gewonnener Freiheit, noch einmal neue Akzente einführen, neue Interessen entwickeln, andere Begegnungsmöglichkeiten aufsuchen. So sind wir am Anfang und am Ende frei. Am Anfang und am Ende spannt sich der Horizont auf. Der Unterschied zwischen beiden Situationen liegt darin, daß am Anfang unserer Biographie diese Freiheit stellvertretend gehandhabt werden muß. Das ist der Raum der Erziehung.

Die Entdeckung der Kindheit –
eine historische Skizze

Unsere Wahrnehmung von Kindheit unterliegt gesell-schaftlichem Wandel. Um einen Hintergrund zu bekommen für die Reflexion über unsere heutige Einstellung zu Kindheit und zu Kindern, erscheint es sinnvoll, daß wir uns zunächst diesem Aspekt geschichtlichen Wandels zuwenden.

Kindheit als Gegenstand der Aufmerksamkeit hat es nicht immer schon gegeben. Im europäischen Kulturkreis wurde sie erst im Ausgang des Mittelalters, beim Übergang zur bürger-lich zentrierten Lebenswelt entdeckt. Und so wie die Ent-deckung Amerikas auch nicht einfach eine Entdeckung war, sondern eine Eroberung, Besetzung und Vereinnahmung des Entdeckten, geriet auch die Entdeckung des »Kontinents Kindheit« zu so etwas wie einem militärischen Feldzug. Das ge-rade Entdeckte wurde sogleich auch unterworfen.

Bevor wir uns mit dieser Vereinnahmung der Kindheit näher befassen, soll skizziert werden, was vorher war. Welches Bild von Kindheit, welche Einstellung zu Kindern kennzeich-net das Mittelalter?

Kindheit im Mittelalter

Bis ins 12. Jahrhundert hinein war Kindheit kein Gegen-stand des Bedenkens oder gar des Interesses. Kindheit galt nicht als eine vom Erwachsenenleben abgetrennte Lebens-phase; sie lief wie beiläufig mit und nebenher.

Schon die anfängliche kurze Phase physischer Abhängig-keit wurde mehr toleriert und – bestenfalls – organisiert von den Erwachsenen, als daß sie Anlaß interessierter Zuwendung gewesen wäre. Die Säuglingssterblichkeit war hoch, auch Kindstötungen und Aussetzungen, meist aus wirtschaftlicher Not der Erwachsenen, waren an der Tagesordnung. Von Anfang an hatte das Kind nicht einen besonderen »Wert«. Wenn die Säuglinge die ersten Wochen überlebten und überleben durften, wurden sie häufig Säugammen übergeben, die auch eine Art Babysitter-Funktion ausübten. Und es lag durchaus auf der Linie der allgemeinen Gleichgültigkeit Kindern gegenüber, wenn diese Säugammen die Säuglinge mehr wie eine Sache als wie ein eigenberechtigtes menschliches Wesen behandelten. Es war üblich, daß sie die Kleinkinder ruhig stellten mit einem mit Mohn gefüllten Lutschbeutel. Die Kinder hatten in der Regel auch kein eigenes Bettchen, sondern sie schliefen mit den Erwachsenen, beziehungsweise der Säugamme im Bett. Viele erstickten dabei oder wurden erdrückt. – Ein Kind zur Welt zu bringen, war nichts weiter als ein beiläufiger, wenn auch selbstverständlicher Vorgang – der oft mißlang.

Falls das Kind diese Behandlung überstand und sobald es physisch allein zurecht kam, nahm es übergangslos an der Welt der Erwachsenen teil. Die Kinder waren sofort genauso Teil des sozialen und öffentlichen Lebens wie die Erwachsenen. Diese Öffentlichkeit war nicht, wie das heute der Fall ist, durch Unübersichtlichkeit charakterisiert, sondern sie war ein für alle Beteiligten, also auch für das Kind, überschaubarer sozialer Raum. Die Kinder waren bei Geburten, beim Sterben, beim Tanz, beim Spiel ebenso selbstverständlich dabei wie bei Hinrichtungen auf dem Marktplatz. Sie teilten mit den Erwachsenen Geselligkeit und Arbeitsleben, religiöses Leben, Feste und Nöte.

So wenig wie das Mittelalter einen Sinn für Kindheit hatte, so wenig kannte es die Eltern-Kind-Familie in der heutigen Bedeutung als gesellschaftliche Einheit oder gar Bezugspunkt. Privates und öffentliches Leben gingen ineinander über, es bestand hier kein Gegensatz. Es gab nicht die Familie als Ort des Rückzuges oder Schutzes. Vielmehr war das Kind von vorn herein eingebunden in ein breit und vielschichtig geknüpftes Netz von Beziehungen zu Nachbarn, Verwandten, Greisen, dann auch zu immer wieder durchreisenden Kaufleuten, Schauspielern und Soldaten. Es war nicht fixiert auf die Eltern und hatte auch nicht die enge affektive Bindung an sie, wie wir das heute kennen und bis in die Adoleszenz hinein für selbstverständlich halten.

Die Stellung des einzelnen Kindes im Mittelalter ist also gekennzeichnet durch eine frühe und von dem Kinde eigenständig gehandhabte Vielfalt der Beziehungen. Andererseits stellen wir fest, daß die Situation der Kindheit als Lebensphase eine anonyme war. Das Mittelalter hatte kein bewußtes Verhältnis zur Kindheit. Niemand beschäftigt sich mit Kindern als Kinder. Niemand wäre auf die Idee gekommen, besonderes Spielzeug für sie herzustellen, besondere Spiele für Kinder zu erfinden; ja, auch ihre Kleidung unterschied sich nur in der Größe von der Kleidung der Erwachsenen. *So gab es auch nicht etwas, das man Pädagogik nennen könnte.*

Es ist aber nicht angebracht, diese Stellung der Beiläufigkeit des Kindes im Mittelalter als paradiesischen Zustand anzusehen. Kinder hatten zwar Freiräume und waren verschont von pädagogischer Behandlung; dies aber nur, weil sich eben niemand für sie interessierte. Daß ihr Status als Kind geradezu ignoriert wurde, zeigt sich auch an Gemälden aus dieser Zeit: Kinder werden mit der Physiognomie eines Erwachsenen gezeichnet (übrigens auch die Physiognomie des einzigen Kindes, das in seiner Bedeutung als Kind im Bewußtsein war: des Jesus-Kindes). Die eigene Morphologie des Kindes schlägt sich in der Malerei des Mittelalters nicht nieder. Und Bilder von Kindern sind nie Porträts. Wenn sie nicht als kleine Erwachsene gemalt sind, haben sie engelhaften Ausdruck und Habitus. Sie sind dann nicht von dieser Welt. An dieser Stelle ist »Kind« eine Metapher, die lediglich in der religiösen Sphäre von Bedeutung ist.

Viele Kinder mußten arbeiten. So beiläufig wie ihr Dasein war, so beiläufig nahmen sie teil an der Arbeitswelt und so selbstverständlich fügten sie sich in diese auch ein.

Schule im Mittelalter

Für das Gros der Kinder gab es auch keine Schule. In der ländlichen und handwerklichen Bevölkerungsschicht blieb das bis weit in die bürgerliche Phase hinein so, das heißt bis ins 16. Jahrhundert. Schule hatte zunächst nur die Aufgabe, den Priester-Nachwuchs heranzubilden. Hier lernten die Kinder die Messen und lateinische Texte auswendig. Später kamen Grammatik, Astronomie und Geometrie hinzu. Erst am Ende des Mittelalters öffnete sich Schule auch für breitere Schichten der Bevölkerung, wenngleich man eine Schulpflicht auch zu diesem Zeitpunkt noch lange nicht kannte.

Dabei ist Schule im Mittelalter aber, besonders wenn wir sie als sozialen Raum betrachten, nicht annähernd vergleichbar mit dem, was sie später im Bürgertum geworden ist. Weder gab es eine Trennung nach Altersstufen – Zehnjährige lernten gemeinsam mit Zwanzigjährigen – noch gab es eine institutionelle Hierarchie. Kein Schuloberhaupt und keine Behörde zwang den Schülern etwas auf. Vielmehr beschlossen Schüler und Lehrer gemeinsam über den Stoff und die Modalitäten des Unterrichts – wenn auch nicht in einer formal-demokratischen Weise. Das Gewicht der einzelnen Voten war vielmehr abgestuft nach Dauer der Mitgliedschaft in der Schulgemeinschaft, nach persönlicher, freundschaftlicher Verbundenheit zwischen Schülern und Lehrern und den Schülern untereinander.

Wir sehen also, daß selbst mit Aufkommen der Schule die Kindheit (und Jugend) noch nicht eine abgetrennte Lebensphase war und ebenso wenig eine in sich nach Alters- oder Entwicklungsstufen differenzierte Lebensphase. Und weil man noch nicht die Idee der Autorität über Kinder kannte, war Disziplin kein Thema. Über ihr Expertentum hinaus hatten die Lehrer keine besondere Autorität, keine Verfügungsmacht an den Schülern. Sie waren mit den Schülern – und zwar unabhängig von deren biologischem Alter – genau so in Bruderschaften, Korporationen, in den religiösen Exerzitien, aber auch den Trinkgelagen verbunden wie die Schüler untereinander.

Im Sinne einer Art Herr-Diener-Verhältnis banden sich jüngere Schüler oft an ältere. Sie taten dies aus freien Stücken. Das ganze System beruhte auf Freiwilligkeit und Kameradschaft. Die Schüler konnten auch ohne Sanktionen die Schule verlassen, beziehungsweise sie konnten weiter ziehen zu einer anderen Schule, zu anderen Lehrern.

Da es keine allgemeine Schule gab, kamen die Schüler oft von weit her. Schon die Zwölfjährigen suchten sich selbst eine private Unterkunft oder lebten bei den örtlichen Lehrern oder Priestern. Mit Beginn seiner Schulzeit war das Kind im späten Mittelalter problemlos in die Erwachsenenwelt eingetreten.

Wenn es also, zusammenfassend gesagt und örtliche und ständische Unterschiede nicht berücksichtigend, im Mittelalter Kindheit nicht gab, so ist auf der anderen Seite zu bemerken, daß der Erwachsene aus heutiger Sicht kindhaft war. Ohne hier ins einzelne gehen zu können, soll nur die ausgeprägte Spiellust des mittelalterlichen Erwachsenen hervorgehoben werden. Mit Kindern zu spielen, war keine besondere Hinwendung zum Kinde, sondern war genauso selbstverständlich wie das gesellige Spiel, wie der Tanz und das Gelage mit Freunden und Fremden zugleich. Und bei allen nahm das Spielen den gleichen breiten Raum ein, wie wir ihn heute nur Kindern zugestehen würden.

Schon daran können wir sehen, daß im Mittelalter trotz Unkenntnis und Desinteresse der Kindheit als herausgehobener Lebensphase gegenüber eine erstaunliche *Nähe* zwischen Kind und Erwachsenem bestanden hat.

Die Entdeckung und Besetzung des »Kontinents Kindheit«

Im Zuge der Aufspaltung des gesellschaftlichen Lebens in einen öffentlichen Raum einerseits und einen privaten Raum andererseits wird nun Kindheit entdeckt. Die Familie als ein abgetrennter Ort des Rückzuges entsteht, und sie zentriert sich sofort um das Kind. Arbeitsleben und familiäres Leben fallen auseinander, und es beginnt eine gesellschaftliche Entwicklung, die das Kind sofort mit Schärfe ins Auge faßt: So wird das Kind Gegenstand von Überlegungen und Methoden der Führung, der Disziplinierung, ja, der Unterwerfung.

Einige Beispiele mögen dies illustrieren: Die gerade entdeckte Kindheit gilt auch sogleich als »nutzlos«. Sie mußte also genutzt werden. Da Kinder von sich aus – so das Bild – ihre Lebensphase nicht »nutzen« konnten, mußte der Erwachsene sie dazu anleiten. »Anleiten« ist dabei sehr milde ausgedrückt; meist war die Anleitung schlichter Zwang, war Unterdrückung und Ausbeutung. So sind Kinder jetzt zur Arbeit gezwungen worden – gar nicht in erster Linie aus wirtschaftlicher Not. Dies hatte es im Mittelalter schon gegeben und war in den unteren Schichten auch noch im bürgerlichen Zeitalter an der Tagesordnung. Aber während im Mittelalter der Zwang zur Mitarbeit der Kinder ein objektiver war, wurden sie jetzt aus pädagogischen und moralischen Überlegungen heraus zur Arbeit gezwungen. So waren sie auch in dieser Hinsicht der persönlichen Macht von Erwachsenen unterworfen.

Und obwohl sie genauso hart zu arbeiten hatten wie die Erwachsenen, wurden sie weder in der Entlohnung noch sonst auf irgendeinem Gebiet wie solche behandelt. Eher hatten sie insofern den Status von Leibeigenen.

Müßiggang war Sünde und Arbeit war Tugend. In der Absicht moralischer Erziehung wurde Kindheit also sogleich ruiniert, das gerade Entdeckte wurde nicht nach seinem Eigensein befragt, sondern mit beinharten moralischen Vorstellungen aus der Erwachsenenwelt traktiert.

Wie wenig Verständnis oder Interesse man dem neu entdeckten Kontinent entgegenbrachte, zeigte sich bald auch in der akribischen Ausarbeitung von Spielverboten: So waren schon am Ende des 16. Jahrhunderts Kindern das Toben sowie Glücksspiele und das Klickern in manchen Landstrichen verboten. Ausdrücklich erlaubt waren nur »anständige« Spiele wie Topfschlagen und das Kreiseln.

Wir erkennen hier, was in der gesamten Phase der bürgerlichen Kindheitsgeschichte wieder zu finden ist: Kindheitsleben wird zurückgedrängt aus vielen gesellschaftlichen Terrains, aber gleichzeitig werden ihm Reservate abgesteckt. Nicht anders haben es die Europäer nach der Entdeckung Amerikas mit den Indianern gehalten.

Mit Hingabe ersann die bürgerliche Erwachsenenwelt *Strafen* für den Fall der Mißachtung oder Überschreitung der gesetzten Grenzen. Übertraten Kinder etwa das Spielverbot, so wurden sie noch im 18. Jahrhundert »gegattert«: Man schleuderte sie minutenlang in einer hölzernen Drehmaschine.

In Straßburg zum Beispiel war es verboten, Drachen steigen zu lassen; in Zürich schränkte man die Orte ein, an denen gespielt werden durfte: So sollten die Kinder hier nur noch auf dem Kirchhof spielen. Offenbar versprach man sich von der Nähe der Kirche eine Art moralischer Tingierung des Kinderspiels.

Diese strafbewehrte Eingrenzung von Kindheit, sobald man diese entdeckt hatte, ist freilich bis ins 19. Jahrhundert hinein nicht durchgängig wirksam. Und zwar einfach nur deshalb, weil sich viele Kinder, besonders der unteren Schichten, dem Feldzug der Erwachsenen gegen die Spontaneität des Kindseins entzogen. Sie taten sich zusammen und bewahrten sich wenigstens einen Teil der mittelalterlichen Freiräume. Dies war vor allem in den ländlichen Gebieten möglich und da, wo sie nicht dem moralisch begründeten Arbeitszwang unterlagen.

Die Eltern-Kind-Familie wurde *das* soziologische Grundmodell – zuerst im gehobenen Bürgertum, im 19. Jahrhundert dann auch für ärmere Leute und Arbeiterkreise. Die Familie schützt zwar die Kinder, aber diese sind auch *Abhängige*. Sie werden als unselbständig und ihrer selbst nicht mächtig aufgefaßt. Auf Bildern aus den oberen Schichten erscheinen die Kinder jetzt herausgeputzt und eingezwängt in kunstvolle Bekleidung. Sie blicken seltsam starr aus diesen Gemälden, und in der aufkommenden Fotografie sehen schon Säuglinge aus wie Vorsitzende von Traditionsvereinen.

Die Auffassung von Kindheit ist eigenartig paradox: Einerseits werden Kinder als »unschuldig« konzipiert, andererseits werden ihnen mit beträchtlicher militärischer Energie Moral, Sitte und Anstand eingebläut. Kindheit ist einerseits Gott näher als den Erwachsenen, andererseits bedarf sie der martialischen Durchsetzung moralischer Prinzipien. Die Kinder werden durch Erziehung genau aus jenem Zustand herausgezerrt, in dem sie sich angeblich schon befinden: Sie sollen an die Strenge des Erwachsenenlebens herangeführt werden, welches schon im 16. Jahrhundert weit entfernt ist von der Verspieltheit des Mittelalters.

Zur Einübung in Sittsamkeit mußten sie jetzt allein in ihren Betten schlafen, die Hände über der Bettdecke. Dem als »unschuldig« konzipierten Kind wurde gleichzeitig unterstellt, unter der Bettdecke Unanständiges zu tun.

Der bürgerliche Feldzug zur Durchsetzung der bürgerlichen Werte wie Ehrbarkeit, Anständigkeit und Vernünftigkeit beginnt bei den Knaben. Mädchen dürfen noch lang in der aus dem Spätmittelalter überkommenen traditionellen Weise ihren Alltag mit gewissen Freiräumen verbringen, in Reservaten.

Diese Reservat-Bildung wurde bis in die kaiserliche Zeit kultiviert, und sie ist zum Teil bis heute existent. Sie ist von Anfang an nicht ein unbesetzter Rest, sondern ein ebenfalls von Erwachsenen durchorganisierter Lebensbereich der Kinder. Wir erkennen daran, daß *Kindheit als vergangenheitsorientierte Lebensphase* aufgefaßt wurde. In den Reservaten des Spielens und des Spielzeugs sollte nämlich erhalten bleiben, wovon die Erwachsenen sich längst gelöst hatten. In den Spielen und im Spielzeug – und nur hier – klang die mittelalterliche Lebensweise fort. Die Spiele, die den Kindern erlaubt waren, waren die Spiele der mittelalterlichen Allgemeinheit (Seilspiele, Reifenspiele, Ballspiele, Kreiseln, Fangspiele).

Dieser museale Charakter der Kindheitsreservate setzt sich bis heute fort. Wir schenken auch heute noch, am Übergang zum 21. Jahrhundert, unseren Kindern einen »Kaufladen«, in dem das Einkaufen ein überschaubarer und kommunikativer Vorgang ist, während wir Erwachsenen selbst uns in der Beliebigkeit und Unpersönlichkeit des Supermarktes bewegen. Wir schenken unseren Söhnen für die Eisenbahn eine Dampflok, obwohl wir empört wären, wenn wir die Geschäftsreise nicht im ICE antreten könnten. Dennoch sehen wir wohlwollend zu, ein wenig von oben herab, wenn Kinder damit spielen – ähnlich wie Touristen den Indianern in ihren Reservaten zusehen, wenn diese ihr altes Brauchtum zur Aufführung bringen.

Pädagogische Überlegungen und Strategien besetzen also Kindheit und schaffen ihr gleichzeitig vergangenheitsbetonte – heute würden wir sagen: nostalgische – Reservate. Eine tiefe Kluft ist entstanden zwischen der Kinderwelt und der Erwachsenenwelt. Wie zur Überbrückung dieser Kluft entsteht jene rabiate Pädagogik. Sie mag Kindheit nicht als eigenberechtigte und eigenen Gesetzen und Bedürfnissen folgende Lebensphase auffassen, sondern kann in den Kindern nur eine Art Rohmasse sehen, die es zu formen gilt.

Schule

Am schärfsten hat diese Einstellung im Lebensbereich Schule durchgegriffen. Das Verhältnis von Lehrer zu Schüler wandelt sich von der mittelalterlichen Gemeinschaft der Gleichen zu einem kontrollierenden und strafenden Regime des Lehrers. Schule ist jetzt kein Lehrverhältnis mehr, auch kein Vertragsverhältnis zwischen Lehrer und Schüler (Wissenserhalt im Austausch für Geld oder persönliche Dienstleistungen), sondern im Gegenteil ein vom Lehrer dominiertes Zwangsverhältnis aus der sozialen Distanz heraus.

Seit dem 16. Jahrhundert werden Schulklassen eingeführt und damit eine Differenzierung nach Altersstufen. Wir erkennen hierin eine erste Idee von fortschreitender Entwicklung. Trotz der Trennung nach Altersstufen werden die Schüler allerdings räumlich noch zusammengefaßt. Alle Klassen werden im selben Saal unterrichtet, zum Teil auch gleichzeitig.

Der Schüler stand in einer Weise in der Verfügungsmacht des Lehrers, wie es zuvor niemand sich hätte ausdenken können und wir es heute nicht mehr hinnehmen würden. Im Mittelalter suchte sich der Schüler seine Lehrer. Wenn er unzufrieden war oder nichts Neues mehr erfuhr, wanderte er weiter und suchte sich einen neuen Schulkreis.

In der bürgerlichen Phase dagegen ist der Schüler dem Lehrer nicht nur zugeordnet, sondern ihm auch existentiell untergeordnet. Wo dem Schüler zuvor die Kompetenz und die Selbstbestimmung zugesprochen waren, sich seine Ausbildung selbst zusammenzustellen, ist ihm jetzt diese Selbstbestimmung abgesprochen. Akzeptierte er diese Rechtlosigkeit nicht, wurde er hart bestraft.

Disziplin rückte in den Mittelpunkt des sozialen Lebens der Schule. Sie war der Ersatz für die persönlichen, ja, freundschaflichen Beziehungen zwischen Lehrern und Schülern, wie wir sie aus dem späten Mittelalter kennen. Körperstrafen wurden das originäre Mittel der Pädagogik. Im Mittelalter undenkbar in diesem Zusammenhang, waren sie ganz in das Gutdünken des Lehrers gestellt, der in dieser Hinsicht von niemandem kontrolliert wurde. Sogar ohne Ansehen des Standes durften die Kinder gezüchtigt werden. Auch zwanzigjährige Schüler wurden noch verprügelt. – Wir erkennen darin eine *Militarisierung der Pädagogik.* Hierzu gehört, daß die Zuständigkeit des Lehrers über das schulische Unterrichten weit hinaus ging. Der Lehrer war der Vollstrecker der bürgerlichen Werte am Kinde. Erziehung war primär Schulerziehung. Ziel war das wohlerzogene Kind als Vorstufe des Untertans.

Den militärischen Charakter und die militärische Zielrichtung bürgerlicher Erziehung erkennen wir auch daran, daß sich Schule noch im 18. Jahrhundert in erster Linie um die Anpassung der Knaben bemühte. Mädchen blieben bis dahin vom Kasernenhof-Drill weitgehend verschont. – Unter frauen-emanzipatorischen Gesichtspunkten können wir dies heute als Benachteiligung auffassen. Man kann es aber auch so ansehen, daß schon damals das männliche Geschlecht als das dringender zu bändigende aufgefaßt wurde.

»Denn von Natur sind alle Kinder zum Bösen geneigt«

Das 19. und frühe 20. Jahrhundert brachte eine letzte Zuspitzung dieser militanten Eroberungs- und Unterwerfungsmentalität bis ins Sadistische. »Ich finde, daß es eine rechte Liebe ist, wenn man Kinder scharf hält. Denn von Natur sind alle Kinder zum Bösen geneigt, darum muß man sie kurz halten«, schrieb Liselotte von der Pfalz (Briefe, München, 1913). Der Rohrstock war jetzt nicht mehr nur das hauptsächliche Arbeitsmittel des Lehrers, sondern hielt auch Einzug in die Familie, wo der Hausvater als Vertreter von Gott und Kaiser die Kinder – und das heißt immer in erster Linie die Jungs – zu bändigen und zu züchtigen hatte. – Man beachte, daß dies mit »Liebe« begründet wird. Die Menschen damals hätten mit Verwunderung reagiert, wenn man ihnen Kinderfeindlichkeit unterstellt hätte.

Der aus »Liebe« wohlgesetzte Hieb, die aus »Liebe« durchgesetzte starre Körperhaltung in der Schule (»Hände flach auf den Tisch«) spitzten sich in skurriler Weise zu in der »Pädagogik« des Daniel Gottlob Moritz Schreber (1808–1861). Dieser Arzt und Sozialreformer trieb in seinen Schriften den Bändigungsimpuls der bürgerlichen Pädagogik ins Absurde. Er trat als Autor feinsinniger Schriften wie »Glückseligkeiten für das physische Leben des Menschen« und »Ärztliche Zimmergymnastik« hervor und war der Erfinder der »Haltungsapparate«, in welche Kinder bei Tisch etwa einzuschnallen waren, damit sie aufrecht saßen. Über Kopf und Stirn wurden starre Lederriemen gespannt, diese zusammengeschnallt mit einem Eisenstab, der den Rücken des Kindes in die absolute Senkrechte zwang. Der Eisenstab wiederum war unbeweglich am Stuhl befestigt, so daß jede Beugung des Körpers nach vorn vom Ansatz her unmöglich war. Brustgurte »halfen«, daß auch der Rumpf zur Seite hin unbeweglich blieb.

Schreber organisierte ferner bis in die kleinste Bewegung durchdachte und festgelegte »Freiluftspiele« und gymnastische Übungen, welche die Gesundheit der Kinder heben sollten. Er hat übrigens die Schrebergärten inspiriert. Sein Sohn, zunächst Gerichtspräsident in Leipzig, wurde verrückt.

In solcher Reduktion der Pädagogik auf Orthopädie sollten wir keinen skurrilen Einzelfall sehen, sondern die unbe-

absichtigte Selbstkarikatur eines Zeitalters, dem *Gehorsam* –
ein Ausdruck aus der militärischen Sphäre! – als Kern der Haltung des Kindes dem Erwachsenen gegenüber galt. Während
man im Mittelalter diesen Begriff niemals auf ein Kind angewendet hätte, sprach hier das Bürgertum aus, was es als das wesentliche Merkmal der Kindheit sah: Abhängigkeit. Dem Erwachsenen stand eine existentielle Verfügungsmacht über das
Kind zu, wie dem Kaiser und dem Staat über seine Unterta-
nen. Insofern konnte die Familie zur Keimzelle des Staates
werden.

Im bürgerlichen Zeitalter darf Kindheit kein Spaß sein,
weil sie irgendwie mit Schuld und Schmutz beladen ist. Erziehung ist Reinigung. Deshalb muß das Kind bis in seine Bewe-
gungen hinein – und gemeint ist: bis in sein Denken hinein –
dem Erwachsenen unterworfen werden. Schrebers Gymna-
stikfimmel meinte nicht bloß spartanische Körperbeherr-
schung und Abhärtung, sondern war im Grunde eine Verweigerung menschlich warmer, interessierter Zuwendung zum
Kinde. »Das Bett eines Kindes muß hart sein … Ein hartes La-
ger stärkt die Glieder, dahingegen ein weiches … den ganzen
Körper verzärtelt, oft Kränklichkeit verursacht …«[1] – Erwachsene schliefen damals schon lange in Federbetten.

Der Matrosenanzug

Diese Angst vor Verzärtelung des Kindes – wieso eigentlich, wenn nicht weil man den künftigen Soldaten im Kinde
sah? – gipfelte im Matrosenanzug, der um 1800 herum auftaucht, zuerst in den oberen Schichten des Bürgertums. Er ist
zunächst Abbild der glorreichen englischen Marine und da-

---

[1]   John Locke: Gedanken über Erziehung, 1920.

mit britischer Welteroberung. Wir sehen: Kindheit mußte erobert werden, damit sie einst erobern konnte.

Auch das Deutschland des Kaiserreiches war von der eigenen Marine begeistert. Kaiserkinder traten im Kieler Matrosenanzug ebenso auf wie Arbeiterkinder auf dem Sonntags-Spaziergang. Bald wurde die Matrosenkleidung zur alltäglichen Kinderkleidung schlechthin. Hier fand die Militarisierung der Kindheit ihr äußeres Bild.

Der Matrosenanzug blieb verbreitet bis in die Dreißiger Jahre, in ganz Europa. Es fällt auf, daß er zum Schluß noch bis in die Adoleszenz getragen wurde. Unvermittelt, aber problemlos löste ihn dann die Uniform der Hitler-Jugend ab.

Mit der Militäruniform als Kinderkleidung dokumentierte die bürgerliche Pädagogik auch ihr Ziel: Gehorsam, Unterwerfung, Sich-Aufopfern fürs Vaterland. Das hat ja dann auch geklappt.

Die Fünfziger Jahre

Nach dem Zusammenbruch der Nazizeit erfuhr in Deutschland das bürgerliche Zeitalter gerade auf pädagogischem Felde noch einmal einen kurzen Höhepunkt: Die Familie galt fast als die einzig unschuldig gebliebene Institution der Gesellschaft. So konnte gerade sie jetzt zum Hort der Heilheit ernannt werden. Erstmals in der Geschichte wurde ein Familienministerium gegründet! Aber kein Gedanke daran, aus der Nazizeit zu lernen. Als hätte es die pervertierte Verfügungsmacht des Staates über Volk, Familie und Kind nie gegeben, wurde im Gegenteil die kleinbürgerliche Familie als Ursprung und Stütze staatlicher Autorität konzipiert. Auf dem Weg über Schule und Familie, besonders den Familienvater, verfügt der Staat sofort wieder über Erziehung und damit über das Kind. Damit wurde in dieser »Keimzelle der Gesellschaft« das autoritäre Element restauriert, obwohl man andererseits und angeblich eine Demokratie sein wollte. Familie war *der* Ordnungs- und Disziplinierungsfaktor in gesellschaftlicher, politischer und moralischer Hinsicht. Erziehung wurde geradezu als der ureigenste Zweck der Familie definiert. Erst die Studentenbewegung hat auch diese Ideologie hinterfragt und einen Wandel herbeigeführt.

Dieser Kern bürgerlicher Kindheitsauffassung, daß Kinder ihrer selbst nicht mächtig seien, irgendwie unzurechnungsfähig und wie wilde Tiere zu bändigen – dieser Kern schmolz. Aber, wie im nächsten Kapitel zu zeigen sein wird, löste er sich nicht einfach auf, sondern er kehrte wieder in Form einer tiefen Unsicherheit Kindern gegenüber und einer ambivalenten Erhöhung ihrer Bedeutung.

Das Bild von Kindheit heute

Schüler einer Klasse der ersten Waldorfschule traten eines Tages an Rudolf Steiner heran, den Gründer und Mentor der Schule, und baten ihn dringlich um ein Gespräch. Er setzte sich sogleich mit ihnen zusammen, forderte sie auf zu formulieren, was ihnen auf dem Herzen liegt. Sie würden zu wenig lernen und fühlten sich unterfordert. Sie könnten deshalb einigen Lehrern gegenüber nicht in der Weise Achtung aufbringen, wie sie das gern täten. Steiner tritt mit den jungen Menschen in ein ausführliches und offenes Gespräch ein. Das Ergebnis: Vier Lehrer dieser Klasse werden durch andere Lehrer ersetzt.

So leuchtet hier, am Anfang der Zwanziger Jahre, ein ganz neues Bild vom Kinde auf: *Steiner nimmt die Kinder ernst.* Er handelt aus einer Auffassung vom Kinde heraus, die dem Erleben, dem Denken und Wollen des Kindes Eigenberechtigung zuspricht. Nicht mehr die Normen und Werte einer auf Anpassung errichteten Erwachsenenwelt sind Maßstab für die Beurteilung kindlichen Denkens und Handelns, sondern die kindspezifischen Belange selbst.

Auch außerhalb der Waldorfpädagogik erwächst das Bewußtsein von in sich gegliederter und in sich berechtigter *Entwicklung.* Das Kind soll angesprochen werden aus seiner eigenen Weltsicht, seinem eigenen Erleben heraus. Seine einzelnen Entwicklungsschritte sind notwendige und sinnvolle Lebensphasen. Jede Phase hat die Bedeutung eines je eigenen Wahrnehmungsorgans, das heißt, in jeder Phase stellt sich das Kind anders zur Welt, versteht anders, interessiert sich für anderes, braucht andere Anregungen. Dieses sich immer weiter und differenzierter aufgliedernde kindliche Erleben muß zur Anwendung kommen dürfen, muß sich darleben dürfen.

Der Pädagoge Albrecht Leo Merz sah die Bedeutung der Pädagogik darin, die entwicklungsspezifischen Erlebensmöglichkeiten des Kindes anzusprechen. Wie Steiner faßt er die einzelnen Entwicklungsphasen als Auffassungsorgane auf. Im Kindergartenalter zum Beispiel und noch bis ins erste Schulalter hinein entnimmt das Kind dem Wahrgenommenen in erster Linie das Atmosphärische; es sucht Gestimmtheiten, in denen es sich beheimaten kann. Mit neun Jahren etwa setzt eine erste Distanzierungsfähigkeit ein. Das Kind beginnt, sich für die Logik sozialer Verhältnisse zu interessieren, es möchte Abläufe gedanklich nachvollziehen können. Mit zwölf Jahren fängt es an zu beurteilen. Es entdeckt jetzt eigene, persönliche Maßstäbe und probiert sie aus: »Ich finde, das dauert zu lange, wenn ich mit dem Fahrrad zum Schwimmbad fahre. Ich nehme lieber den Bus.«

Damit das Kind seinem Wesenskern immer mehr eine vollständige Gestalt geben kann, muß es dieses anders akzentuierte Auffassungsorgan betätigen dürfen. Im zentralen Unterrichtsfach der von ihm gegründeten »Werkschule« führte Merz, demonstrierend und sinnenfällig experimentierend, den Kindern Grundphänomene der Natur, des sozialen Lebens und der Kunst vor Augen. Mit den, ihrem Alter und ihrer Persönlichkeit gemäßen Möglichkeiten filterten sie das ihnen wesentlich und gesetzmäßig Erscheinende aus den Phänomenen heraus, – diskutierend, selbst in die Experimente eingreifend. Zum Beispiel soll den Schülern das Grundphänomen der »Integration« nahe gebracht werden. Der Lehrer schreibt zunächst die einzelnen Buchstaben eines Wortes verstreut auf die Tafel. – Oder er hat eine Pflanze in Stengel, Wurzel, Blätter und Blüte zerlegt. Die Kleinen zeigen mit Mitleid auf die zerlegte Pflanze. »Die ist ja tot.« »Da habt ihr etwas ganz Wesentliches gemerkt. Warum ist sie denn tot?« »Weil die auseinander ist.« »Und wenn sie nicht auseinander wäre?« Dann wäre sie zusammen. Dann wäre sie lebendig.« und die Kinder klatschen begeistert in die Hände. – Den Buchstabensalat finden sie lustig und wollen gleich das Wort erraten. Die Schüler der vierten Klasse bringen als Beispiel die Maschine, bei der alles aufeinander abgestimmt sein muß, damit sie läuft. Die Oberschüler tragen Beobachtungen aus Stadtteilen bei, in denen Menschen unterschiedlicher ethnischer Herkunft zusammen leben.

Im Anschluß setzen die Kinder mit den Fachlehrern die so gewonnenen Anschauungen in den einzelnen Fachgebieten um. Im Biologieunterricht wird jetzt die Entwicklung der Pflanze vom Keim bis zur Blüte behandelt. Die Schüler erkennen, daß Wachstum sowohl einen Aspekt der zunehmenden Differenzierung hat, aber auch immer neuer Integration auf immer höherem Niveau. – Im Deutschunterricht der Oberstufe wird Lyrik von Rose Ausländer und andere moderne Gedichte durchgenommen: Sie erfassen, daß der sparsamen Wortsetzung mit eigener Sinngebung begegnet werden muß, damit die Worte einen Sinnzusammenhang ergeben. – In der Mathematik werden die Additionen anschaulich gemacht, und die Kinder können erkennen, daß der gleiche Zusammenhang, hier einer Zahlengröße, durch Zusammenfügen ganz verschiedener Teile (Zahlen) entstehen kann. – In den handwerklichen und künstlerischen Fächern können die Schüler nach eigenen Vorstellungen das Erfaßte sich individuell gestaltend zum Erlebnis machen. Ein Kind schmiedet in der Metallwerkstatt ein Rad aus seinen Segmenten. Ein anderes Kind webt eine kleine Decke. Ein drittes erstrebt die Einheit in der Vielfalt durch ausgewogene Farbzusammenstellung darzustellen.

Pädagogik wird so zur Förderung von fortschreitender Entwicklung, wo sie vorher auf Anpassung erpicht war.

Das Kind ist Zukunft

Entwicklung aber kann nur auf Zukunft hin gesehen werden. Die altersspezifischen Bedürfnisse, intellektuellen Fähigkeiten und seelischen Verträglichkeiten müssen so gefördert werden, daß aus ihnen der jeweils nächste Entwicklungsschritt hervorgehen kann. Das Spätere baut auf dem Früheren auf. Wie in einem verborgenen inneren Kern wohnt dem Kinde seine Zukunft bereits ein. Um diese Zukunft ausfalten zu können, muß es seine Entwicklungsstufen vollständig und ungestört durchlaufen können. Die gesellschaftliche Stellung des Kindes ist damit die einer Option auf die Zukunft – seine persönliche Zukunft, aber auch auf die Zukunft der Gesellschaft und des Menschen überhaupt. Im Laufe der zweiten Hälfte des 20. Jahrhunderts erreicht diese Auffassung dann auch den Gesetzgeber: Im Kinder- und Jugendhilfegesetz formuliert er den Schutzgedanken. Kinder und Jugendliche haben damit gesetzlichen Anspruch auf Hilfe und Förderung.

Die Sorge um das Kind

Im alltäglichen Zusammenleben mit dem Kind freilich erscheint die sich als Förderung verstehende Erziehung mit einer Geste, die zeigt, daß Eltern und Erziehende mit dem Entwicklungsgedanken weithin fürs erste noch überfordert sind. Denn die Haltung der Kindheit gegenüber wird bei vielen eine ängstliche. Zwar werden die Eigengesetzlichkeiten der einzelnen Entwicklungsstufen anerkannt, aber der Blick des Erziehenden verfängt sich rasch in den Gefährdungen und Unzuträglichkeiten. Gerade pädagogisch interessierte Eltern sind besetzt von dem angespannten Bemühen, vom Kind fernzuhalten, was seiner Entwicklungsstufe nicht entsprechen könnte.

Aus dem Schutzgedanken heraus entstehen wieder Reservate, in denen das Kind, abgetrennt von der als unzuträglich erachteten Erwachsenenwelt, sein Kindsein ungestört ausleben soll. Spielstraßen und Spielplätze werden errichtet, der altersgemäßen Ausstattung des Kinderzimmers wird strenge Aufmerksamkeit gewidmet. Städte richten Schülerparlamente ein. Das Fernsehen bringt »Kindersendungen«. Kinder werden in bunt möblierten »Kinderparadiesen« von einer Erzieherin beschäftigt, während die Eltern durch das verwirrende Angebot des Möbelhauses streifen. Schon legendär freilich ist der Durchruf im Möbelhaus »Die kleine Anna möchte aus dem Kinderparadies abgeholt werden«. Eine mächtige Industrie etabliert sich, die mit dem Etikett »kindgerecht« Schrott vermarktet, den kein Kind anrühren würde, erlebte es nicht die Begeisterung der Erwachsenen darüber. Aus kommerziellen Interessen werden die Sorge um das »Richtige« fürs Kind und die Erziehungsunsicherheit ausgebeutet und eine nur fürs Kind erdachte Kunstwelt entsteht, die vor allem bunt, lustig und harmlos sein soll. Nöte und Bedrängnisse der Erwachsenenwelt sollen ferngehalten werden von ihm, stattdessen soll es in der Barbie-Welt leben, die dann doch wieder nur eine niedliche und konfliktfreie Kopie der Erwachsenenwelt ist.

Besonders in den Siebziger Jahren fällt es auf, daß viele Eltern sich nicht mehr trauen, unbefangen mit dem Kind zusammen zu leben. Alles, was man am Kinde und in seiner Gegenwart tut, soll »pädagogisch richtig« sein. Kindheit erscheint als eine höchst gebrechliche und gefährdete Lebensphase, und Fehler in ihrer Handhabung könnten die ganze Zukunft des Kindes beeinträchtigen. Man schafft sich deshalb Erziehungsratgeber bändeweise an, abonniert Elternzeitschriften, weil man sich auch noch bei der alltäglichsten Situation informieren und rückversichern möchte, wie jetzt wohl damit umzugehen sei. Fragen des Taschengeldes, der Gestaltung des Familienurlaubes, aber auch der frühen und frühesten Erkennung eventuell sich anbahnender Entwicklungsprobleme werden gewissenhaft erörtert, aber Souveränität und Intuition gehen verloren.

Sonntag vormittag bei Familie S.: Auf Bitten der Mutter spielt der Vater mit dem sechsjährigen Sohn mit der Holzeisenbahn. Man hatte sich Weihnachten für diese Ausführung entschieden, weil die Teile hier abgeschliffen sind und die Gefahr *relativ* gering erschien, daß Kevin sich daran verletzen könnte. – Die achtjährig Anna übt bei der Mutter in der Küche auf der Flöte, während diese kocht. Anna wollte zwar in ihrem traumhaft eingerichteten Mädchenzimmer üben, aber Mutter meinte, Anna brauche ihre ständige Ermutigung. Mutter entscheidet sich heute wieder für die Buchstabensuppe. Das tut sie öfter in letzter Zeit, denn Kevin kommt bald in die Schule, und da soll er schon mal spielerisch an die Form der Buchstaben herangeführt werden. Anna hat dann keine Lust mehr zu üben, sie lockt das Spiel mit der Eisenbahn. Kevin will das nicht. Damit es nicht zum Streit kommt, holt Mutter das kleine Bügelbrett und das Spiel-Bügeleisen aus Annas Zimmer und ermuntert die Tochter, ein paar Geschirrtücher zu bügeln. Sie bindet ihr die lustige Schürze mit dem Gänseliesel-Motiv um. Nach dem Mittagessen geht man in den Zoo. Während die Mutter bei jedem kleineren Tier begeistert ausruft »Schaut mal hier«, sucht Kevin nach dem Eis-Kiosk. Der Vater prüft inzwischen die Klettergerüste am Spielplatz auf ihre Sicherheit, um dann genaue Anweisungen an Kevin geben zu können: Die Rutsche und die Rohre zum Durchschlüpfen sind in Ordnung, das Bogengerüst ist sehr hoch, außerdem etwas rostig. Kevin könnte sich die Haut aufreißen oder herunterfallen.

Wieder zuhause, beim Nachmittagskaffee, patscht Kevin nur auf der Sahnetorte herum, den Kakao verschüttet er. Anna gähnt und will fernsehen. Mutter beschließt, morgen den Kinderarzt nach einem pflanzlichen Appetitanreger zu fragen. Am Abend, als die Kinder im Bett sind, diskutiert sie mit ihrem Mann über die Frage, ob Anna vielleicht zu wenig Schlaf hat ....

So kann das Kind in einer Weise in den Mittelpunkt geraten, wie es weder ihm noch den Eltern gut tut. Und das Leben der Eltern als Ehepaar gerät in den Hintergrund, in die Nische. Alles ist darauf ausgerichtet, den Kindern eine heile und sorgenlose Kindheit zu bewahren, um ihnen damit eine glückliche Zukunft zu garantieren. Der Entwicklungsgedanke kann also zu einer Überhöhung und Idealisierung geraten, und in die Beziehung zwischen Kind und Eltern kann sich etwas Angespanntes einschleichen.

Die Hochrechnung

Denn man rechnet hoch: *Wenn* mein Kind im Kindergartenalter mit zuviel Technik in Berührung kommt, *dann* wird es durch die Sachlichkeit und Gefühlsleere der technischen Vorgänge aus seiner unbeschwerten Kindheit herausgerissen. – *Wenn* mein Kind miterlebt, daß mein Mann und ich uns streiten, *dann* wird es später selbst Partnerprobleme haben. – *Wenn* mein Kind zu viel Einschränkungen erfährt, *dann* wird es sich später nicht frei entfalten können.

Dieser ins Kausale verengte Entwicklungsgedanke ist der Naturwissenschaft entnommen. Er wurde vor allem von der akademischen Psychologie auf die menschliche Seele und ihre Entwicklung angewendet. Er machte das Kind benutzbar für die Zwecke des Erwachsenen, wobei sich auch dies »Pädagogik« nennen durfte. Diktaturen nennen bis heute die Indoktrination junger Menschen Erziehung. Gerade auch Sekten und andere interessierte Kreise haben den aufs Kausale verkürzten Entwicklungsgedanken benutzt, um die Verwirklichung ihrer Zukunftsvorstellungen durch »Erziehung« zu veranlagen. Zum Beispiel gab es in den Sechziger Jahren

Kreise, die die sogenannte freie Sexualität als eine Art Menschenrecht durchsetzen wollten. Damit in Zukunft der Mensch »frei« seine Sexualität ausleben kann, mußte gerade das Kind zur sexuellen Betätigung aufgefordert werden. – Andere zielten auf den »neuen Mann« ab. Der sollte einfühlsam, fürsorglich und aggressionsfrei sein. Also erzog man die kleinen Jungs zur Aggressionsfreiheit. Ausführliche Vorhaltungen sollen dem Knaben, der sich mit seiner Schwester prügelt – Gewalt gegen Frauen! – die Einsicht in das Unrechte seines Tuns vermitteln. Darin, daß er es *einsehen* soll, liegt ein Rest von Ernst-Nehmen; damit daß er es einsehen *soll*, drängen die Eltern ihm jedoch Verantwortung für die Zukunft auf, sich selbst entlastend. – Wenn die Schwester sich mit dem Bruder prügelt – Mädchen sollen früh lernen, sich zu wehren! –, bekommt sie Anerkennung. Erziehung gerät zum Machen des zukünftigen Menschen.

Eine junge Mutter brachte es auf den Punkt, als sie, das Neugeborene im Arm, ihren Mann anstrahlte und ausrief: »Es liegt jetzt an uns, einen guten Menschen aus ihm zu machen«.

Hier spricht sich ein Größenwahn aus und dokumentiert die im 20. Jahrhundert fortschreitend angeschwollene Überschätzung von Erziehung. Schwerer wiegt der Irrtum: Denn hier wird Kindheit gar nicht mehr als eigenständige Lebensphase anerkannt. Der Entwicklungsgedanke ist ersetzt durch die Illusion, der Mensch erschöpfe sich in dem, was man aus ihm machen kann. Hier interessieren die Eigengesetzlichkeiten der Entwicklungsalter nur in technologischer Hinsicht. Und so wie die Werbepsychologie Wahrnehmen und Denken des Erwachsenen untersucht, um erfolgreich werben zu können, so erforscht diese Pädagogik das Denken des Kindes, um ihm erfolgreich eintrichtern zu können, was es in Zukunft sein soll.

Der im 20. Jahrhundert neue Entwicklungsgedanke selbst aber bejaht das Eigensein des Kindes noch in die Zukunft hinein – *im Bewußtsein, diese Zukunft nicht zu kennen.* Erziehung kann deshalb gar nicht *zu* etwas erziehen wollen. Wenn das volle Wesen des Menschen sich in die Zukunft hinein ausfaltet, dann kann dieses Wesen nicht schon im vorhinein bekannt oder gar in seiner konkreten Ausprägung vorher bestimmbar sein.

Hierin dürfte der tiefere Grund für die oben schon erwähnte Ängstlichkeit liegen, von der viele Eltern heute beherrscht sind. Als Erziehende begleiten und fördern wir das Kind zu einer Zukunft hin, die logischerweise unbekannt ist. Die immer neue Zweifel säende Frage, was das »Richtige« für das Kind ist, macht anfällig für die Versuchung, seine Zukunft doch kennen oder bestimmen zu wollen – in bester Absicht. Aus Förderung wird Therapie. Ein Kind, das nicht sogleich das Denken und Verhalten zeigt, welches lehrbuchgemäß von seinem Entwicklungsalter zu erwarten wäre, muß therapiert werden. Man will so sicherstellen, daß das schüchterne Mädchen eine selbstbewußte Frau wird, der in Waffen vernarrte Junge kein gewalttätiger Mann, daß der uninteressierte Schüler doch noch die Reifeprüfung ablegen kann und was der Wünsche mehr sind.

Es ist schwer durchzuhalten, dem Kindsein in seiner Zukunftsgerichtetheit wirklich Raum zu geben ohne auf Führung und Orientierung zu verzichten und ohne andererseits dem Kind selbst die Verantwortung für seine Zukunft aufzubürden. Sein Bedürfnis nach Führung und Orientierung ist seelisch. Sein Recht, Raum zu finden für die altersspezifischen Möglichkeiten erwächst dagegen aus der Sphäre des Schicksals. Dies wird verwechselt, und es kann dann zu einer ins Skurrile verzerrten Form von Ernst-Nehmen kommen, die das Kind so anspricht, als wäre es bereits der eigenverantwortliche Erwachsene, der es einst werden soll: »Möchtest du, daß wir im Urlaub in Österreich wandern oder in Bali uns in die Sonne legen?« In einer solchen Frage an den Sechsjährigen zeigt sich die ganze Hilflosigkeit des Erwachsenen, der einerseits Angst hat, das Kind zu sehr einzuschränken, und andererseits hofft, es habe selbst schon konkrete Vorstellungen darüber, was ihm aus der Erwachsenenwelt zuträglich und förderlich ist. »Morgen hast du Geburtstag. Wir gehen jetzt in den Spielzeug-Laden. Da kannst du dir etwas für 50 Mark aussuchen.« Eine solche Ansprache meint auf die Selbstbestimmung des Kindes abzuzielen, läßt es aber im Grunde nur allein. Auch die allmorgendliche Debatte, ob es wohl sinnvoll ist, die Zähne zu putzen, nimmt das Kind nicht ernst, sondern schafft ein Vakuum, das das Kind zur Aufblähung, nicht aber zur Persönlichkeitsentfaltung herausfordert.

Wir sehen also, wie uns das neue Kinderbild, gerade weil es zukunftsgerichtet ist, im Alltag oft noch überfordert. Wir sehen, wie es zur Idealisierung von Kindheit einerseits und zur Überschätzung von Erziehung andererseits führen kann. Persönliche, private Bilder von Kindheit, von denen im nächsten Kapitel einige Beispiele anzuschauen sind, kommen hinzu und tragen weiter dazu bei, daß die Sphäre der Erziehung nicht nur vielschichtig, sondern vor allem ambivalent wird. Wir erkennen so in der Erziehungshaltung der Neuzeit einerseits eine Schicht, in der mit dem Kinde aus der Achtung heraus umgegangen wird vor dem, was als Zukunft in ihm liegt. Andererseits sehen wir eine Schicht, die eine Kluft schafft zwischen dem Kind und dem Erwachsenen, gerade weil die Zukunftsgerichtetheit der Kindheit teils ängstlich, teils manipulativ gehandhabt wird.

Aber auch wir Zeitgenossen sind nur eine Stufe im geschichtlichen Wandel. Unsere heutige, ambivalente Auffassung von Kindheit wird einst als Episode verbucht werden. Vielleicht kommt die Zeit erst noch, da das zukunftsorientierte Kinderbild konsequent angewandt und gelebt wird. Mit der Zukunft zu rechnen und gleichzeitig darauf zu verzichten, sie kennen und bestimmen zu wollen, ist gerade in der Erziehung das Schwerste.

Private Bilder von Kindheit

Auch die privaten Bilder von Kindheit sind ambivalent. Sie meinen untergründig oft etwas anderes, als sie zu sein vorgeben. Manchmal meinen sie das genaue Gegenteil. Einige Szenen aus der Sprechstunde der Erziehungsberatung mögen dies illustrieren:

Kindheit als Survival-Training

Der Vater schiebt den achtjährigen Sohn auf dem Weg vom Wartezimmer ins Sprechzimmer vor sich her.

»Gib dem Mann die Hand.«

Ich stelle mich dem Jungen vor und begrüße ihn. Zaghaft, die Schultern eingezogen, der Oberarm bleibt am Körper, legt er mir eine weiche, feuchte Hand in die meine. Die Mutter, offenbar leicht gehbehindert, tritt als letzte ein. Breitbeinig nimmt der Vater Platz. Die Mutter setzt sich gegenüber. Der Junge möchte zur Mutter auf den Schoß. »Setz dich da hin«, herrscht ihn der Vater an und zeigt auf den leer stehenden Stuhl. Der Junge setzt sich und versinkt in seiner pelzgefütterten Lederjacke. Eine viel zu lange und zu weite Khaki-Hose hüllt seine dünnen Beine ein. Aus einer Seitentasche ragt ein Leatherman hervor, jenes Allzweckmesser, das man im Dschungel eben braucht.

»Was führt Sie her?«

»Die Schule hat uns Ihre Adresse gegeben ...«

»Sie wären sonst also nicht gekommen.«

»Also zu Hause ... der Junge ist in Ordnung. Aber in der Schule ... Die üblichen Schlägereien halt ... Die Lehrer picken sich immer nur ihn heraus.« Die Schule hat mehrfach schon Verweise erteilt; kürzlich hatte er eine Woche Schulverbot; Protokolle von Elterngesprächen und Lehrerkonferenzen wurden angefertigt. Die Schule will den Jungen jetzt an die Sonderschule für Erziehungsschwierige verweisen. »Man muß sich doch wehren. Wenn dich einer anmacht, dann wehre dich, Junge, sag ich immer zu ihm. Er muß doch lernen sich durchzusetzen. Heute bist du doch der Gelackte, wenn du dich nicht behauptest gegen all die Rüpel und die Klugscheißer.«

»Haben Sie diese Erfahrung gemacht?«

Der Vater nickt: »Hat mir nichts geschadet.«

»Aber ich nehme an, hart war es schon für Sie, damals als Kind.«

»Keine Spur. Ich hab das damals schnell begriffen. Was du brauchst, nimm es dir, bevor die anderen zugreifen. Ist doch so, oder?«

»Sie hatten Geschwister?«

»Das können Sie wohl glauben. Wir waren zwei Jungs und vier Mädchen. Da war was los. Ich bin der Zweitjüngste.«

»Da mußten Sie sich eben gegen die Geschwister durchsetzen.«

»Das geht doch so weiter. Im Betrieb – wenn Sie da einen Moment nicht aufpassen, ist schon einer an ihnen vorbeigezogen und dann sitzt der plötzlich eine Etage über Ihnen, egal, ob der was kann oder nicht.«

»Sie hätten auch gerne Karriere gemacht.«

»Nicht mehr. Brauch ich nicht. Aber der Junge soll später mal nach oben kommen.«

Die Welt ist also ein Dschungel, und die Aufgabe des Erwachsenen liegt darin, Kinder für diesen Dschungel fit zu machen. Solche Auffassungen von Kindheit und Erziehung sagen mehr über den Erwachsenen als über das Kind. Sie ignorieren geradezu die dem Kind eigenen Bedürfnisse und Möglichkeiten. Kindheit als Freiraum oder Schonraum gilt hier als überflüssig, vertane Zeit. Und wie alle privaten Bilder von Kindheit ist auch dieses Bild ambivalent. Wie in diesem Beispiel können sie der Leugnung eigener existentieller Enttäuschungen des Erwachsenen dienen. Dieser Vater hatte selbst nicht die Möglichkeit, Kindheit zu leben. Früh mußte er sich stattdessen in das Spannungsfeld von Rivalität und Durchsetzung stellen. Wie wir alle verallgemeinert er seine persönliche Lebenserfahrung und meint, seinem Kind etwas Gutes zu tun, indem er es von vorne herein auf den Überlebenskampf trimmt. Jede Schwäche, die das Kind zeigt (bei der Mutter Zuflucht suchen zu wollen), muß unterbunden und bekämpft werden. Letztlich bekämpft der Vater damit eigene Anlehnungs- und Schutzbedürfnisse. Er konnte es sich nicht leisten, loszulassen, weich und empfindsam zu sein. Heute kann er das auch seinem Sohn nicht zugestehen. Schwäche zuzulassen – und nur so kann er Kindheit verstehen – würde seine »Lebenserfahrung« und seine Schlußfolgerungen daraus in Frage stellen. Zwar weiß er, daß mit seiner Theorie – »Die Welt ist knallhart. Kämpfe dich durch« – etwas nicht stimmt: Es ist ihm nicht gelungen, die Karriereleiter hoch zu klettern. Nun soll ihm der Junge beweisen, daß die Theorie stimmt.

Die Mutter schwieg. Das Weibliche, das, wie Kindheit, für solche Männer hauptsächlich ein Zustand der Schwäche und Weichheit ist, muß stumm bleiben.

Das Kind als Nervensäge

Ein Elternpaar, beide wohl Mitte dreißig, stürmt ins Sprechzimmer. Der zwölfjährige Sohn trottet widerwillig hinterher. Mutter und Vater blicken ihn geringschätzig an, während die Mutter in scharfem Ton beginnt: »Er ist ein Lügner. Und er klaut. Was soll man mit so einem machen? Neulich hat er einen Hunderter aus der Haushaltskasse genommen.

Keine Ahnung, was er damit macht. Aus ihm ist nichts herauszubekommen.«

»Sie sagen das jetzt zu mir. Haben Sie es schon mal Ihrem Sohn selbst gesagt?«

Pause.

»Sagen Sie es ihm selbst, was Sie mir gesagt haben.«

Während die Mutter mir bei ihrer Anklage sehr eindringlich in die Augen gesehen hat, senkt sie jetzt den Blick und sieht dem Sohn nicht in die Augen, sondern auf den Anorak, und sagt leise: »Warum machst du das?«

»Ich denke, das ist ein guter Anfang, daß Sie mit einer Frage beginnen«, sage ich.

»Ich hab ihn schon tausendmal gefragt.«

»Da Sie ihren Sohn jetzt gar nicht direkt angesehen haben, nehme ich an, sie stellen die Frage auch sich selbst.«

Es ist der Vater, der antwortet: »Wir haben doch genug Ärger und Probleme. Mein Schwiegervater baut ein Haus. Klar, daß ich helfe, abends, am Wochenende. Aber wenn ich dann spät endlich nach Hause komme, seh ich nur diesen verstockten Jungen. Wenn ich ihn überhaupt sehe. Meist hängt er in seinem Zimmer und dröhnt sich die Ohren voll.«

»Als ob er nichts von Ihnen wollte.«

»Wäre auch besser so«, sagt der Vater verbittert und mehr zu sich selbst.

Der Fortgang des Gespräches ergibt das Bild einer von Geldsorgen, Familienzwisten und Problemen am Arbeitsplatz stark belasteten Elternschaft. Beide hatten nie die Zeit und innere Ruhe, sich dem – einzigen – Kind zuzuwenden. Sie hatten nur eine Erwartung an das Kind: daß es nicht störe, ihnen nicht noch mehr Probleme schaffe. Jede normale Lebensäußerung schon des kleinen Kindes wird zum zusätzlichen Problem. So blieb dem Jungen nichts anderes übrig, als seine Existenz dadurch zu behaupten, daß er genau die Probleme »machte«, die die Eltern befürchteten. Schon mit dem

Säugling mußten sie ständig zum Arzt wegen Eßstörungen. Er war Allergiker, schrie viel. Bis heute muß die Mutter eigens für ihn eine besondere Diät kochen. Seit der zweiten Klasse schwänzt er immer wieder die Schule, stiehlt im Supermarkt zuerst Süßigkeiten, später Videokassetten, seit kurzem Bier. Damit zwingt er die Eltern, wegen ihm bei der Schulleitung, neuerdings auch bei der Polizei vorzusprechen.

»Womit haben wir das verdient? Wir sind redliche Leute. Bei uns klaut keiner.«

Es ist im Erstgespräch zu früh, aber ich werde den Eltern widersprechen müssen: Auch sie haben dem Kind etwas »geklaut«: die ihm zustehende Aufmerksamkeit und seelische Fürsorge. Sie waren schon an ihrer Überforderungsgrenze durch die notwendige körperlich-medizinische Fürsorge, die der Junge brauchte. Mehr war ihnen nicht möglich.

So kann Kindheit stören. Auch dieses Bild von Kindheit ist unterlegt von noch einer anderen, dem Bewußtsein zunächst nicht zugänglichen Schicht: Die Eltern schämen sich und fühlen sich schuldig, weil sie die seelische Zuwendung und Wärme nicht aufgebracht haben, die das Kind gebraucht hätte. Sie schämen sich auch vor dem Kind selbst. Und das Kind »antwortet«: Es macht sich moralisch, dann auch juristisch schuldig und führt damit den Eltern ihre »Schuld« ständig vor Augen. Sie schulden dem Kind etwas, aber Sie bringen es nicht auf. Lieber sprechen Sie über das Kind als mit dem Kind. Das macht es einfacher, sich von der eigenen Scham zu distanzieren oder sie zu leugnen. So können sie den Spieß umdrehen und das Kind beim Kinderpsychologen verklagen.

Hier war es der Junge, der während des ganzen Gespräches schwieg. Die Kindheit selbst mit ihren Notwendigkeiten und Bedürfnissen soll stumm bleiben.

Das Kind als Dummerchen

Während wir die Survival-Theorie eher bei Männern finden und die Nervensägen-Auffassung bei jüngeren gestreßten Eltern, leisten sich einige ältere Damen gern eine Auffassung, wonach Kindheit ein Garten niedlicher Debilität ist. Nach dieser Theorie sind Kindern frühestens mit Schuleintritt erste eigene Hirnbewegungen zuzutrauen.

»Tante Erna, was ist, wenn die Sonne auf die Erde fällt?« – »Davon verstehst du noch nichts.« Oder, freundlicher: »Das brauchst du noch nicht zu verstehen.« Tante Erna übersieht hier, daß schon die Frage untrügliches Anzeichen eigener zentralnervöser Tätigkeit des Kindes ist.

Vorzugsweise sind Mädchen Objekt solcher brillanten Fürsorge. Sabrina darf bei Tante Erna mehr fernsehen als zu Hause. Aber die Eltern nehmen es in Kauf. Sie sind beide berufstätig und brauchen nachmittags eine Kinderbetreuung. Der Fernsehapparat läuft bei Tante Erna auch weiter, wenn Nachrichtenzeit ist: Bilder von Krieg, Unfallverletzte, Naturkatastrophen. Darauf angesprochen, meint Tante Erna: »Ach, die Kleine versteht doch noch nichts von Politik.« Sabrina hat Angst, daß es Krieg gibt. Sie träumt nachts davon. Deshalb kommen die Eltern auch zur Erziehungsberatung. Wenn Sabrina in die Küche rennt, weil sie irgendwo einen Knall gehört hat, und ängstlich ruft »Tante Erna, ich glaube, jetzt kommt der Krieg«, dann lacht Tante Erna, nimmt das Kind an ihre Brust und sagt fröhlich »Mein Dummerchen«. Dann holt sie den Schokoladenpudding aus dem Kühlschrank. »Iß erst mal, dann vergehen die Sorgen«. Und: »Siehst du, der Krieg kommt gar nicht.« Dann, nach einer kleinen Pause: »... und wenn, dann bin ich ja noch da.«

Hier sehen wir die verborgene Schicht dieses Kinderbildes durchscheinen: Tante Erna möchte für das Kind wichtig sein. Sie möchte für das Kind der Garant der Harmlosigkeit sein. Sie braucht dessen Unbedarftheit, das Reservat kindlichen Unverstandes, um sich überlegen fühlen zu können. Vielleicht konnte sie selbst der konfliktbeladenen Erwachsenenwelt nicht standhalten. Jedes Ungemach hält sie vom Kind fern, mit Pudding, Geschenken, ablenkend. Aber wie durch die Hintertür läßt sie die bedrohliche Erwachsenenwelt doch in dieses Reservat hinein blitzen. Wie nebenbei und zufällig läßt sie das Kind die Nachrichtensendung mitsehen. Weil sie das Kind zugleich ablenkt und ihm die eigene Verarbeitung des Wahrgenommenen oder Erahnten abspricht, ruft sie gerade jene Verunsicherung hervor, die sie von ihm fern zu halten vorgibt.

Tante Erna ist in der Sprechstunde der Erziehungsberatung noch nie aufgetaucht. Sie hat das nicht nötig. Sie weiß ja selbst, was Kinder brauchen: Ablenkung. Die Eltern stellen Sabrina vor wegen deren Alpträume.

In der diagnostischen Spielstunde wirft Sabrina vehement die Türme aus Bauklötzen um, versucht eine Puppe zu köpfen. Beim Kasperletheater muß Seppl ins Gefängnis, weil er den Pudding nicht mochte.

»Möchtest du, daß ich mitspiele?«, fragt die Heilpädagogin. Sabrina schüttelt den Kopf.

»Würde denn Tante Erna mitspielen?«

Resigniert seufzend und etwas mitleidig, aber auch verständnisvoll, als würde sie auf eine Krankheit von Tante Erna anspielen, flüstert Sabrina: »Die würde das nicht verstehen.«

Das Kind als Student

Marc hat zu seinem sechsten Geburtstag einen Computer geschenkt bekommen. Denn: Er kommt ja bald in die Schule. Die Eltern melden sich zur Sprechstunde an, weil Marc sehr nervös ist. Marc schreibt man übrigens mit »c«. Als ich die Personalien aufnehme, ist dies ein wichtiger Punkt. Denn Marc korrigiert den Erwachsenen schon selbst, wenn der Name mit »k« geschrieben wird. »Marc« – das lappt irgendwie ins Französische. Marcs Vater ist Romanist an der Universität, die Mutter Deutsch-Lehrerin am Gymnasium. Bei der Namensgebung haben sie sich lang über die Schreibweise gestritten, obwohl sie sich über »Marc« als den passenden Namen schnell einig waren. Der Vater hatte dann das »c« durchgesetzt.

»Was verbinden Sie mit dieser Anspielung auf französische Wesensart?«

»Die Franzosen können denken wie wir spielen.«

»Spielen Sie etwas?«

Der Vater lacht. »Leider keine Zeit dafür.«

»Spielt Marc?«

»Selten. Und wenn, dann eben sehr nervös. Deswegen sind wir hier. Er fängt zum Beispiel an, aus Legosteinen ein Flugzeug zu bauen. Unvermittelt hört er auf. Dann entwirft er auf großen Bögen Pläne für einen unterirdischen Bunker. Gleichzeitig schreibt er einen Brief an den Bundeskanzler, wegen der Umweltverschmutzung.«

»Spielt Marc Fußball?«

Ich bin in ein Fettnäpfchen getreten.

»Es gibt da einige Jungs in der Straße, von denn er sich manchmal dazu überreden läßt«, sagt die Mutter langsam.

»Wirkt Marc immer nervös auf Sie oder nur in bestimmten Situationen?«

»Wenn er vor dem Computer sitzt, sich aus dem Internet Interessantes herausholt, dann nicht. Oder wenn er Lampen repariert. Er ist nämlich unser Elektrotechniker, müssen Sie wissen. Ja, aber bei den Mahlzeiten ist es ganz schlimm. Er kann keine zwei Minuten still sitzen.«

»Wie schläft er denn?«

»Gut.«

»Und wie schläft er ein? Braucht er lange, bis er Schlaf findet? Schläft er allein ein, oder lesen Sie ihm vor?«

»Natürlich lesen wir vor. Er hat ja ganz viele Fragen. Gestern zum Beispiel wollte er wissen, wie Erdbeben entstehen. Ich hab ihm dann den Artikel aus der Brockhaus-Enzyklopädie vorgelesen.«

»Machen Sie eine Kerze an beim Vorlesen?«

Die Mutter lacht verlegen. »Ach, wissen Sie, es ist zu gefährlich. Wenn er sie umwirft – Sie verstehen.«

Und das ist die andere Seite dieses Kinderbildes, für welches alles überflüssig ist, was unterhalb des Halses am Kopf hängt. Ähnlich wie bei der Survival-Pädagogik, wenn auch auf höherem Niveau, muß das Kind der Komplexität der Welt standhalten lernen. Emotionalität ist eigentlich mehr etwas für die Unterschicht (die Jungs von der Straße).

Kürzlich hat Marc seine Eltern bei deren koitalem Tun erwischt. Der Vater, geistesgegenwärtig, nahm es zum Anlaß, nicht ohne zuvor seinen Bademantel angelegt zu haben, Marc in die Geheimnisse der Biologie der Fortpflanzung einzuweihen.

In der diagnostischen Spielstunde greift Marc sich eine männliche und eine weibliche Puppe und legt sie nebeneinander auf den Tisch. Dann hält er mir ein tadelloses Referat über die Biologie der Zeugung. Marc möchte später eine Frau haben, mit der das genau so funktioniert, wie der Vater es ihm erklärt hat. Er wird eine solche sehr wahrscheinlich in Frankreich finden, sagt er, denn sein Vater sei auch oft in Frankreich.

Beim Abschied gibt Marc mir eine knöcherne Hand und fragt mich, einfühlsam und ernsthaft: »Haben Sie nun genug Informationen?«

Das Kind als Naturkatastrophe

Während die Survival-Theorie sagt »Kindheit ist ganz nett; aber das Kind sollte sich damit nicht lang aufhalten, denn es kommt bald dicke« und die resignative Nervensägentheorie

Kindheit als Überforderung ablehnt, bewundert die Auffassung vom Kinde als einer Urgewalt eben das vulkanische Verhalten, das sie vordergründig beklagt.

»Mein Sohn geht über Tische und Bänke. Neulich wollte die Lehrerin ihn einfangen. Bis über den Schulhof ist sie ihm nach gerannt. – Naja«, sagt der Vater und grinst, »erwischt hat sie ihn nicht.« Der Knabe belästigt die dritte Klasse mehr als daß er sie besucht. In der ganzen Schule ist er für seine Frechheiten und Streiche berühmt. Mal spannt er einen Draht vor der Tür zum Lehrerzimmer – eine Lehrerin stürzt und bricht sich den Ellenbogen. Mal zündet er den Papiercontainer auf dem Schulhof an – die Feuerwehr rückt an, an Unterricht ist in der ganzen Schule nicht zu denken. Mal klemmt er große Nägel vor die Reifen eines Autos – der Schulleiter kommt nur bis zur nächsten Kreuzung, wo er mit zwei Platten stehen bleibt.

»Ein Wilder,« sagt der Vater.

»Mir fällt auf, daß die Geschädigten immer Lehrer sind.«

»Tja, das ist eben heutzutage ein gefährlicher Job. Aber die verdienen ja auch genug.«

Offensichtlich gibt es da im Herzen des Vaters eine Ecke, in der er sich mit dem kleinen Wilden identifiziert – gegen Lehrer, wahrscheinlich gegen Autoritäten überhaupt.

»Wie werden Sie denn zu Hause selbst mit dem Jungen fertig?«

Jetzt ist es die Mutter, die antwortet: »Mein Mann sagt, Erziehung sei meine Sache. Ist natürlich was dran. Ich bin ja den ganzen Tag zu Hause. Mein Mann ist oft auf Montage weg, manchmal eine ganze Woche lang.«

»Und wenn er wiederkommt?«

»Der Junge läßt sich deswegen von meinem Mann auch nichts sagen. Der stellt sein Verhalten nicht um, nur weil jetzt der Vater wieder für ein paar Tage da ist. Als ob der gar nicht da wäre.«

Ich wende mich zum Vater: »Sie selbst respektiert der Junge also auch nicht.«

Wieder antwortet die Mutter: »Einmal hat der Junge meinem Mann im Streit eine volle Tasse an den Kopf geworfen. Sehen Sie, die Narbe da.«

Der Sohn nimmt also seinen Vater nicht ernst, also soll er andere Autoritäten auch nicht ernst nehmen. Das schmälert dem Vater die Schmach. Das Kind muß zum Vulkan werden, damit andere auch sehen und einsehen, daß hier keiner etwas ausrichten kann.

Es ist eine Vater-Sohn-Beziehung, in der der Vater sich dem Kinde im Grunde unterordnet. Das Kind soll sich draußen in der Welt erkämpfen, was dem Vater selbst in seiner Familie versagt bleibt: Respekt. Man soll Angst vor ihm haben. Das entschädigt den Vater etwas für seine eigene Hilflosigkeit.

Um sich nicht persönlich mit dieser vertrackten Situation auseinandersetzen zu müssen, macht der Vater eine angeblich allgemeingültige Theorie daraus: »So sind eben Jungs. Die müssen sich austoben. Da können Sie nichts machen.«

Das Kind als Kumpel

»Okay, Leute, ihr wollt eine steile Fete aufziehen«, der Erzieher ist ganz auf Welle, »welches Bier holen wir denn?«

»Einfach Bier.«

»Moment mal«, – jetzt bricht der Pädagoge durch – »da muß man schon vergleichen: Was ist billig, schmeckt aber trotzdem?«

»Bier eben.«

Für die »steile Fete« hat der Erzieher zwei Spielautomaten und einen Billardtisch organisiert (»hab da so meine connections«). Er installiert selbst – und allein – die gigantische Stereoanlage nebst Lasereffekten. Außerdem hat er eine »Miß Heim«-Wahl vorbereitet.

»Das sind die Angebote«, sagt er.

Die steile Fete erwies sich schnell als abschüssig: Man pinkelt auf den Billardtisch; die Mißwahl droht zu einer Stripshow zu entarten (»Ausziehen! Ausziehen!«). Die Spielautomaten waren schon vor Beginn aufgeknackt. Das Geld ist weg. (»Das Heim ist versichert«, sagt er.) Durchs vollgekotzte Treppenhaus kann man nur bei Vorliegen artistischer Fähigkeiten trockenen Fußes gelangen.

Worum es bei solcher sich anbiedernder Pädagogik im Hintergrund geht, erscheint in dem »wir«, als der Erzieher fragt: »Welches Bier holen wir denn?« Das »wir« liegt auch in seiner Wahl der »Klamotten«, die er quasi als Dienstkleidung trägt: Bob-Marley-Ballonmütze, Hosen, deren Schritt auf Kniehöhe hängt, Turnschuhe, doppelt so groß wie erforderlich, die Schnürsenkel offen. Wie er da durch die Flure des Heims schlurft, will er den Jugendlichen sagen: »Hey, Leute, ich bin einer von euch. Ich verstehe euch.« Und wenn er damit – notgedrungen! – über die bürgerlichen Trottoirs sich nach Hause schleppt, macht seine Erscheinung gesellschaftliche Verhältnisse transparent und gibt wunderbare Denkanstöße.

Ein solcher fünfunddreißigjähriger Erzieher möchte also am liebsten selbst zu den zu Erziehenden gehören, möchte anerkannt werden von ihnen als einer der ihren – vielleicht mit einem Quentchen Vorsprung, einem Quentchen Bewunderung auch darüber, daß ein Erwachsener so aufgeschlossen sein kann.

Es handelt sich hier also nicht um Erziehung, sondern um ein Vakuum. Jugend ist »Gegenkultur«, der Jugendliche wird hochstilisiert zum Revolutionär und Freibeuter. Erziehung ironisiert sich selbst, entschuldigt sich.

Eine solche Angebotspädagogik, in der der Erwachsene sich eher als Animateur und Alleinunterhalter versteht, kann auch schon jüngere Kinder umwerben: Eine alleinerziehende Mutter hat für den Nachmittag Spiele vorbereitet – ihr neunjähriger Sohn will einen Freund von der Schule mit nach Hause bringen. Nach dem Mittagessen hängen beide Jungs auf dem Sofa. Die Mutter wäscht ab. Herrisch und quengelig ruft der Sohn Richtung Küche:»Uns ist langweilig.« Die Mutter läßt den Abwasch stehen, holt mit aufmunternder Begeisterung die vorbereiteten Spiele von der Kommode und erklärt schon mal die Spielregeln. Nach fünf Minuten, Mutters Wangen glühen vor Eifer, will der Sohn»was Süßes«. Als er die Schokolade aufgefuttert hat, sagt er ernst:»Mir ist leider schon wieder langweilig.« Die Mutter blickt ihn besorgt an, als hätte er von schlimmen Kopfschmerzen gesprochen. »Sollen wir lieber hinterm Haus Federball spielen?«»Zu dritt?« fragt der Sohn und grinst die Mutter etwas mitleidig an.

Angebotspädagogik ist ein viereckiger Kreis. Sie möchte erziehen durch den Verzicht auf Erziehung. Sie erhöht das Kind und den Jugendlichen in die Sphäre von Prinz und Prinzessin, denen Orientierung gebende und Grenzen setzende Erziehung gar nicht zuzumuten ist. Stattdessen hält sie es für angebracht, sich mit dem Kind auf eine Stufe zu stellen, um von da aus mit ihm zusammen den normalen Alltag als Zumutung zu erleben. Untergründig aber ordnet sich hier der Erwachsene dem Kind unter und macht es zur Instanz, die über die Erwachsenenwelt befinden soll.

Fazit

Wir sehen also, wie sich vor das allgemeine,»öffentliche« Bild von Kindheit ein privates Kinderbild schieben kann. Der Blick auf Kindheit als eigenständige Lebensphase verengt und verzerrt sich, weil das Kind dem Erwachsenen zur Projektionsleinwand für eigene Unerlöstheiten, bzw. deren Erfüllung wird.

Vielen ist Kindheit zunächst eine *tabula rasa*, ein unbeschriebenes Blatt. Kindheit ist zunächst gar nichts. Erst der Erwachsene – so sagt diese Theorie – macht das Kind zu etwas. Der Schicksalsansatz des einzelnen Kindes wird ignoriert, und seine Biographie erscheint machbar. Trotz subjektiv bester Absichten enthält diese Theorie die Versuchung, das Kind zu etwas zu machen, das eher den Erwachsenen bedient als dem Kinde dient. Die Hochrechnung wird verdreht in die Erwartung einstiger stellvertretender Erfüllung von Bedürfnissen, Hoffnungen oder auch Befürchtungen des Erwachsenen durch das Kind. Motive solcher »Erziehung« sind also Unausgegorenheiten und Unerlöstheiten des Erwachsenen, nicht der freie Blick auf das Kind.

Bilder von Kindheit in anderen Kulturen

Welche Bilder von Kindheit sind in anderen Kulturen die Grundlage für Erziehung? Anhand zweier völkerkundlicher Beispiele möge deutlich werden, wie unterschiedlich diese Grundlage sein kann.

Die Aborigines

In einigen Landstrichen, Reservaten und Inseln Australiens leben noch Stämme der Ureinwohner dieses Erdteils, die Aborigines. Forschern und Besuchern fiel schon immer die Kommunikationsfreude dieser Menschen auf. Beziehungen zu knüpfen, zu besprechen und in althergebrachter Weise zu gestalten erscheint geradezu als der Hauptinhalt ihres täglichen Lebens. Augenscheinlich ist dies auch der Ausgangspunkt für den Umgang der Aborigines mit den Kindern. Schon das Kind im Mutterleib wird mit Selbstverständlichkeit angesprochen, nicht nur von der Mutter, sondern auch von den Verwandten, und es wird schon hier einbezogen in die Beziehung stiftenden und festigenden Palaver.

Bis zum fünften Lebensjahr wird das Kind gestillt und bleibt bis dahin mit der Mutter in engem Körperkontakt. Mit einem Tuch auf den Rücken gebunden, ist es einfach immer dabei – ob die Mutter Pflanzen sammelt, tanzt oder die Nahrung zubereitet. So lernt das Kind zuerst im Beobachten, später im Mittun. Was diese Kulturtechniken betrifft, wird ihm nichts gezielt beigebracht.

Das Kind ist von vorne herein in einem weiten, vielschichtigen Netz von Beziehungen zu Verwandten aufgehoben, die gemeinsam die Verantwortung für den Nachwuchs tragen. Es hat mehrere Väter – das können zum Beispiel auch die Brüder der Mutter sein; die Mutter wird sodann besonders durch die Großeltern unterstützt; diese sind es auch, die dem Kind den Namen geben. Die Sauberkeitserziehung wiederum übernehmen die älteren Kinder des Stammes – dies nicht mit Strenge oder gar Strafen, sondern indem sie das Kleinkind ab einem bestimmten Zeitpunkt auslachen, wenn es unkontrolliert unter sich läßt.

Eltern und Verwandte gehen – mit unseren westlichen Maßstäben gemessen – ausgesprochen nachsichtig mit dem Kind um. Sie dürfen ihren Gefühlen, auch dem Zorn, völlig freien Lauf lassen. Sie dürfen die Erwachsenen mit Obszönitäten beschimpfen. Diese hören sich solche Ausbrüche amüsiert an. Wenn das Kind doch einmal die Nerven der Eltern überstrapaziert, würden diese sich niemals an ihm selbst abreagieren, sondern sie schlagen dann mit einem Zweig auf die Fußabdrücke des Kindes. Ein Kind zu schlagen, wäre ein gravierendes persönliches Versagen. Selbst der verbale Tadel führt zu langen, ernsten Diskussionen im Clan.

Einziger Gegenstand gezielter Erziehung sind die Verwandtschaftsverhältnisse. Es ist eine der Aufgaben der Mutter, dem Kind ausführlich und immer weitergehend die verwandtschaftlichen Verhältnisse zu erklären, so daß das Kind jede Person, der es überhaupt begegnen könnte, einordnen kann. Innerhalb seines sozialen Horizontes gibt es also keinen Fremden! Es wächst auf in dem Bewußtsein, mit allen Menschen verwandtschaftlich verbunden zu sein. (Kontakte mit Nicht-Verwandten gelten auch für Erwachsene als gefährlich und können zum Verlust des eigenen Selbst führen.)

Das Durchsprechen der Verwandtschaftsverhältnisse und die Charakterisierung der Verwandten (zu denen auch die Geistwesen gehören) nach Erscheinung und Wesen führten unter anderem dazu, daß das Kind nach einiger Zeit etwa 200 bis 300 Personen schon an ihren Fußspuren erkennt.

Verwandtschaftliche Beziehungen sich bewußt zu machen, ist auch der Hintergrund für die zahlreichen sexuellen Spiele, denen sich Kinder sowohl untereinander wie auch mit Erwachsenen hingeben. Denn jedem Verwandten gegenüber ist eine andere Form von zärtlicher Annäherung angemessen. So erkennen wir hier eine Kindheit, die – zum Teil ähnlich wie bei uns im Mittelalter – nicht als eigenständige Lebensphase ausgegliedert und abgetrennt wird von der Erwachsenenwelt. Das Kind bewegt sich vielmehr in einem von Strafe und Reglementierung verschonten Raum, und das Ziel seinen unbeschwerten Daseins ist es, vertraut zu werden mit allen Menschen und Wesen, die in seinen Horizont treten können.

Eskimo

Grundlage für die Haltung zum Kind ist bei den Eskimo das Wiedergeburtsprinzip. Das kleine Kind bekommt meist den Namen eines kürzlich verstorbenen Verwandten. Damit wird die Namenseele des Verstorbenen an das Kind gebunden. Würde der Name nicht wieder aufgegriffen, müßte die Seele orientierungslos und die Lebenden belästigend umherirren. Ein Kind kann eine sehr lange Namenreihe haben, weil mehrere Verstorbene gleichzeitig in ihm Wohnung nehmen können. Noch das ältere Kind, das bereits mehrere Namen hat, kann etwa beim Tod eines Großvaters dessen Namen hinzubekommen und wird dann im Alltag »Väterchen« gerufen.

Die Namen sind nicht geschlechtsspezifisch, übertragen aber die persönlichen Eigenschaften des Verstorbenen auf das Kind. Dies kann auch Kriterium für die Auswahl der Namen sein: Man möchte, daß das Kind bestimmte Eigenschaften entwickelt, und gibt ihm deshalb den Namen eines Verstorbenen, der eben diese Eigenschaft gezeigt hatte.

Die Kinder bekommen das beste Essen und den wärmsten Platz im Haus. Sie sind ständig in Obhut. Auch hier sind die Großeltern, Geschwister und andere Verwandte in die Fürsorge mit einbezogen. Tadel oder sogar Strafe gibt es kaum; vielmehr wird das Kind mit Liebe und Zuwendung bedacht, wenn es sich »richtig« verhält. (In der westlichen Gesellschaft haben wir das gegenteilige Lernprinzip: Wir tadeln oder strafen das Kind, wenn es sich nicht »richtig« verhält.) Hart mit einem Kinde umzugehen, würde bedeuten, die Geister der Verstorbenen zu ärgern.

Im Gegensatz zu dieser fast ehrfurchtsvollen Haltung dem Kind gegenüber scheint die Praxis der Kindstötung zu stehen. Kranke oder verkrüppelte Kinder werden bald nach der Geburt getötet. Die Entscheidung hierüber obliegt dem Vater. Den Verstorbenen wäre es nicht zuzumuten, sich in einem kranken Kind inkarnieren zu müssen.

Soll das nicht lebensfähig erscheinende Kind getötet werden, wird es einfach sich selbst überlassen oder bekommt es Schnee in den Mund gestopft. Da Jungen für Jagd und Überlebenskampf wichtiger sind als Mädchen, werden eher weibliche Säuglinge getötet als männliche. Dies führt zu einem Frauenmangel, weshalb eine Frau mehrere Gatten haben kann.

Im Weltbild der Eskimo ist diese Praktik aber nicht widersprüchlich. Denn das Neugeborene hat noch keine Seele, es ist noch nicht wirklich ein Mensch. Dies gilt deshalb auch als Grund dafür, daß Säuglinge weinen. Sobald das Kind einen Namen hat, weint es nicht mehr, und jetzt darf es nicht mehr getötet werden. – Die Haltung zum Kind und der scheinbar widersprüchliche Umgang mit ihm ergeben sich also aus dem Totenkult. Das Kind wird nicht als eigenständiges Wesen wahrgenommen, sondern als Träger einer erneut inkarnierten Seele und in dieser Eigenschaft auch verehrt.

Fazit

Wie auch immer, die Bilder von Kindheit, aus denen heraus wir an unseren Kindern handeln, sind immer eine Art Filter zwischen dem Schicksal des Kindes und seiner tatsächlichen Biographie. Unsere Bilder von Kindheit, die kulturtypischen ebenso wie die privaten, eröffnen und verstellen zugleich Art und Umfang der Möglichkeiten, die das Kind zur Gestaltung seiner Biographie heranziehen kann.

Das »auffällige« Kind

Welches Kinderbild spricht sich aus, wenn wir ein Kind als »auffällig« bezeichnen? Welche Erwartungen an kindtypisches Verhalten, welche Kriterien sind hier wirksam?

Das »unruhige Kind«

Betrachten wir als Beispiel das sogenannte unruhige Kind. Jeder kennt es. Irgendetwas an ihm ist immer in Bewegung: Wenn es auf dem Stuhl sitzt, in der Schule oder beim Essen, schleudern die Beine heftig vor und zurück; die Finger sind wie magisch angezogen von jedem beliebigen Gegenstand. Wie gehetzt von Eindrücken und Einfällen bringt es weder in der Schule noch bei den Hausaufgaben das auf, was man Konzentration nennt. Was auch immer in seine flackernde Aufmerksamkeit gerät, muß kommentiert, beantwortet, aufgegriffen werden. Kein noch so nebensächlicher Reiz kann weggeblendet werden. Fährt die Straßenbahn vorbei, muß das Kind von den Hausaufgaben aufspringen, ans Fenster hechten. Dabei wirft es den Blumentopf um. Wie elektrisiert ahmt das Kind das Klirrgeräusch nach, zehnmal, zwanzigmal. Dann zieht die verstreute Blumenerde die Finger an. Jetzt ist der Finger ein Jeep, der durch den Dschungel rast, immer schneller, immer wilder. Die Hausaufgaben sind vergessen. Die Mutter kommt herein, ermahnt das Kind, mit den Aufgaben fortzufahren. Erschrocken setzt sich es wieder an seinen Schreibtisch und versucht krampfhaft zu verstehen, was da im Heft geschrieben steht. Dabei reißt es sich büschelweise Haare aus. Sein Blick fällt auf das Kassettenradio ...

Diese Kinder sind selbst unglücklich über ihre Unrast. Es

ist, als hätten sie keinen Schutz gegenüber den Wahrnehmungen des Alltags, die man gerade hier mit Recht »Reize« nennt. Das Kind ist ständig überreizt. Auch die Stimmung wechselt abrupt von aufgeregter Fröhlichkeit zu tiefer Betroffenheit über ein eigenes oder fremdes Mißgeschick.

Freunde hat das Kind nicht. Unter den Spielkameraden verbreitet es nur Anspannung, kann keinen Spielablauf durchhalten, macht Spielsachen kaputt, wirkt auf die anderen Kinder aufdringlich und wie von einem anderen Stern zugleich.

Es ist eine Prüfung für Eltern und Lehrer. Der Erwachsene gerät in eine reaktive Rolle, ist nur noch mit Schadensbegrenzung beschäftigt und einfach nur noch entnervt.

Dem »unruhigen Kind« scheint also ein Filter zu fehlen. Es erlebt alle Sinnesreize wie durch einen Verstärker. Und genau so heftig, wie es den Eindruck erlebt, muß es ihn auch beantworten – aufgeregt, dramatisch, konfus. Wenn es erschöpft ist – was selten vorkommt –, zeigt es stereotype, starre Verhaltensmuster. Es klopft minutenlang mit dem Fingerknöchel an die Tasse, zieht sich Haarsträhnen durch den Mund, schnippt mit den Fingern, wiederholt die schrillen, stechenden Geräusche von Computerspielen.

Die dringliche Frage nach der Ursache

Verhaltensauffälligkeiten wie diese veranlassen Eltern, Lehrer und auch Therapeuten, wie gebannt nach der Ursache zu fragen. Da muß es doch eine Ursache im Kind geben, irgendeine Krankheit, die solch anstrengendes Verhalten erklärt. Und die Diagnose soll zur Therapie führen, damit das Kind bald wieder »normal« sei.

Hunderte dieser »hyperaktiven Kinder«, so der Fachausdruck, werden wissenschaftlich untersucht. Bei einigen findet man Stoffwechselstörungen; Darmpilze oder Erkrankungen der Bauchspeicheldrüse werden als Ursache diskutiert. Andere Forscher finden wiederum bei einigen hyperaktiven Kindern Sauerstoffmangel als Geburtskomplikation. So nehmen sie als Ursache eine Hinreifungsstörung an. Wieder andere gehen das Störungsbild mit psychiatrischen Begriffen an. »Aufmerksamkeitsregulierungsstörung«, »selbstzerstörendes Verhalten« ...

Entsprechend dem naturwissenschaftlich-medizinischen Denkmodell wird die »Verhaltensstörung« als Ausdruck einer Krankheit gesehen. Diese Ursache muß man beheben oder ausgleichen, dann stört das Verhalten nicht mehr.

Der Kontext der Auffälligkeit

Das kann auch alles so sein. Jedoch gewinnen wir ein ganz anders akzentuiertes Bild, wenn wir den Kontext der Verhaltensauffälligkeit untersuchen.

Bleiben wir zunächst beim Beispiel des unruhigen Kindes. Schon der Begriff zeugt ja von der Erwartung, daß Kinder »ruhig« sind. Da gibt es also Kriterien, nach denen kindliches Verhalten beurteilt und gegebenenfalls für krank oder gestört erklärt wird. Auch der Fachausdruck »hyperaktiv« meint offensichtlich, daß das normale Kind nur ein bißchen aktiv sein sollte, aber nicht so viel.

Und was heißt überhaupt »auffällig«? Wem fällt hier etwas auf? Und warum? – Eltern und Lehrern zum Beispiel kann das Kind oder sein Verhalten auffallen, weil es sie anstrengt, ratlos macht oder stört. Psychologen fällt das Kind auf, weil es alterstuntypisches Verhalten zeigt. Den Spielkameraden fällt es auf, weil es sich nicht in den Spielablauf integriert. Dem Großvater, der das Kind einfach an der Hand nimmt und mit ihm durch den Wald spaziert, fällt es vielleicht nicht auf.

Eltern und Fachleute haben – oft unterschiedliche – Anschauungen davon, was normal ist. Was ist also normal? Wer befindet darüber? Ist das Verhalten normal, das wir bei der großen Mehrheit von Kindern einer bestimmten Altersstufe beobachten können? Das wäre ein statistischer Normalitätsbegriff. Oder wollen wir als normal dasjenige bezeichnen, was sich in unsere Erwartung einfügt, unser privates Kinderbild zum Beispiel?

Ein fünfjähriger Junge verschüttet bei Tisch seine Milch. Würdevoll sagt er:»Entschuldige bitte, Mutti«, steht auf und holt ein Wischtuch. Der Gast wundert sich über dieses Verhalten, denn er würde es von einem fünfjährigen Kind nicht erwarten. Da sagt die Mutter:»Ist doch normal.« Sie erwartet solche Besonnenheit und Höflichkeit also und wenn dies eintrifft, findet sie das»normal«. Wäre der kleine Junge über den Vorfall hinweg gegangen oder hätte gesagt»Du dummes Glas«, dann hätte sie das»auffällig« gefunden.

Wer beurteilt also wann, in welchen Situationen (und in welchen nicht) und vor welchem Hintergrund ein bestimmtes Verhalten beim Kinde als auffällig? Das ist die erste Frage, wenn wir auf den Kontext kindlicher Verhaltensauffälligkeiten blicken. Wer hat ein Interesse daran, daß das fragliche Verhalten aufhört? Die Eltern? Lehrer? Das Kind selbst? Die Oma?

Sodann ist das hyperaktive Kind nicht ständig hyperaktiv. Manchmal spielt es versonnen und entspannt. Wann genau treten die»Konzentrationsstörungen« auf? Vielleicht beim einen Lehrer mehr, beim anderen weniger und beim Füttern des Goldhamsters gar nicht – zum Beispiel. Dies ist die zweite Frage, wenn wir uns für den Kontext interessieren. Keine Verhaltensauffälligkeit ist immer anwesend oder immer gleich stark ausgeprägte

Die dritte Kontextfrage ist die nach der Geschichte der Auffälligkeit. Bei vielen, aber auch wieder nicht bei allen hyperaktiven Kindern finden wir eine typische Geschichte: Die frühen Bezugspersonen (Eltern, Großeltern als Babysitter und ähnliches) haben ihre Liebe zu ihm (es ist übrigens meist ein Junge) dadurch Ausdruck gegeben, daß sie ihm zunächst jeden Freiraum ließen. Als der »kleine Racker« schon im Krabbelalter Vaters Stereoanlage vom Regal riß und dann in Einzelteile zerfetzte, amüsierten sich alle. Man setzte große Hoffnungen in ihn und seine Zukunft, als er auf dem Spielplatz, kaum des Zwei-Wort-Satzes mächtig, aber in herrischem Ton, die anderen Kinder zu kommandieren versuchte.

Er erfuhr lange keine Grenzen, denn die Eltern fürchteten, das Kind könne Grenzziehung für mangelnde Liebe halten. Erst fasziniert, schon den künftigen leitenden Ingenieur im Blick, späterhin mit etwas gequälter Fröhlichkeit, schließlich nur noch genervt und hilflos schaute man zu, wenn der Knabe »Profil zeigte« (O-Ton Mutter), seinem »Forscherdrang« (O-Ton Opa) nachging. Man schaute zu und traute sich nicht, den Jungen festzuhalten, ihn überhaupt durch Anfassen zu unterbrechen bei seinen immer waghalsigeren Exkursionen. Allenfalls hörte er eine sanfte Stimme: »Ich möchte eigentlich nicht daß du …«Selten wurde er auf den Schoß genommen. Selten wurde ihm vorgelesen. Er schien beides nicht zu wollen. Kaum auf dem Schoß, sprang er, jede Gefahr ignorierend, auf den Fußboden, und am Abend, wenn er endlich im Bett angekommen war, bekritzelte er lieber die Bettlampe und sein Kopfkissen mit Filzstiften. (»Vielleicht steckt ja ein Künstler in ihm« – O-Ton Tante).

Ob eine solche Geschichte etwas über die Ursachen der Hyperaktivität besagt, kann hier dahingestellt bleiben. Bei anderen unruhigen Kindern finden sich wieder andere Geschichten. Aber auch wenn der so beschriebene Lebenszusammenhang ursächlich eine Rolle spielt, schließt das ja die Bedeutung körperlicher Störungen wie Stoffwechselprobleme nicht aus. Auch diese gehören zum Lebenszusammenhang.

Die Geschichten zeigen aber, daß die Verhaltensauffälligkeit für das Kind eine bestimmte Bedeutung hat. Es antwortet mit seinen Möglichkeiten, Fähigkeiten und Schwächen (zu denen auch körperliche Funktionsstörungen gehören können) auf seine Lebenssituation. Manche Lebenssituationen nun *fallen ihm auf,* das heißt, sie stellen für das Kind eine besondere Herausforderung dar. Wenn zum Beispiel das natürliche Bedürfnis des kleinen Kindes nach Körperkontakt, nach Geborgenheit und Sicherheit nicht hinreichend erfüllt wird, antwortet es mit Provokationen, Übertreibungen, Grenzüberschreitungen – wie um zu fragen: Wo sind die Grenzen, die mir Sicherheit geben würden? Wie komme ich, bei fehlendem Körperkontakt, zu den Körperfahrungen, die ich brauche, um mich in meinem Körper zu Hause fühlen zu können? Wie kann ich den Mangel (oder bei einer anderen Geschichte die Belastung) einordnen und verstehen?

Solche impliziten Fragen werden von den Eltern nicht verstanden, weil ihr Kinderbild sie nicht vorsieht. So antworten sie ihrerseits mit immer größerer Unsicherheit, die umgekehrt weiter verunsichernd auf das Kind zurückwirkt. Nach vier, fünf Jahren findet sich das Kind schließlich in einem Klima angespannter, gereizter Beziehungen wieder. Diese stellen eine zusätzliche Belastung dar, fallen wiederum dem Kinde auf, und werden mit weiterer Steigerung seiner »Auffälligkeiten« oder zusätzlichen »Verhaltensstörungen« beantwortet.

So enthalten Verhaltenssauffälligkeiten eine Botschaft oder Frage an die Bezugspersonen. Das Symptom hat kommunikative Bedeutung. Es ist deshalb nicht einfach Ausdruck einer »im« Kinde liegenden Krankheit oder Ursache. So kann Einnässen zum Beispiel eine chronische Überforderung anzeigen. Stehlen beim Schulkind kann das Gefühl, zurückgesetzt zu sein, ausgleichen wollen. Haare ausreißen kann auf eine innere Anspannung und Zerrissenheit hinweisen. Solche Symptome haben Appellcharakter. Wenn das bei den Bezugspersonen wirksame Bild von Kindheit die Botschaft nicht erfaßt, wird das Symptom »lärmender« und chronifiziert.

»Die« Ursache gibt es also nicht, sondern wir sehen ein sich gegenseitig aufschaukelndes Wechselwirkungsverhältnis. In dieses gehen die Schwächen und Stärken des Kindes ebenso ein wie die Begrenztheiten unserer Kinderbilder. Das »auffällige« Verhalten ist auch nicht auf einmal da, sondern es entwickelt sich.

Auffällig an der Rede von der Auffälligkeit ist vor allem – und auch dies gehört zum Kontext –, daß wir den Begriff nur auf Kinder anwenden. Einen Erwachsenen, der stiehlt, würden wir nicht verhaltensauffällig nennen oder verhaltensgestört. Und wenn Politiker regelmäßig einen achtzehnstündigen Arbeitstag absolvieren mit Sitzungen, Reden, Helikopter-Flügen ins benachbarte Ausland und dem Abnehmen von Paraden, würden wir sie nicht »hyperaktiv« nennen. Offensichtlich sind die Kriterien und Normen, die wir auf Kinder anwenden, in sich differenzierter, und sie haben auch mehr Gewicht als gegenüber Erwachsenen. Das heißt, wir gestehen Erwachsenen mehr an Normabweichungen zu als Kindern und geben ihnen einen größeren Spielraum. Ein Erwachsener darf auch schon mal lügen – um des häuslichen Friedens willen, um sein Steueraufkommen in Grenzen zu halten oder um sich besser darstellen zu können. Lügen beim Kind aber lassen uns sofort nach der »Ursache« fragen und nach der Therapie rufen.

Offensichtlich wirkt sich hier der besorgte Hochrechnungs-Aspekt des zukunftsorientierten Kinderbildes aus.

Erziehung oder Therapie

Abweichungen von normativen Kinderbildern führen heute geradewegs zum Therapeuten. Zumindest das anfängliche hyperaktive Verhalten, aber auch kindliches Lügen und ähnliche Auffälligkeiten hätte man früher eher als Frechheit und Ungezogenheit gehandhabt. Heute erhält das Kind Therapie. Das Kind, das noch im dritten Lebensjahr einnäßt, wird von einem Arzt zum nächsten, von einem Psychologen zum anderen geschleppt, bis sich einer findet, der eine Therapie verordnet. Diese ist bei Eltern (und Lehrern) sehr beliebt – offensichtlich, weil ihnen die Therapieverordnung für das Kind Entlastung bringt, und zwar unabhängig vom Erfolg. Das Kind in eine Therapie geben zu können, bedeutet für viele Eltern eine Bestätigung ihrer Hoffnung oder ihres Bildes, ursächlich nichts mit der Verhaltensauffälligkeit zu tun zu haben oder jedenfalls nichts zu ihrer Beseitigung tun zu müssen. So kann sie zum Anpassungsinstrument werden. Wo das Kind im bürgerlichen Zeitalter mit fast militärischer Attitüde diszipliniert wurde, erhält es heute Therapie. Die Behandlung auffälliger Kinder ist eine Wachstumsbranche. Das heißt, auch die entsprechenden Fachleute haben ein Interesse daran, daß eine Sichtweise aufrecht erhalten wird, die das Symptom aus seinem kommunikativen und lebensgeschichtlichen Zusammenhang herauslöst.

Es soll hier keineswegs geleugnet werden, daß es viele Kinder gibt, die der Therapie oder heilpädagogischen Förderung bedürfen. Nicht nur Kinder mit organisch bedingten Entwicklungsstörungen der Motorik, der Wahrnehmung oder der Sprache brauchen individuell fördernde Hilfe, sondern auch solche, die schweren Belastungen ausgesetzt sind oder waren, die sie mit ihren altersspezifischen Möglichkeiten nicht verarbeiten können. Behandlungsbedürftig sind auch Kinder, deren Antwort auf eine belastende Situation chronifiziert und generalisiert ist, wenn also die Antwort des Kindes sich ausweitet auf Situationen, die objektiv nichts mit der ursprünglich belastenden zu tun haben. Wenn ein Kind in der Trennungssituation seiner Eltern damit anfängt, den gerade ausziehenden Vater zu bestehlen, so ist das, aus seiner Sicht, zunächst eine sinnvolle und naheliegende Reaktion, Botschaft oder Frage. Wenn dasselbe Kind aber nach durchgestandener Trennung auch im Supermarkt und in der Schule klaut und sich das über Monate hin einschleift, dann ist die ursprüngliche Frage oder Botschaft nicht gehört worden, und das Kind bleibt bei seiner Reaktion auf die damalige Belastung stehen. Diese Situation verlangt Therapie. Und auch das hyperaktive Kind, das sich Freundschaften und Beziehungen verscherzt und seine schulischen Möglichkeiten verbaut hat, ist behandlungsbedürftig. Aber auch hier ersetzt die Therapie nicht die Erziehung und die Auseinandersetzung der Bezugspersonen mit der Lebenssituation, in der das Kind sich selbst sieht. An der Bedeutung anzusetzen, die das auffällige Verhalten für das Kind hat, ist ein guter Anfang. Das bedeutet nicht, das Terrain der Erziehung mit einem therapeutischen Anspruch zu besetzen, sondern umgekehrt der Erziehung da Raum zu schaffen, wo sie vom Kind gesucht wird.

Das Ich des Kindes hören

Wenn die Mutter dem vierzehn Monate alten David das Marmeladenbrot schmieren will, ruft er energisch: »leini maka« (»alleine machen«). Dreijährig nimmt er dem Vater das Vorlesebuch aus der Hand, legt es sich mit herrscherlicher Bestimmtheit – wenn auch verkehrt herum – auf den Schoß, spricht: »Ich kann das alleine« und »liest« eine komplette Geschichte. – An seinem ersten Tag im Kindergarten verbietet er der Mutter, für ihn den Anorak an den Haken zu hängen. Er klettert auf die Bank und praktiziert nicht nur den Anorak, sondern auch seine Mütze und, da er schon dabei ist, auch die Schuhe auf den Haken. Der Erstkläßler wünscht keine Belehrungen durch den Lehrer – selbstbewußt versucht er, sich selbst das Rechnen beizubringen. Nach wenigen Monaten findet er die Schule langweilig, »weil man da nichts selber machen darf«.

Davids Eltern brauchen Jahre, bis sie seinen Selbständigkeitsdrang akzeptieren können. Von ihrer Einstellung und ihrem Kinderbild her lag es ihnen zunächst wesentlich näher, das einzige Kind zu umsorgen und zu behüten, ihm abzunehmen, was ihm selbst noch schwer fiel, ihm seine Wege zu ebnen, und noch am ersten Schultag hätten sie gern den Schulranzen für ihn getragen. Man kann sich denken, was David dazu zu gesagt hätte.

Als sie die Zielstrebigkeit seiner Autonomiestrebungen erkannten, als sie immer wieder erlebten, wie wichtig es für ihn war, eigenhändig seine Wäsche in die Waschmaschine zu stopfen oder allein mit der Straßenbahn zum Fußballverein zu fahren, änderten sie ihre Einstellung und begannen, aktiv seine Selbständigkeit zu unterstützen.

Im zwölften Lebensjahr hatte David einige kleinere Sportunfälle, zu Hause fielen Ungeschicklichkeiten auf – die

Sprudelflasche fiel ihm aus der Hand, beim Treppensteigen knickte er öfter um, beim Schreiben rutschte ihm der Füllfederhalter weg. Als er sich einmal auf der Treppe ein Bein brach, wurden im Krankenhaus verschiedene Gewebeuntersuchungen durchgeführt. Die Diagnose lautete: progressive Muskeldystrophie. Das bedeutete, daß Davids Muskulatur, beginnend am Rumpf, fortschreitend sich zurückbilden würde; er würde schwächer werden, Arme und Beine würden bald nur mit Mühe ihren Dienst versehen. Irgendwann würden auch die zum Sprechen und Atmen notwendigen Muskelgruppen versagen.

Mit fünfzehn Jahren konnte sich David nur noch im Rollstuhl fortbewegen, mit achtzehn konnte er darin nur noch von anderen Menschen bewegt werden. Mit zweiundzwanzig, als sein Sprechen bis zur Unkenntlichkeit immer leiser und langsamer geworden war, mußte er lernen, sich über einen Computer zu verständigen, dessen Tastatur an seinem Rollstuhl angebracht war. Mit fünfundzwanzig starb er.

Zunächst meinen wir, in dieser kurzen Biographie einen Widerspruch zu erkennen. Da ist zum einen der vehemente und immer wieder ausdrücklich erklärte Drang zur Selbständigkeit; zum anderen die Krankheit, die unaufhaltsam zur körperlichen Unselbständigkeit führte. Auf immer mehr Feldern des täglichen Lebens, schließlich auch den elementarsten, war David auf Hilfe angewiesen.

Hat das »Schicksal« diesem Jungen die Selbständigkeit versagt, die ihm doch so wichtig gewesen war? Man kann sich die Verzweiflung der Eltern vorstellen, die erst über Jahre sich zur Unterstützung seines Selbständigkeitsdranges hinarbeiten mußten, um dann doch seine fortschreitende Unselbständigkeit begleiten zu müssen. Sie klagten ihr Schicksal, sein Schicksal an: »Ist so etwas gerecht?«

Nun haben wir natürlich den Wunsch, daß unser Leben eindeutig sei. Wir suchen die Folgerichtigkeit und das Zusammen-Passen in den Lebensereignissen einer Biographie. Aber so arbeitet das Ich nicht.

Das Ich, welches einst in der geistigen Welt den Entschluß zur erneuten Inkarnation gefaßt hatte (siehe das erste Kapitel), drängt seitdem auf Verwirklichung seiner Substanz im Irdischen. Nur *eine* Schicht dieser Ich-Substanz ergreift von innen her die Seele des Menschen und spricht aus ihr. Andere Schichten greifen in die Abläufe und Konstellationen der Lebensereignisse ein, die sich um das betreffende Individuum herum aufbauen. Der Wille des Ichs liegt folglich in den Tatsachen des Lebenszusammenhangs ebenso wie in dem, was innerhalb der Seele des Menschen auftaucht und wofür sie entbrennt.

Der Mensch »ist« also beides. Im Selbständigkeitsstreben Davids spricht sich sein Ich genau so aus wie in seinen Lebensumständen: die fürsorgliche Einstellung der Eltern, seine Erkrankung. Sowohl das Innerseelische als auch das Außerseelische sind Verwirklichungen seines geistigen Wesenskerns auf Erden.

Der Zusammenhang zwischen beidem, ob es uns nun widersprüchlich oder deckungsgleich erscheint, ist der einer *Ergänzungsreihe:* Das Ich sucht sich in dem Maße in den situativen, gesundheitlichen und zwischenmenschlichen Lebensumständen, also außerseelisch, zu verwirklichen, wie es sich nicht im Bewußtsein, im Innerseelischen, des Betreffenden kristallisieren kann.

Normalerweise (David erscheint hier zunächst eher als eine Ausnahme) ist der Bewußtseinskern des Menschen im Kindesalter von geringem Umfang. Das Kind ist sich am Beginn seines Lebens seines Eigenseins vollständig unbewußt. Im Sinne der Ergänzungsreihe ergreift das Ich deshalb zu Beginn des Lebens in besonders umfassender, Weichen stellender Weise die Lebensumstände: Es wählt die Eltern, die frühen sozialen und geographischen Verhältnisse, die den

Menschen für seinen Lebensgang prägen werden. – Im Verlauf der Kindheit nimmt der Ich-Umfang des Kindes zu: Erste Bestrebungen, erste Themen werden erkennbar und dem Kinde auch bewußt. Entsprechend geht die Prägekraft derjenigen Ich-Schichten etwas zurück, die die äußeren Ereignisse konstellieren. – In der Pubertät geschieht ein qualitativer Sprung: Das Bewußtsein, die eigene Biographie in die Hand nehmen zu können, tritt auf. Der Schutzengel beginnt, den jungen Menschen in dessen eigene Vollmacht über sich selbst zu entlassen. – Im Laufe seiner weiteren Lebenserfahrung nimmt der dann Erwachsene immer mehr Aspekte der ehemals außerseelisch wirksamen Ich-Schichten in sein inneres Ich-Bewußtsein auf. Er versammelt sich immer mehr bei sich. – In der Lebensmitte findet diese Entwicklung einen Höhepunkt. Die Ich-Wirksamkeit hat sich jetzt vollständig aus dem Eingriff in den Gang der Lebensereignisse zurückgezogen. Das Ich wirkt jetzt ganz von innen her, aus dem bis dahin erreichten Ich-Umfang. Die weitere Entwicklung – die jetzt anstehende Erweiterung des Ich-Umfanges durch denkenden und fühlenden Mitvollzug überpersönlicher Lebensereignisse – ist jedoch nicht das Thema dieser Untersuchung.

Für den Zusammenhang der Ergänzungsreihe ist es unerheblich, ob die von außen her, außerseelisch einwirkende Ich-Prägekraft sich deckt mit der innerseelischen oder ob sie im Widerspruch dazu steht. Im konkreten Einzelfall wird beides zu finden sein. Allerdings kann man – wie in Davids Beispiel – beobachten, daß das außerseelisch Wirksame oft eine starke, zum innerseelisch Wirksamen gegenläufige Tendenz hat. Dies scheint besonders dann der Fall zu sein, wenn das Innerseelische sich sehr einseitig ausprägt. Das Ich sucht dann die Vollständigkeit seiner Thematik, indem es durch äußere Ereignisse das zu erschweren oder zu behindern scheint, was innerseelisch so einseitig und zugespitzt gesucht wird. In Davids Fall liegt schon im Wesen der Eltern von vorn herein der

Widerspruch. Als dieser sich abschwächt, tritt die seinem Streben entgegenlaufende Krankheit auf.

Davids bewußtes Selbständigkeitsstreben war also nur eine Seite seines Ichs. Man kann aber auch nicht sagen, daß er Unselbständigkeit suchte. Es ist, wenn ein solcher Widerspruch vorliegt, keine Frage des Entweder-Oder. Vielmehr sucht das Ich etwas, das hinter dem Widerspruch steht: Es sucht die Auseinandersetzung mit der entsprechenden Ambivalenz. Dadurch erst erreicht es seinen vollen Umfang, nicht durch die Erfüllung einer einseitigen Bestrebung, und auch nicht durch den Verzicht auf diese. Die Lebensthemen, mit denen wir antreten, wollen auf die Selbsterkenntnis und Selbstvollmacht hinaus, gerade indem sie uns in Konstellationen führen, die von uns verlangen, mit der Vielschichtigkeit, Uneindeutigkeit und Ambivalenz täglich bewußt umzugehen.

Mit seinem Daumen, der ihm als einziger Finger noch gehorchte, schrieb David in seinen letzten Lebensmonaten auf der Tastatur: »Ich bin selbständig geworden.« Dies hatte er erreichen und erkennen können, weil er seiner Krankheit die jeweils noch mögliche Selbständigkeit abzutrotzen gelernt hatte.

Mit Blick auf die beschriebene Ergänzungsreihe ergibt sich ein Hinweis darauf, wie eigentlich ein Mensch im Kindesalter zu verstehen ist. Das psychologische Verstehen, die mehr oder weniger objektive Analyse seines Verhaltens, seiner Persönlichkeit können ganz offensichtlich nur einen Teil seiner Individualität erfassen. Im besonderen Maße gilt dies für das Kind. Gerade hier kommt vielmehr ein Hinhören in zweifacher Hinsicht in Betracht: Zum einen geht es um das Hören auf das Schicksalswirken, das sich um das Kind herum aufbaut – seine situativen, zwischenmenschlichen und auch körperlichen Lebensumstände; zum anderen geht es um ein Anhören der Äußerungen des Kindes, die aus seinem Innerseelischen kommen – seines Sprechens, seiner Gestik und seines Verhaltens. Der zweite Bereich ist Psychologie, der erste Biographik.

Schicksal hören

Die im Schicksal des Kindes liegenden Möglichkeiten sind nur zu erfassen, wenn wir seinen Lebenskontext mindestens so ernst nehmen und als Teil seiner Individualität achten wie das Sprechen und das Tun der kleinen Persönlichkeit. Die Schicksalsmöglichkeiten kommen zum großen Teil überhaupt erst zur Geltung, wenn wir sie erkennen und auf sie hören. Das Kind kann sie in seinem Bewußtsein nicht selbst erkennen und deshalb auch nicht gezielt ergreifen. Eine Haltung, die von der Verfügungsmacht des Erwachsenen über Verhalten und Biographie des Kindes ausgeht, sieht die Schicksalsmöglichkeiten im Lebenszusammenhang des Kindes nicht und kann sie damit sogar in ihrer Wirksamkeit beschränken. Gerade das Kind bedarf in dieser Hinsicht einer freilassenden Haltung seitens des Erwachsenen, der das Kind führen will.

Auf den Kontext des jungen Lebens zu hören, ist eine anspruchsvolle und gezielte Aktivität verlangende Erkenntnisarbeit. Sie ist besonders schwierig für Eltern und andere Bezugspersonen, denn der Kontext des Kindes ist ja auch der ihre. Die Lebensumstände, in denen die Familie lebt, sind vom Kind ebenso konstelliert beziehungsweise gewählt wie vom Ich der Erwachsenen. Für die Beteiligten haben die gleichen Lebensumstände aber jeweils eine andere Bedeutung. Schon für Geschwister kann eine Lebenstatsache wie zum Beispiel die Leistungsorientierung der Eltern ganz unterschiedliche Bedeutung haben. Das phlegmatische Kind wird wahrscheinlich noch mehr in ein dumpf opponierendes Phlegma hineingetrieben, das ehrgeizige Kind wird positiv herausgefordert und beflügelt sein. Das Bedeutungskriterium ist der jeweils eigene Schicksalsentwurf, den aber, zumindest beim Kinde, vorerst niemand kennt.

Grundlegend für das Verständnis eines jungen Menschen von seinem Lebenskontext her ist also die Haltung der *Ach-*

tung. Man kann nicht etwas erkennen, vor dem man keine Achtung hat. Achtung heißt nicht Idealisierung. Sie erwartet nicht etwas Bestimmtes, Großes. Achtung sieht im Gegenteil davon ab, was der Gegenstand der verstehenden Bemühung für den bedeutet, der verstehen will.

Sodann beachtet das Hören auf den Kontext das Unerwartete: Wie in den vorangegangenen Kapiteln gezeigt wurde, haben wir vor allem kultur- und epochenspezifische sowie private Bilder von Kindheit. Darüber hinaus haben wir noch Erwartungen, wie das Leben unseres Kindes verlaufen sollte, die sich aus unseren eigenen Erfahrungen, unseren persönlichen Hoffnungen, Befürchtungen aber auch unseren Enttäuschungen ergeben und auch aus dem, wie wir unser Kind zu kennen meinen. All dies legt es uns nicht nahe, das Unerwartete aufzusuchen, sondern dasjenige, was zu unseren Bildern und persönlichen Erwartungen paßt. Dadurch aber sind wir zunächst taub für das außerseelische Schicksalswirken des Ichs des Kindes. Schicksal aber erscheint in der Regel »am Rande«, im Detail, beiläufig. Es erfordert also eine aktive Bemühung, einmal abzusehen von den eigenen Gewißheiten, aus denen heraus wir im Alltag mit dem Kinde umgehen, und statt dessen auf den Klang – und Zusammenklang – unerwarteter Tatsachen und Ereignisse zu lauschen. Gerade die Gefühlsbindung zum Kinde kann das hinhörende Loslassen erschweren.

Auch ein Kunstwerk wird man in seiner Bedeutung und Tragweite nicht dadurch erfassen, daß man ihm mit Begeisterung entgegentritt oder daß man angestrengt darauf starrt. Vielmehr ist beim Betrachten des Kunstwerkes wie beim Betrachten des Lebenszusammenhanges eines jungen Menschen der absichtslose, bewegliche Blick das Angebrachte.

Das »Du« Hören

Um die junge Individualität zu verstehen, ist es ebenso wesentlich, ihren Äußerungen zuzuhören. Hierbei ergibt sich ein breit greifendes Verstehen, wenn sich dabei unsere Aufmerksamkeit auf das richtet, was die Tatsachen und Ereignisse seines Lebenszusammenhanges für das Kind selbst bedeuten. Auch hier gerät das Verstehen zu eng, wenn wir in den kindlichen Äußerungen und in seinem Verhalten nur den Ausdruck seiner Persönlichkeit sehen wollen. Vielmehr berührt sich hier das Hören auf den Lebenskontext mit dem Zuhören: Ereigniskonstellationen und die Antworten des Kindes darauf sagen mehr über das Wesen und die Ziele dieser werdenden Individualität aus als das, was psychologisch erfaßbar ist. Um einen Menschen zu verstehen in einem tieferen Sinne und um ihn also auch führen zu können, bedarf es der Frage nach seinem Lebenskontext und der Bedeutung, welcher er für ihn hat. Im Sinne der oben beschriebenen Ergänzungsreihe muß gerade beim Kinde der Schwerpunkt auf dem *situativen Verstehen* liegen.

Mehr *mit* als *über* das Kind zu reden, eröffnet den hier relevanten Zugang. Als eigene Individualität *bei* und *vor* dem Kinde zu stehen, ist hierfür der Ausgangspunkt. In solchem Gegenüber-Treten geht es nicht sofort um Pädagogik, um persönlichen Machtkampf oder um Prägen-Wollen, sondern es spannt sich ein Raum auf, in den hinein das Kind auch sein Innerseelisches in seiner ganzen Spannbreite erst zur Geltung kommen lassen kann.

Was für das Kleinkind das körperliche Gehalten- und Getragen-Sein ist, das ist für das ältere und auch noch für den Jugendlichen das Gehört-Werden. In unserem Hinhören und Zuhören ist das Kind in einem noch anderen Sinn aufgehoben und bewahrt. Oft haben wir dafür wenig Geduld, wenig Zeit und auch wenig Anlaß – »kennen« wir doch unser Kind.

Im freilassenden Zuhören, das nicht schon gleich etwas will oder erwartet, das auch nicht etwas »herausbekommen« möchte, entsteht erst der Raum für das Gespräch mit dem Kind, das im Bezug zum Erwachsenen geborgen sein und zugleich als ein eigenes Wesen erkannt und gewollt sein möchte.

Was bedeutet Erziehung?

Es geht also um eine Erziehung, die auf zwei Ebenen frei läßt und eben deshalb verantwortlich und legitim führen kann. Wie im ersten Kapitel entwickelt, liegt die eigentliche und existentielle Abhängigkeit des Kindes darin, daß ihm der Erwachsene seine Schicksalsmöglichkeiten sowohl eröffnen wie verstellen kann. Als grundlegende Geste und Sinn der Erziehung ergibt sich daraus, daß der Erwachsene hinhörend seinen Umgang mit dem Kind an dessen Lebenswelt und der Bedeutung orientiert, die diese für das Kind hat. Der Erziehende muß also nicht ständig etwas an ihm tun – sei es mit Worten oder mit Taten. Blickt man auf das Wirken des Schicksals in einem bestimmten, individuellen Leben, so zeigt sich ja, daß sowohl die Verbalerziehung, das Vormachen wie auch pädagogische »Maßnahmen« dann vergeblich sind, wenn sie mehr zum Schicksalsstrom des Erziehenden als zu dem des Kindes gehören. An dessen Erleben anzuknüpfen schafft dagegen erst den beiden gemeinsamen Raum. So entsteht aus situativem Verstehen situatives Handeln. Das ist keine Frage pädagogischer Ratschläge, sondern der persönlichen Präsenz und Geistesgegenwart.

Es war vergeblich gewesen, daß Davids Eltern zunächst versucht haben, seinen Selbständigkeitsdrang einzudämmen und daß sie am Anfang lieber die übliche seelische Abhängigkeit des Kindes – in bester Absicht – pflegen wollten. Ihr Sinn für familiäre Verbundenheit, Gemeinsamkeit und Harmonie lag zwar in ihrem Schicksalsstrom, aber nicht in Davids. Dessen Schicksalsstrom kommt umfänglich erst zur Geltung mit Ausbruch der Krankheit. Jetzt brauchte er ihre Bereitschaft zur Hilfe, jetzt war sie am Platz, aber als Hintergrund, vor dem er sich seine Felder der Autonomie schaffen konnte.

Wir überschätzen allgemein die erzieherische Wirksamkeit unseres Tuns. Viele Menschen fanden nicht wegen, sondern trotz der durchdachten erzieherischen Aktivitäten ihrer Eltern Anschluß an ihr Schicksal. Die Auffassung, daß der Erwachsene es immer besser weiß und überblickt, was für das Kind gut und richtig ist, geht insofern fehl.

Zweiter Teil

Stationen und Lebenswelten der Kindheit

Innere Gesetzmäßigkeiten in der Biographie des Kindes

Die fortschreitende Kristallisation des Ich aus der Peripherie heraus in das Bewußtsein eines jungen Menschen hinein folgt einer inneren Gesetzlichkeit. Deren sinnhaft gegliederter Schritt ergibt sich aus der Grundtatsache, daß der Beginn der Inkarnation ein Spannungsverhältnis setzt zwischen den ursprünglichen, in der geistigen Welt gefaßten Zielen und dem auf Erden Möglichen. Mit der Inkarnation entfernt sich der Mensch erst einmal von seinem Wesenskern. Dieser wirkt, wie im vorigen Kapitel beschrieben, zunächst ganz von der Peripherie her.

Wenn man nun Biographien vergleicht, kann man bestimmte, für alle Biographien geltende Zeitpunkte erkennen, an denen der junge Mensch seinen ursprünglichen Inkarnationsimpulsen und -zielen näher kommt als sonst. Diese gesetzmäßig eintretenden inneren Situationen stehen zu dem Zeitpunkt der Geburt und zueinander in einem durch Zahlenwerte bestimmbaren Spannungsverhältnis. Diese Spannung entlädt sich, wenn sie eine bestimmte – und zwar gestaute – Erlebnisqualität erreicht hat. In solchen Krisenmomenten – sie treten im dritten, fünften und neunten und am Übergang vom zwölften zum dreizehnten Lebensjahr auf – geht es immer um die Frage: »Wer bin ich?«. Sie führt jeweils zu einer neuen, und zwar immer genaueren Antwort. Es geht in diesen Krisen somit um Auflösung der bisherigen inneren Identität und deren Neuorganisation auf höherem Niveau.

Daß es gerade die genannten Zeitpunkte sind und nicht irgendwelche anderen, läßt sich aus dem Spannungsraum verstehen, den die jeweiligen Zahlenwerte beschreiben.

Das dritte Lebensjahr

Bis ins dritte Lebensjahr hinein ist das Kind insofern gar nicht bei sich, als es sich bewußt noch nicht als abgetrennt von den Menschen seines Nahraumes erkennt. Der Mensch ist hier also noch gespalten in ein physisch-vegetativ-seelisches Wesen einerseits und ein Ich, das noch nicht im Bewußtsein des Betreffenden Fuß gefaßt hat, sondern noch identisch mit der Umgebung ist. Durch diese Spaltung baut sich von der Geburt an bis in die Mitte des dritten Lebensjahres hinein im Bewußtsein des Kindes eine Spannung auf. Diese löst sich darin, daß es nun »Ich« sagt. Jetzt sagt Paulchen nicht mehr »Paulchen will Pudding haben«, sondern: »Ich will Pudding haben.« Er ist bei sich selbst angekommen. Er hat sich als eigenes Wesen erkannt.

Das ist ein großer Schritt und eine enorme Leistung, denn in der geistigen Welt, aus der Paulchen gekommen ist, scheint es diese Art von Abgrenzung der Wesen voneinander nicht zu geben.

Das Ich jedoch, das sich jetzt selbst gefunden hat, ist fürs erste noch nicht mit einem mit sich selbst identischen Inhalt gefüllt, sondern mit dem, was der Augenblick bringt. Aber es betätigt sogleich dasjenige, was es jetzt gelernt und verstanden hat: Es übt sich in Abgrenzung. Dies ist die Zeit, die als Trotzphase bekannt ist.

Es ist kein Zufall, daß diese erste Überwindung der Spaltung zwischen Innen und Außen, zwischen irdischer Existenz und geistiger Herkunft durch die Selbst-Findung des Ichs im Bewußtsein gerade im dritten Lebensjahr stattfindet. Denn in der Drei spricht sich eben diese Überwindung einer Spaltung durch Auftreten der Einheit auf höherem Niveau aus. Noch in den Monaten vor diesem Ich-Einschlag erlebt das Kind immer drängender die Qualität der Zwei: Spaltung, Trennung. Es wird ihm immer deutlicher, daß die Welt gar nicht immer das macht, was sie von ihm aus soll. Wo ist also mein Ich, wenn es nicht die Welt selbst ist? Die Drei bringt die Auflösung dieser Frage: »In mir.«

Das fünfte Lebensjahr

Es ist charakteristisch, daß sich nun wieder über zwei Jahre hin eine weitere, aber jetzt ganz anders thematisierte Spannung aufbaut. Das Ich, das sich fürs erste in der Abgrenzung gefunden hat, beginnt sich mit Inhalten, mit Vorstellungen über die eigene Identität, zu füllen. Dabei ist der für das weitere Leben grundlegende Inhalt die Frage der Geschlechtszugehörigkeit. Das Kind erfaßt bald, daß es zwei Geschlechter gibt. Aber erst im fünften Lebensjahr wird dem Kinde dies zur Identitätsfrage. Worin besteht das, daß ich ein Junge, ein Mädchen bin? Und welche Bedeutung hat das für mich?

Dieser Moment ist insofern krisenhaft, als das Kind hier vorübergehend ein wenig von den Eltern abrückt. Denn es kann sich jetzt nicht mehr mit beiden Elternteilen in gleicher Weise identifizieren und wird dadurch für einen Moment auf ich selbst verwiesen, wird sich selbst zur Frage. Das Verhältnis zu Mutter und Vater muß neu, nämlich unterschiedlich, gefunden werden.

Das Spannungsverhältnis zu den Geburtsimpulsen hat hier also die Qualität der Fünf. Diese bezeichnet ubiquitär die Geschlechterfrage, beziehungsweise die Beunruhigung darüber – auch in einem positiven Sinn. Und nicht zuletzt ist die Fünf die Zahl der geschlechtlichen Liebe, die natürlich noch nicht Thema für das Kind ist, aber sie wird in ihrer Richtung hier veranlagt.

Der hier beschriebene Krisenmoment – der freilich gar nicht dramatisch ablaufen muß – kann beispielhaft deutlich machen, daß auch diese der Entfaltung der Biographie in der

Zeiterstreckung innewohnende Gesetzlichkeit sich nicht irgendwie automatisch auswirkt. Vielmehr hängt die Auswirkung solcher Momente sehr davon ab, wie die Umgebung des Kindes damit umgeht.

Die Eltern können zum Beispiel das erste Bewußtsein ihrer Tochter von der eigenen Geschlechtszugehörigkeit mit forcierter Aufmerksamkeit überfrachten. Sie können im täglichen Umgang mit dem Kind sein Mädchen-Sein ständig betonen, die Unterschiede zum Bruder hervorheben oder der weiblichen Rolle eine bestimmte Interessantheit geben. In diesem Fall wird die Geschlechtszugehörigkeit Bewußtsein und Verhalten des Kindes überwertig bestimmen, vielleicht bis dahin, daß es seine Geschlechtsrolle bewußt ausnutzt.

Die Eltern können die geschlechtlich thematisierte Selbst-Entdeckung beim Kinde aber auch herunterspielen und die entsprechenden Fragen beziehungsweise Äußerungen des Kindes gezielt übergehen. Bei ihm wird dann ankommen: Es hat etwas Ungutes, Geheimnisvolles auf sich, daß ich ein Mädchen (ein Junge) bin. Die Geschlechtszugehörigkeit kann dem Kind also fremd bleiben, unzugänglich und schwierig zu handhaben.

Innerhalb der Familie hängt die Wertschätzung, die das Kind seiner neu entdeckten Identität gibt, weniger davon ab, wie die Eltern in dieser Hinsicht mit ihm umgehen, sondern davon, welchen Umgang der Eltern untereinander das Kind wahrnimmt. Das Mädchen orientiert sich zwar, was den Inhalt seiner Geschlechtsrolle betrifft, natürlicherweise an der Mutter, es ahmt sie nach, will die gleiche Schürze tragen et cetera. Aber ob es ein selbstbewußtes Mädchen wird, hängt davon ab, ob der Vater mit der Mutter wertschätzend umgeht. Entsprechendes gilt natürlich für den Jungen.

So wirken Erziehung und täglicher Umgang mit dem zusammen, was sich aus den Eigengesetzlichkeiten des fortschreitenden Inkarnationsvorganges heraus als Frage und Prägebereitschaft ergibt.

Das neunte Lebensjahr

Die Neun verweist auf ein Spannungsverhältnis der Befreiung von etwas. In ihr erkennt sich der Mensch als eigen und einzigartig. So erfaßt sich auch das Kind im neunten Lebensjahr als eine eigene, individuelle, in sich berechtigte Existenz. Eltern und andere Bezugspersonen wie Lehrer, zu denen bis dahin eine fraglose Nähe und Verbundenheit bestanden hatte, werden jetzt vorübergehend fragwürdig. Sie werden in ihrer Autorität hinterfragt. Das Kind erkennt, daß es in gewisser Weise allen anderen Menschen gleichwertig ist, gerade weil es sich jetzt als Individuum erfaßt. Eltern und Lehrer sind eben auch »nur« Individuen, das heißt, sie vertreten jetzt nicht mehr eine höhere Ordnung oder Autorität.

Es ist die Zeit der Phantasien über eine geheimnisvolle – und zwar hohe – Herkunft. Der eine vermutet, von Rittern abzustammen und bildet sich die Vorstellung, die als Eltern auftretenden Personen seien lediglich mit seiner Erziehung beauftragt. Andere wurden als Säugling von fahrenden Zigeunern zurückgelassen. Die Eltern haben den Säugling gefunden und aufgezogen. Wieder andere suchen in Büchern und Geschichten nach dem Königspaar, welches das eigentliche Elternpaar ist.

Auch in dieser Phase kommt es darauf an, ob die Bezugspersonen diesen inneren Entwicklungsschritt des Kindes mit Verständnis begleiten oder ob sie die jetzt auftretende kritische Distanzierung des Kindes von ihnen disziplinarisch abhandeln.

Der Übergang ins dreizehnte Lebensjahr

Im zwölften Lebensjahr rundet sich die Kindheit ab. Mit der Zwölf schließt sich immer ein Kreis. Das zwölfjährige Kind genießt noch die Abgeschirmtheit der Kindheit von der Eigenverantwortung, blickt aber auch schon auf die Kindheit zurück. Es ruht gerade jetzt noch einmal ganz in sich, empfindet aber auch eine gewisse Wehmut, weil es spürt, daß bald ein andere Zeit beginnt.

Der krisenhafte Charakter der Situation tritt beim Übergang zum dreizehnten Lebensjahr auf. Mit der Dreizehn überschreiten wir immer ein geschlossenes System. Sie bringt Chaotisierung, setzt an zu Neuem, noch Unbekanntem. Die Pubertät kündigt sich an und damit das Bewußtsein und der Wille, nun selbst die eigene Biographie in die Hand nehmen zu können. Wie wichtig auch bei dieser Neuorientierungsphase in der Identität des jungen Menschen der Umgang der Eltern damit ist und wieviel davon abhängt, soll im weiteren ausführlich behandelt werden.

Pubertät

Ein Elternabend

Die Lehrerin leitet, etwas ironisch gestimmt, den Abend mit der Bemerkung ein, man habe ja jetzt die Zeit erreicht, da die Eltern nervös und angespannt werden, mit Sorge das Flügge-Werden ihrer Kinder beobachten und wie aufgescheucht reagieren, wenn die Tochter oder der Sohn eine Bravo mit Abbildungen von Halbnackten oder gar ein Sexheftchen im Schulranzen mit sich führen. – Keiner lacht. Alle sind zum Platzen voll mit Sorgen, Ängsten und Fragen. Angespannte Erwartung – wir nähern uns einem heiklen Thema. Wie wird der eingeladene Referent das angehen?

Dieser, anstatt gleich einen wohlgesetzten Vortrag zu halten, bittet die Eltern, sich zunächst auf eine Übung einzulassen: Je vier Erwachsene mögen sich zu einer kleinen Gesprächsrunde zusammentun und sich gegenseitig, anhand von Beispielen, erzählen, wie das war, als sie selbst in der Pubertät waren. Fünfzehn Minuten, danach möge man sich wieder treffen zur großen Runde. – Erstarrtes Schweigen. Erst als die Lehrerin sagt: »Oder haben Sie keine Pubertät gehabt?« bricht man mit aufgeregtem Kichern auf. Die Gruppen verteilen sich aufgeregt tuschelnd auf andere Räume.

Als die Eltern nach dreißig Minuten noch nicht im Klassenraum zurück sind, sammelt die Lehrerin sie ein. Es dauert dann noch einmal zehn Minuten, bis sich alle eingefunden haben. Man ist voll von Erinnerungen, und einige müssen erst noch eine Zigarette im Schulhof rauchen.

»Was haben Sie gefunden?«

Hochrote Köpfe, alle wollen gleichzeitig erzählen. Fast alle: Zwei Väter sitzen steif, aber betont gelangweilt in der hintersten Ecke. Es ist keine Rede von den Kindern. Vielmehr ist der Abend gefüllt von den Erinnerungen an die eigene Pubertät: Wie doof man die Eltern fand. Wie aufregend diese Zeit war. Es gab so viel zu entdecken. Die Eltern haben dabei nur gestört. Und über Sexualität hätte man mit denen sowieso nicht geredet. Die hätten das nicht ausgehalten ...

Ein Geburtsvorgang

Wenn Eltern pubertierender Kinder die Erziehungsberatung aufsuchen, bringen sie eine Stimmung der Dramatik und Angespanntheit mit, die ihnen den Blick verstellt auf das, was mit ihrem Kinde zuinnerst vorgeht. Sie blicken nur auf die aktuellen häuslichen und »disziplinarischen« Probleme – und sind entnervt. Viele haben Angst, die Kontrolle über ihr Kind und seinen weiteren Lebensweg zu verlieren. Sie spüren, daß die Zeit des Erziehens zu Ende geht, wollen andererseits aber gerade jetzt erzieherisch einwirken.

Die oft spannungsgeladene Distanz zwischen Eltern und Kind, die jetzt eintritt, ergibt sich aus einem Mißverständnis: Für den Jugendlichen geht es um die Geburt einer neuen Identität, während die Eltern an dem Bild festhalten oder zumindest anknüpfen wollen, das sie bisher von ihrem Kind gehabt haben. Die neue Identitätsfrage, die den Jugendlichen hier umtreibt, ist aber zukunftsgerichtet: »Wer werde ich eines Tages sein?«. Der Jugendliche spürt, daß sich diese Frage nicht aus dem heraus beantworten kann, als was er sich – und seine Umgebung ihn – bisher kannte.

Die Pubertät ist wie eine Geburt des Eigenbewußtseins, also des Bewußtseins, eine eigene Individualität zu sein, beziehungsweise werden zu wollen. Es geht jetzt darum, dasjenige mit Inhalt zu füllen, was der junge Mensch im neunten Lebensjahr als Grundtatsache entdeckt hatte.

So wie das Kind nach der leiblichen Geburt noch nicht laufen kann, dies vielmehr erst mühselig und mit vielen Rückschlägen und Fehlversuchen lernen muß, so muß diese in der Pubertät eben erst geborene Individualität sich den eigenen Weg, die eigene Gestalt erst erobern. Die Seele des Kindes versucht jetzt erstmals unabhängig zu sein von der familiären Lebens- und Wertewelt. Der Pubertierende braucht deshalb die gleiche Rücksicht, Anteilnahme, Schonung und Ermunterung wie das kleine Kind, das laufen lernt. Dieses wird von uns Erwachsenen ja auch nicht ständig kritisiert und in seine Schranken verwiesen, weil es das Laufen nicht sofort beherrscht. Im Gegenteil, wir freuen uns an den kleinsten Fortschritten.

Die zu sich selbst erwachende Seele des Pubertierenden ist in dieser Lebensphase ebenso wund, empfindlich und ungelenk, wie der Leib des neugeborenen Kindes empfindlich, schnell wund und ungelenk ist. Jede seelische Berührung durch einen Erwachsenen kann zu einem Zusammenzucken und Aufschrei führen, wie wenn man die wunde Haut eines Säuglings berührt.

Deshalb schließen sich die Pubertierenden vor den Erwachsenen häufig ab. Denn so wie das Kleinkind eine leibliche Hülle braucht, so braucht der Pubertierende eine seelische Hülle. Er schafft sie sich oft durch schroffes Verhalten, durch Insichgekehrtsein und witzelnde Abwehr dessen, was von den Erwachsenen kommt. Besonders die Jungs, die untereinander einen geringeren Zusammenhalt haben als Mädchen und sich deshalb noch ungeschützter erleben, haben die Hände in den Taschen, stehen in der Pause auf dem Schulhof hinterm Gebüsch.

Im Hintergrund ist ständig die Stimmung der Scham, weil das neu erwachte eigenständige Seelenleben noch offen und bloß daliegt. Der Pubertierende hat ein schmerzhaft verschärftes Bewußtsein des eigenen Seelenlebens und der eigenen Leiblichkeit, die jetzt als fremd empfunden wird. Aber nicht nur die eigene Leiblichkeit, sondern alles, was bis dahin selbstverständliche oder zumindest unhinterfragte Gewohnheit war, gilt und trägt jetzt nicht mehr. Dies führt zu Einsamkeitserlebnissen: »Die Eltern verstehen mich nicht. Und wenn sie mich verstehen, schäme ich mich.« Die jungen Menschen sind unbeholfen im Umgang mit sich selbst und mit Erwachsenen und solidarisieren sich mit Gleichaltrigen. Die peergroup bietet Schutz. Der bisher selbstverständliche Bezug zur Welt, zu sich selbst, zum eigenen Körper wird fremd, alles muß neu gelernt und erobert werden. Durch heftige seelische und sinnliche Erlebnisse versucht der Pubertierende, die Verbindung zu sich und zur Welt wiederzufinden. Jede Geborgenheit ist verloren. Dies zu kompensieren setzt man sich möglichst starken Eindrücken und peitschenden Sinnesreizen aus. »Wer bin ich in der Welt? Wie kann ich meiner gewiß werden in der Welt?«, lautet die alles erschütternde Frage.

Die innerseelischen und familiären Probleme, die dies mit sich bringt, lösen sich nicht dadurch, daß Erwachsene Vorschriften machen oder am Pubertierenden herummeckern. Er sucht jetzt das Neue, das Überraschende, das Sensationelle, um sich zu erleben. Im Geregelten, das den Erwachsenen so wichtig ist, können sich die jungen Menschen nicht wiederfinden. Es stößt sie seelisch ab. Andererseits sind sie für ihre Lebenssicherheit auf eine gewisse Ordnung weiterhin angewiesen. Der Erwachsene ist dadurch in der undankbaren Position, etwas verlangen oder zumuten zu müssen, von dem er weiß, daß es der Jugendliche erlebnismäßig gar nicht mehr bejahen kann. Bekanntlich müssen Rockmusik und Techno-Musik in voller Lautstärke konsumiert werden, die Lichteffekte in der Disco peitschen auf, man sucht das Risiko, den Kick. Dabei geht es, was zum Beispiel Techno betrifft, keineswegs um ein musikalisches, sondern um ein sinnliches Erlebnis. Es hat folglich keinen Sinn, mit Jugendlichen, die sich mit dieser Musik zudröhnen, über deren musikalische Qualität sprechen zu wollen. Sie suchen darin eben kein musikalisches Erlebnis, sondern ein sinnlich-körperliches. Andere versuchen sich dies herzustellen durch Extrembelastungen zum Beispiel im Leistungssport, andere in Form der Askese. Und mancher sucht das Extremerlebnis im Alkohol oder sonstigem Drogenrausch.

Der Jugendliche möchte sich in der Abgrenzung spüren. Mit äußerster Schärfe und Absolutheit be- und verurteilt er, was er an der Erwachsenenwelt erlebt. Daß er heute etwas verdammt und verhöhnt, wofür er vielleicht nächste Woche schwärmt, gehört dabei zu den Gehversuchen.

Die jungen Menschen suchen, auch wenn sie dies selbst nicht so ausdrücken würden, nach Vorbildern. Vorbilder sind für sie Menschen, die Ideale leben, glaubhaft sind, ein persönliches Ziel verwirklichen, die sich für etwas einsetzen. Der Jugendliche sucht das Vorbild, weil er darin etwas von dem zu erkennen hofft, was er selbst einst sein kann. Aus Sicht des Erwachsenen geht er dabei sehr vordergründig und oberflächlich vor: Haartracht, Kleidung, Gangart oder Sprechweise des Idols werden nachgeahmt. Der Jugendliche möchte damit auch nach außen dokumentieren, wie er sich gerade orientiert, und hofft dadurch, sich dessen selbst gewiß sein zu können. Auf Erwachsene wirkt das eher beliebig, willkürlich, wechselhaft. *Eine* Systematik ist aber sehr wohl erkennbar: Dasjenige, womit die jungen Leute sich schwärmerisch identifizieren, darf nicht zur Welt der Erwachsenen gehören, wie man sie von zu Hause her kennt. Es muß sich möglichst kraß und auch äußerlich sichtbar davon unterscheiden.

Man erprobt sich jetzt im eigenen Denken, was in der Neigung zu scharfer emotionaler Be- und Verurteilung zum Ausdruck kommt. Besonders Jungs verlieren abrupt die Fähigkeit des in der Kindheit vorherrschenden bildhaften Denkens. Man will jetzt dahinterblicken, analysieren und verlangt rationale Erklärungen (die man dann emotional ablehnt). Und natürlich durchschaut man alles auch schon viel besser als die Eltern, die allenfalls noch von gerontologischem Interesse sind.

Der Jugendliche grenzt sich in dieser Zeit sehr scharf von ihnen ab. Er spürt zu Recht, daß sein Weg, seine Individualität nicht einfach eine lückenlose Fortsetzung des Weges und der Individualitäten der Eltern sein kann. Er hat recht, wenn er empfindet, daß seine Zukunft nicht in seinem Elternhaus liegen kann. Deshalb ist alles falsch, veraltet und engstirnig, was Vater und Mutter tun und sagen. Manche Eltern haben daran das schmerzhafte und sie erschreckende Erlebnis, als sei das eigene Kind ein Eindringling, ein Fremder, der ihren Lebensstil und ihre Werte kritisiert.

Wie schon skizziert, wird auch der eigene Körper fremd. Eine bisher nie gekannte Art von Scham taucht im Zusammenhang mit dem Erwachen des leiblichen Eigenbewußtseins auf (»Wie sehe ich eigentlich aus?«). Dies spitzt sich in der jetzt erwachten Sexualität zu. Sich zu spüren, aber im geheimen nur, ist zunächst der Hauptzweck sexueller Betätigung. Die unbeholfenen Versuche auf diesem Felde bedürfen keines Eingriffs durch die Erwachsenen. Onanie bei Jungen und auch bei Mädchen ist bekanntlich normal. Sexualität wird zunächst nicht als Bereicherung und Vertiefung menschlicher Begegnung erfaßt, sondern lediglich als Beweis dafür, daß man jetzt in die letzten Geheimnisse eingeweiht ist. Hier ungefragt reinzureden, ist sinnlos und schädlich.

Die Herausforderung für die Eltern

Rezepte folgen daraus nicht, aber eine Grundhaltung: Anstatt die sich selbst suchende Individualität abzuwerten und ihre zum Teil unbeholfenen Gehversuche eindämmen zu wollen, wird es darum gehen, dem jungen Menschen Individualität vorzuleben.

Die Haltung der Eltern soll also nicht sein: »Was haben wir bloß falsch gemacht?« – sondern: »Worauf kommt es jetzt an?« Anstatt sich von der Dramatisierung mitreißen zu lassen, die Pubertierende durch ihr schroffes Verhalten in die Familie bringen können, täte es diesen gut, wenn die Erwachsenen deutlich zeigen würden, daß sie selbst, jeder für sich, in sich ruhende, abgegrenzte, geformte, aber auch zur Entwicklung bereite und hinterfragbare Individuen sind. Der junge Mensch sucht hier das Erlebnis, daß es das gibt, was er für sich selbst erst erobern will: ein eigener Mensch zu sein, mit eigenen Werten, Idealen, Wegen und Eigenarten.

Herr S. kommt zur Beratung, weil ihn sein vierzehnjähriger Sohn Oliver in eine tiefe Verunsicherung, ja Verzweiflung gebracht hat. Oliver war immer ein »pflegeleichtes« Kind gewesen, Einzelkind, immer vernünftig, wie Einzelkinder sind, und an der Welt der Erwachsenen orientiert. Herr S. und seine Frau hatten einen kleinen Dienstleistungsbetrieb im Umweltschutzbereich aufgebaut. Oliver mußte manchmal zurückstehen, wenn die Eltern zum Beispiel abends noch mit Geschäftlichem befaßt waren. Er hatte das immer eingesehen, hatte dann für sich gespielt, Musik gehört.

Nun war dieses Familienarrangement seit etwa einem Jahr plötzlich zusammengebrochen, weil Oliver erstens aufsässig wurde und anstrengend – er benahm sich in der Schule daneben, machte kaum noch Hausaufgaben, rauchte auf der Schultoilette und zog höhnisch über Mitschüler und Lehrer her, die »Ökos« waren. Zweitens brach er zu den unpassendsten Momenten Streitgespräche vom Zaun (etwa wenn Kunden da waren), indem er den »Biofimmel« der Eltern angriff. Der Vater, der die eskalierte Situation schlichten wollte, kaufte Oliver ein neue Musikanlage, ein teure Sportausrüstung et cetera. Oliver verkaufte die Anlage, und die Sportausrüstung war nach wenigen Wochen ruiniert. Herr S. erlebte dieses Verhalten als Angriff auf seine Lebenswerte und Lebensziele und vermutete als Grund für Olivers Verhalten, daß er in »nihilistische« Kreise geraten sei.

Im Beratungsgespräch ging es um die Frage, welche Alternativen Oliver eigentlich hatte. Was wäre, wenn Oliver weiter das anstellige Kind geblieben wäre? Auch mit fünfzehn, sechzehn und siebzehn Jahren noch vernünftig, die Eltern nur ansprechend, wenn sie den Kopf für ihn frei haben, die ökologische Orientierung der Eltern fraglos übernehmend? Was würde Oliver in diesem Fall über sich lernen? Dem Vater wurde angesichts dieses Szenarios deutlich, daß sein Sohn auf diese Weise über sich selbst gar nichts lernen würde. Im Gegenteil wäre diese Art von Vernunft ein Verzicht auf eine eigene Identität.

Auch hier gab es keine schnellen und patenten Lösungen. Herr S. lernte aber, das Sinnvolle und Berechtigte in Olivers Aufmüpfigkeit zu sehen. Er lernte, sich den Streitgesprächen zu stellen und dabei seine Werte offensiv zu vertreten. In dieser Zeit ergab es sich, daß Herr S. eine Fortbildung zur ökologischen Bauweise absolvierte. Oliver hatte dafür zunächst nur Hohn und Spott übrig. Aber als er erlebte, daß sein Vater nicht beleidigt reagierte, sondern ruhig seinen Standpunkt erläuterte und gleichzeitig Olivers Anti-Haltung interessiert befragte, da tauchte etwas anderes auf: Der Sohn fing an, den Vater nach Hintergründen und Zielen seiner Arbeit zu fragen. In den Monaten danach entstand durch solche – keineswegs harmonischen – Auseinandersetzungen ein gegenseitiges Ernst-Nehmen, ein gegenseitiger Respekt. Olivers Provokationen ließen nach und traten nur noch angesichts kleiner häuslicher Reglements auf, die er nicht akzeptieren wollte. Der Vater hat es dabei belassen, denn die Möglichkeit der Konfrontation und Selbstbehauptung sollte Oliver nicht genommen werden. Er sollte nicht schon wieder »vernünftig« werden.

Dieses Beispiel kann zeigen, daß Eltern ihre Beziehung zum Kind erneuern müssen, denn auch das heranwachsende

Kind will sich erneuern – im Sinne der Individualisierung. Der Jugendliche sucht den Neubeginn, will und muß die Kindheit abstreifen, hat dabei aber auch ein Verlusterlebnis. Abwertungen der experimentellen Identifikationsversuche, seien diese noch so schrill oder skurril, wollen ihn festlegen auf das, was er in der Kindheit gewesen war. Das Elternhaus vertritt für den Jugendlichen das Alte, also das, wovon er sich absetzen möchte (wovon sich abzusetzen er aber auch Angst hat). Die angemessene Antwort darauf kann nicht sein, ihn dann doch möglichst lang im familiär Hergebrachten festhalten zu wollen, sondern selbst, als Eltern, deutlich sichtbar Neubeginne zu leben, Sinn und Wert von Erneuerung vorzuleben, anstatt auf Gewohntem herumzureiten. Konkrete Gewohnheitsänderungen im täglichen Leben der Eltern sind hier die geeignete Form der Botschaft.

Der erste Schritt zum Ich ist immer die Abgrenzung von allem, was Nicht-Ich ist. Bevor der Pubertierende wissen kann, wer er eines Tages sein wird, will er festlegen, was er nicht ist. Deshalb kritisiert er zunächst alles, was er von zu Hause her kennt. Eltern werden sich dieser Kritik stellen müssen, aber nicht in dem Sinne, daß sie sich die Kritik zu eigen machen, sondern daß sie bereit sind, sich über das Kritisierte mit dem jungen Menschen auseinanderzusetzen, daß sie die Identitätssuche erst nehmen und als berechtigt sehen, ohne andererseits die einzelnen Versuchsschritte dahin für bare Münze zu nehmen.

Ideale können Jugendlichen nicht gepredigt, sondern nur vorgelebt werden. Sie suchen jetzt nicht mehr die Einordnung verlangende Autorität, sondern das Individuelle, Eigene der Eltern. Sie suchen Bilder gelingender Autonomie und Individualisierung, nicht um dies inhaltlich zu übernehmen, sondern um die Zuversicht haben zu können, daß man als autonomes Individuum souverän und sicher in der Welt stehen kann. Gerade wenn solches aufscheint, muß es getestet, hinterfragt und auf die Probe gestellt werden.

Ninas Vater behauptet zu Hause immer wieder, daß er nichts gegen Ausländer habe. Eines Tages verliebt sich Nina in einen Türken und bringt ihn mit nach Hause. Der Vater ist eiskalt. Er hat den Test nicht bestanden. Und er bekommt in Ninas Enttäuschung gleich eine Sechs, denn er hat den Test als Angriff aufgefaßt.

Es kann nicht die Aufgabe von Eltern sein, inhaltlich bestimmen zu wollen, wie die Individualität des Kindes sich eines Tages gestalten soll. Das Ich kann kein Gegenstand von Gehorsam sein. Aber es bildet sich, indem es sich an selbstbewußten anderen Ichen reibt. Der Pubertierende sucht nicht die Freiheit, sondern die Eroberung der Freiheit.

Pubertät ist kein katastrophales Ende, sondern ein Anfang, wenn auch ein unbeholfener und krisenhafter und für alle Beteiligten anstrengender Anfang. Bei aller Abgrenzung, bei allem Ungehorsam und aller Kritik an den Eltern – die Kinder brauchen sie auch weiterhin, aber jetzt in einer ganz anderen Funktion als bisher. Eltern sind die ersten und dürfen die ersten sein, die den Aufbruch ihrer Kinder zu eigenen Lebenswegen ernst nehmen, ermuntern, befördern und schützen dürfen. So sind Offenheit und Ehrlichkeit angesagt, auch was eigene Fehler, Schwächen oder Unsicherheiten betrifft. Die Jugendlichen wollen glaubhafte Eltern haben, authentische Persönlichkeiten, nicht perfekte.

Ängste in der Entwicklung

In jedem Alter begleiten andere Ängste den Weg des Kindes. Entwicklungsgemäße Ängste gehören insofern zur Biographie der Kindheit dazu. Sie können Entwicklung voranbringen. Sie sind also nicht von vorne herein als krankhaft anzusehen oder als Zeichen einer unzumutbaren Belastung.

Was ist ursprünglich der Sinn der Angst? – Ähnlich der Wut, die eine elementare Abgrenzungsleistung ist, tritt sie mit Anspannung und Erregung auf und spitzt die Seelenkräfte zu äußerster Wachheit zu. Eine seelische oder körperliche Leistung steht an, die wir uns im Moment noch nicht zutrauen. Angst soll also zu dem Mut anspornen, selbständig etwas zu bewältigen. Sie tritt vor einer neuen Ich-Leistung auf. Haben wir das Neue bewältigt, hat sich das Ich wieder erweitert und ist stabiler geworden.

Etwa im achten Lebensmonat tritt dieser Zusammenhang zum ersten Mal ein. Der Säugling »fremdelt«, wenn er ein unbekanntes Gesicht sieht. Er hat Angst, fühlt sich schutzlos und hilflos, weil er die Geborgenheit bei der Mutter verloren zu haben glaubt, sobald statt ihrem Gesicht ein fremdes Gesicht in sein Blickfeld rückt. Er sieht sich aufgefordert, sich allein dem Unbekannten zu stellen, und er weiß zunächst nicht, wie er dieser Situation Stand halten soll, ja, daß man dieser Situation überhaupt Stand halten kann.

Dieses Grundmuster der Angst angesichts des Unbekannten tritt im Laufe der weiteren Jahre immer wieder auf – charakteristischerweise mit abnehmender Heftigkeit und Dauer. Diese Situationen zielen darauf ab, daß das noch junge und zunächst seiner selbst wenig gewisse Ich lernt, sich wachsam und sowohl vorsichtig wie mutig mit dem noch Unbekannten auseinanderzusetzen. In dem Maße, wie es sich diesen Situationen stellt, erweitert sich der Ich-Umfang.

Das kleine Kind braucht hierzu Hilfe. Diese besteht vor allem darin, Gegenwart vorzuhalten, zumindest im Hintergrund präsent zu sein. Das kleine Kind würde dieses Entwicklungsziel nicht erreichen, wenn seine Eltern, um ihm die Angst zu ersparen, ihm solche Situationen aus dem Weg räumen würden. Vielmehr braucht es hier das Zutrauen der Eltern, die akzeptieren können, daß es nun vorübergehend Angst hat. Angst braucht nicht Mitleid und Schonung, sondern Solidarität und Zutrauen, damit ein Entwicklungsschritt zu mehr Selbständigkeit daraus wird. Es kann sogar sinnvoll sein, dem Kind Fremdes und Unbekanntes dosiert zuzumuten, wenn es gleichzeitig erlebt, daß der Erwachsene zu ihm steht. Dem kleinen Kinde vermittelt sich dies durch die physische Nähe des Erwachsenen.

Der Entwicklungsschritt würde aber auch nicht organisch vollzogen werden, wenn es unter ständigen Appellen an seinen Mut und seine Selbständigkeit in forcierter Weise solchen Angstsituationen ausgesetzt würde.

Jedes Entwicklungsalter hat die ihm eigenen Ängste. Sie verlangen Entschlossenheit, zunächst seitens der Eltern, später vom Betroffenen selbst – nicht aber Therapie. Das kleine Kind hat nächtliche Ängste, das Schulkind Versagensängste oder Angst vor bestimmten Lehrern, der Jugendliche hat Angst vor der Verantwortung vor sich selbst und der Selbständigkeit, die er zugleich einfordert, der Erwachsene kann Existenzängste, Krankheitsängste haben, der alte Mensch hat Angst angesichts des Todes. Immer ist die Angstsituation hier das Nadelöhr zur nächsten Entwicklungsstufe hin, deren Anforderungen noch unbekannt sind.

Nach der Acht-Monats-Angst ist die nächste hierfür typische Situation der Eintritt in den Kindergarten. Er löst bei den meisten Kindern, obwohl sie sich darauf freuen, auch Unsicherheit aus. Man tritt jetzt in eine neue Welt ein, die abgesetzt ist von der vertrauten Welt der Familie. Das Kind sieht sich neuen Anforderungen gegenüber: Mehrere Stunden ohne die Mutter auszukommen, selbständig neue Kontakte knüpfen, sich in der Gruppe der Gleichaltrigen zurechtfinden zu müssen. Meistens überwiegen Interesse, Neugier und die ersten positiven Erfahrungen, so daß sich diese Angstsituation schnell auflöst.

Manche Kinder wollen vor diesen neuen Anforderungen zunächst zurückweichen. Sie äußern meist nicht ausdrücklich Angst, sondern haben Kopfschmerzen, Bauchweh oder wollen am Morgen nicht aus dem Bett. Seitens der Erwachsenen kommt es hier auf eine Haltung an, die man als »entschlossene Erziehung« bezeichnen kann. Das Kind muß hier erleben, daß die Eltern um seine Unsicherheit wissen und sie ernst nehmen, ihm aber auch zutrauen, diesen Schritt zu meistern. Würde das Kind hier geschont, indem man es noch ein paar Wochen zu Hause behält, oder indem man es morgens wieder mit nach Hause nimmt, wenn es bei der Übergabe an die Erzieherin weint, verzögerte sich dieser Entwicklungsschritt. Ihn zu bewältigen wird dadurch eher schwerer als leichter.

Auch das andere Extrem ist nicht hilfreich: sich über das Kind und seine Ängste lustig zu machen oder ihm die Angst ausreden zu wollen. Es würde sich nicht ernst genommen fühlen und in seiner Angst entweder verharren oder sie in einem inneren Gewaltakt überspringen. Letzteres kann zum Draufgänger führen, der Grenzen und Gefahren nicht einschätzen kann, sich selbst immer wieder überrollt und kein Gefühl für die eigenen Belastungsgrenzen entwickelt.

Zu den entwicklungsgemäßen Ängsten gehört auch die nächtliche Angst. Sie tritt vor dem Einschlafen auf und zeigt an, daß der Vorgang des Einschlafens für das kleine Kind eine schwere seelische Arbeit ist. Es muß Abschied nehmen vom Vertrauten, Kontrolle aufgeben über seine Spielsachen, die

Beziehungen zu Eltern und Geschwistern, es muß alles loslasen, was ihm lieb ist und Sicherheit gibt. Es liegt dem Kind nahe, diese Situation zu entschärfen, indem es die Anwesenheit einer Elternperson beim Einschlafen einfordert. Situativ kann das auch angemessen sein, zum Beispiel nach einem anstrengenden, verunsichernden Erlebnis. Eine Hilfe für diesen Entwicklungsschritt liegt auf die Dauer aber eher im ritualisierten Tagesabschluß, weil er Sicherheit vermittelt: am Bett noch vorlesen, eine Kerze dabei entzünden, die Übergangsobjekte wie Teddy oder Puppen gemeinsam in den Schlaf bringen, dem Teddy noch ein Erlebnis erzählen. Demgegenüber vermitteln Diskussionen über Erlebtes und Unverarbeitetes keine Sicherheit. Gespräche darüber sollten im Gegenteil für den nächsten Tag verabredet werden.

Eine andere Form nächtlicher Angst kann beim Aufwachen in der Nacht auftreten, aber auch das Einschlafen verhindern: die Angst vor Gespenstern. In der Gespensterangst kristallisieren sich allgemeine Unsicherheiten und Bedrohungsgefühle zum Bild des Gespenstes. Dem liegt die an sich richtige Selbst-Wahrnehmung des Ichs zugrunde, daß es sich den verunsichernden und bedrohenden Erfahrungen des Alltags noch nicht selbst stellen kann. Es hat insofern Recht, wenn es diese Angst an etwas außerhalb seiner selbst dingfest macht. Denn dadurch werden die Eltern für die Bekämpfung der Bedrohung oder ihre Neutralisierung zuständig.

Die beruhigen wollende Mitteilung »Gespenster gibt es nicht« geht deshalb am Erleben des Kindes vorbei. Es fühlt sich nicht ernst genommen und sieht sich der Bedrohung erst recht allein ausgesetzt. Bekanntlich hilft es eher, zum Beispiel die Türe zum Kinderzimmer einen Spalt breit offen zu lassen, das Licht im Flur anzulassen und akustische Verbindung zu halten. Die Eltern anerkennen damit die Möglichkeit, daß ein »Gespenst« auftritt und zeigen gleichzeitig, daß es in der Halt gebenden Beziehung zu den Eltern keine Chance hat.

Auch in diesem Zusammenhang kann es nur im Ausnahmefall sinnvoll sein, beim Kind zu bleiben, bis es eingeschlafen ist. Der Kampf um das Vertrauen in die Nacht, der ein Kampf um das Vertrauen zu sich selbst ist, wird damit umgangen und erlöst von solchen Unsicherheiten nur kurzfristig. Das Kind muß auch hier die Erfahrung machen können, daß es letztlich selbst die Situation meistern kann, wenn auch in legitimer Fühlungnahme mit den Erwachsenen.

Gerade aus der Gespensterangst heraus retten sich kleine Kinder gern ins Bett der Eltern. Punktuell ist das hilfreich, als Gewohnheit verhindert es die Ich-Leistung, um die es hier geht: die Handhabbarkeit des Bedrohlichen und »Bösen« zu erfahren.

Im Bild des Gespenstes können sich auch eigene Aggressionen des Kindes verdichten. Im Alltag traut es sich nicht, sie sich und den Eltern zu zeigen. Stattdessen verschieben sie sich auf das Phantom: Die Eltern sind hellauf begeistert über die Ankunft des zweiten Kindes. Das Erstgeborene fühlt sich zu eben solcher Begeisterung aufgerufen, empfindet zunächst aber eher Wut über den Störenfried. Um die Eltern nicht zu enttäuschen, verzichtet das Kind auf seine aggressiven Gefühle dem Neuankömmling gegenüber. Damit sind sie aber nicht aufgelöst, sondern sie kehren charakteristischerweise in der Nacht wieder, wenn das Ich keine Kontrolle über seine Gefühle haben kann. In dieser Variante der Gespensterangst kann das Gespenst das Geschwisterkind bedrohen (»Das Gespenst will das Baby abholen«) oder sich gegen das Erstgeborene wenden, wie zur Strafe für seine Aggressionen dem Baby gegenüber.

Auch unabhängig von der Gespensterangst spielt bei Kindern die Angst vor der eigenen Aggression eine große Rolle. Sie fürchten Tadel oder Zuwendungsentzug der Eltern, wenn sie ihre Aggressionen so ausleben würden, wie sie sie fühlen, oder sie fürchten, von innen her überrollt zu werden, sobald sie den aggressiven Gefühlen nachgeben.

Bekanntlich *spielen* Kinder oft Zerstörung, besonders Jungs. Mit Lust werden selbstgebaute Türme und Burgen zerstört. Mindestens ebensoviel Spaß macht es, die Bauten der Geschwister oder Spielkameraden im Kindergarten zum Einsturz zu bringen. In Grenzen erscheint dies sinnvoll. Das Kind lernt dabei die eigene Zerstörungsfähigkeit kennen und einschätzen. Und es lernt damit ganz grundsätzlich, daß der Mensch zum Bösen fähig ist, aber auch daß es handhabbar und kontrollierbar ist. Kinder spielen Räuber und Gendarm, spielen Unfall und Überfall. Sie machen sich dabei selbst und gegenseitig Angst und befreien sich aber auch selbst wieder davon.

Kinder, denen diese Erfahrung nicht zugestanden wird, entwickeln oft vielfältige Ängste vor äußeren Bedrohungen, von denen die Gespensterangst noch am nächsten liegt. In der Angst vor Einbrechern oder Katastrophen kann sich die Angst vor der unbekannten eigenen Zerstörungskraft verbergen. Manche, betont zur Aggressionsfreiheit erzogene, entwickeln zwanghafte Rituale, um Unsauberes in Schach zu halten: Waschzwänge entstehen auf diese Weise oder Aufräumzwänge. Der Schmutz an der Kleidung oder am eigenen Körper wird so zum Bild versteckter eigener Aggression. In diesem Fall ist die Angst nicht mehr handhabbar und fördert nicht mehr Entwicklung, sondern beengt sie.

Ein selbstbewußtes Kind kommt mit den entwicklungsgemäßen Ängsten zurecht und nimmt sie letztlich als Ansporn. Und das Kind wird selbstbewußt, wenn es sich diesen Ängsten dosiert und ohne den mitleidsvollen oder auch maßregelnden Eingriff der Eltern auseinandersetzen darf.

Es wird aber auch nicht selbstbewußt, wenn wir es zwingen, die Angstsituationen sofort und ganz auf sich gestellt zu bestehen. Eben dies soll es ja erst lernen.

Max wollte mit seinem Vater zu Kirmes. Dort stand er fasziniert vor der Achterbahn. Der Vater fordert Max auf, einzusteigen. Max will lieber nicht, es ist ihm nicht geheuer. »Du brauchst keine Angst zu haben. Siehst du, andere Kinder machen das doch auch«, sagt der Vater und kauft die Tickets. Max muß also den Helden spielen. Wenn er öfter solche Situationen erlebt, wird er nicht lernen, auf seine eigenen Angstsignale zu achten, vielmehr wird er lernen, sie zu überhören oder falsch zu deuten. Gerade Jungs sind in Gefahr, die Angstgefühle, die körperliche Anspannung und Erregung mit sich bringen, die sie aber nicht als Angst erkennen dürfen, als Aggression mißzudeuten. Sie verhalten sich später aggressiv in Situationen, wo man eigentlich Angst, Unsicherheit oder zumindest Wachsamkeit erwarten würde.

Andere, deren Ängste nicht akzeptiert wurden, empfinden bei Herausforderungen Bauchschmerzen, den Kloß im Hals oder Atemnot.

Solche Selbst-Mißdeutungen von Angst entstehen auch, wenn Kinder mit Angststoff aktiv konfrontiert werden, den sie als »lustig« erleben sollen: Horror-Videos und Monsterpuppen nehmen dem Kind nicht die Angst, sondern machen sie ihm unhandhabbar.

Angst ist ein Vorhof des Ichs. Sie zeigt die enge Pforte an, durch die es sich zwängen muß, um immer ein Stück mehr aus der Peripherie in den Innenraum einzuziehen. Bei solidarischer und entschlossener Begleitung motiviert sie das Ich zu diesem schrittweisen Einzug in das Eigenbewußtsein, der als Vorgang immer eine Verdichtung des Ichs ist. Sie kann die Pforte aber auch verschließen und Entwicklung verhindern. Dies tritt ein,

- wenn das Kind übers Maß geschont wird,
- wenn es übers Maß gefordert wird,
- wenn es Dinge erlebt hat oder zu erleben fürchtet, deren Verarbeitung seine Möglichkeiten übersteigt.

Hier steigert sich die Angst zur Panik, und statt zu einer Zunahme der Selbstkontrolle führt sie zum Verlust der Kontrolle über sich selbst. Diese Situation bedarf gezielter, manchmal professioneller Hilfe.

Ein Kind wird zum Zeugen eines schweren Verkehrsunfalls. Obwohl selbst unverletzt oder auch gar nicht involviert, hat es seitdem Angst vor dem Autofahren. Es weigert sich, in ein Auto einzusteigen. Oder es geht nur noch in Anspannung aus dem Haus und gewärtigt ständig den nächsten Unfall. Dies ist eine »Realangst«.

Die Situation kompliziert sich oft dadurch, daß der Angstauslöser nicht immer auf der Hand liegt. Er kann ganz subjektiv sein: Ein Kind fährt mit dem Vorortzug von der Schule nach Hause. Unterwegs sieht es alte Kleider an der Böschung liegen. Jemand mag sie achtlos dorthin geworfen haben. Das Kind kann sich aber die Phantasie bilden, dort lebe ein »Räuber«. Seitdem gerät es in Panik, wenn die Familie sich auf Wanderungen einem Bahngeleise nähert. Hier gilt es, den Ursprung der Angst zu ergründen und das Angstobjekt stufenweise zu neutralisieren. Man wird mit dem Kind zusammen verschiedene Bahngelände aufsuchen und es ihre Harmlosigkeit erleben lassen. Am Ende können die Eltern erst allein, dann mit ihm die auslösende Stelle untersuchen. Ähnlich würde man zum Beispiel bei der kindlichen Angst vor Hunden vorgehen, die sich häufig an ein konkretes Bedrohungserlebnis knüpft. Durch entsprechende Bilderbücher und Geschichten kann man das Kind in einem geschützten Rahmen schrittweise an das Angstobjekt heranführen. Danach wird es mit erst großem, dann immer kleinerem Abstand mit einem Hund zusammengeführt, dessen Friedfertigkeit sicher ist. Schließlich lernt das Kind, den Hund unbedrängt zu beobachten, seine Verhaltensweisen und Gewohnheiten zu studieren, und am Ende kann es, in selbstgewählter Dosierung, den Hund streicheln und mit ihm spielen.

Andere Ängste, die oft gezielter Hilfe bedürfen, sind »übernommene Ängste«. Sarahs Mutter hat ihrerseits Angst vor Hunden. Auf der Straße gerät sie in Anspannung und versteift, sobald ein Hund auftaucht. Sarah kann diese Angst übernehmen, besonders wenn sie nicht ausdrücklich als Angst der Mutter deklariert wird, sondern nur unausgesprochen im Raume steht. Sarah wird sich von dieser Angst kaum allein lösen können.

Auch die allmorgendliche Angst vor dem Eintritt in den Kindergarten kann diesen Ursprung haben. Der kleine Joachim erlebt diese Situation immer als angespannt. Seine Mutter ist jeden Morgen in Hetze. Sie muß ihn schnell zum Kindergarten bringen, um pünktlich bei der Arbeit zu sein. Sie ist alleinerziehend und hätte gern mehr Zeit und Muße für ihr Kind, muß aber Geld verdienen. Im Hintergrund ihres Herzens hat sie immer Schuldgefühle ihm gegenüber. Es wäre ihr eine Erleichterung, wenn Joachim freudig in den Kindergarten einträte. Das Gegenteil ist aber der Fall. Er weigert sich. Sie muß ihn aus dem Auto zerren, übergibt ihn hastig. Er weint und brüllt, steht am Fenster und schreit schluchzend »Mama, Mama«, während sie zurück zum Auto geht. Sobald sie außer Sichtweite ist, beruhigt er sich von einem Augenblick auf den anderen und taucht freudig in das Spiel mit den anderen Kindern ein. – Dieser Junge bringt die Angst der Mutter, dem Kind nicht gerecht zu werden, und ihre Schuldgefühle zur Darstellung. Aus sich heraus hat er keine Angst vor dem Kindergarten. *Seine* Angst markiert vielmehr eine noch ausbleibende Ich-Leistung *von ihr*. Es ist eine stellvertretende Angst.

Gerade Trennungsängste sind häufig solche übernommenen Ängste. Das Kind, das am Wochenende den von der Mutter geschiedenen Vater besuchen soll, kann sich beim Abschied ängstlich an die Mutter klammern. Hintergrund kann deren uneingestandene Angst sein, ihr Kind loszulassen. Sie steht aber nicht dazu, sondern vermittelt ihm unterschwellig, daß es mit dem anstehenden kleinen Schritt zur Unabhängigkeit von der

Mutter nicht zurecht kommen wird. Hier tritt also dem Kind als eigene Angst ins Bewußtsein, was ursprünglich eine vom Erwachsenen sich selbst nicht eingestandene Angst ist. Würde dieser sich damit auseinandersetzen, also eine Ich-Leistung erbringen, bräuchte das Kind die Angst nicht zu haben.

Trennungsängste können aber auch den Charakter der Realangst haben. Das Kind hat einen Beziehungsabbruch erlebt – oder mehrere – und war dadurch mit traumatischen Gefühlen der Einsamkeit und Verlassenheit konfrontiert. Nun fürchtet es die Wiederkehr einer solchen Situation. Es klammert sich an die noch bestehenden Beziehungen und gerät in Panik, wenn es sie nur vorübergehend ruhen lassen soll. Besonders kleine Kinder mit Erfahrungen von Beziehungsabbruch können sich nicht vorstellen, daß die Beziehung erhalten bleiben kann trotz vorübergehender physischer Abwesenheit vom anderen. Hier sind Übergangsobjekte wichtig – ein Schal der Mutter, das kleine Bilderbuch von der Oma –, die dem Kind bei Abwesenheit des anderen das Fortbestehen der Beziehung dokumentieren.

Trennungsängste können auch phantasierte Ängste sein. Obwohl es keinen realen Beziehungsabbruch kennt, kann ein Kind Anlaß haben, an der Stabilität der Beziehung zu seinen Bezugspersonen zu zweifeln. Dies ist bei Kindern zu beobachten, deren Bezugspersonen ihre liebevolle Zuwendung an Bedingungen knüpfen (»Wenn du den Teller nicht leer ißt, bist du nicht mehr mein Freund«), oder die von eigenen seelischen Problemen so stark absorbiert sind, daß der innere Faden zum Kind trotz physischer Nähe immer wieder abreißt.

Phantasierte Trennungsängste können auch bei Ankunft eines Geschwisterkindes auftreten: »Werde ich jetzt nicht mehr auf den Schoß meiner Mutter dürfen? Mögen mich die Eltern nicht mehr? Mögen sie mein Geschwister mehr als mich?«

Alle Ängste können in verkappter Form auftreten, wenn sie von den Bezugspersonen nicht offen und solidarisch gehandhabt werden. So hat zum Beispiel das nächtliche Einnässen häufig diesen Hintergrund. Das Kind fühlt sich vielleicht durch die Leistungs- oder Selbständigkeitserwartungen der Eltern chronisch überfordert. Es hat insofern untergründig Angst vor dem nächsten Tag und würde am liebsten vor diesen Erwartungen zurückweichen, möchte noch länger das kleine, über sich selbst nicht verantwortliche Kind sein dürfen. Diesen Wunsch kann es aber von sich aus nicht ansprechen, er ist ihm in dieser formulierten Weise auch selbst gar nicht bewußt. Und sofern er ihm ansatzweise bewußt ist, spürt es, daß die Eltern ihm die ersehnte Kleinkindhaftigkeit nicht zugestehen würden. So erlaubt es sich die Rückkehr zum Kleinkind nur nächtens: Es läßt bis ins Körperliche hinein jede Kontrolle über sich selbst fahren. Tragischerweise reagieren die Eltern oft kontraproduktiv. Sie knüpfen an das Einnässen nur noch mehr Anforderungen an Selbstkontrolle und erhöhen damit den Regressionsdruck. Die Situation eskaliert, und am Ende stehen qualvolle und für Kind und Eltern peinliche Gänge zu Fachärzten, endlose Schimpftiraden und unter Umständen noch mehr regressive Verhaltensweisen des Kindes wie zum Beispiel Babysprache oder Einkoten.

Psychologisch bedenklich sind nicht Kinder, die Angst haben, sondern Kinder, die nie Angst haben, weil sie ihre Ängste nicht ernst nehmen durften. Die Anerkenntnis eigener Ängste ist Voraussetzung für Einfühlungsfähigkeit, Mitleid und später soziale Verantwortung und Verantwortung für sich selbst. Kinder nehmen an den entwicklungsgemäßen Ängsten keinen Schaden. Schaden nehmen sie vielmehr dann, wenn sie von vorne herein alles einfach aushalten müssen, wovor sie sich zunächst ängstigen. Jede entwicklungsgemäße Angst, mit der man sich offen auseinandersetzen kann, führt zu immer größerer Selbständigkeit und Ich-Kraft.

Aggression und Entwicklung

Aggression ist ein ungelöstes soziales Problem. Wir können aber davon ausgehen, daß wir einem Verständnis des Problems zumindest näher kommen, wenn wir differenzieren: Unter welchen Umständen haben die Gefühle der Wut, des Hasses und aggressive Grenzüberschreitungen welche Bedeutung? Im Alltag neigen wir dazu, über Aggression pauschal zu denken: Sie zerstört und soll nicht sein. Wir kommen zu dieser Auffassung, weil wir die Folgen im Blick haben – seelische und körperliche Verletzung bis hin zu verheerender Zerstörung. Wir stehen oft hilflos vor diesen Folgen und wünschten, Aggression gäbe es einfach nicht.

Was aus der Hilflosigkeit führen kann, ist der andere Blick, der statt der Folgen zunächst den Entstehungs- und Bedeutungszusammenhang von Aggression in den Mittelpunkt der Betrachtung stellt. Von da aus stellt sich Aggression als eine Willensverkrampfung dar, die Ich-Grenzen markiert. Sie ist eine elementare Abgrenzungs- und Distanzierungsleistung des Ich, wenn dieses fürchtet, seine Grenzen nicht anders behaupten oder wieder herstellen zu können. Menschliche Aggression einfach aus der Welt schaffen zu wollen, würde bedeuten, dem Ich die Möglichkeit zu nehmen, sich in der – tatsächlichen oder vermeintlichen – Not zu behaupten. Auch wir Erwachsenen haben das Dilemma für uns nicht gelöst, das darin besteht, dem Ich diese Selbstbehauptung zuzugestehen und andererseits die oft katastrophalen Folgen vermeiden zu müssen. Aggression ist ein normaler Bestandteil auch des Zusammenlebens von Erwachsenen, auch da, wo sie moralisch verurteilt oder gar tabuisiert wird. Wir streiten uns mit unseren Partnern, schreien uns gegenseitig an, hegen zumindest innerlich Wut und Haß. Wir führen, ganz offiziell, Kriege; der Staat hat ein Monopol auf

Strafe und unter bestimmten Umständen sogar ein Tötungs-recht. Körperverletzung, Mißhandlung und Mord sind immer noch Erscheinungen der Erwachsenenwelt. Und gerade Er-wachsene verfügen sehr geschickt über die subtileren, nicht-physischen Formen von Aggression. Wir können den Kollegen im Betrieb lächerlich machen, wir können ihn so lang schnei-den, ihn bloßstellen und Gerüchte über ihn streuen, bis er seine Würde nicht anders wieder herstellen kann als durch Kündigung. Wir können freundlich lächelnd unsere Worte so wählen, daß sie verletzen, ohne inhaltlich etwas Aggressives zu sagen. Wir haben als Erwachsene wesentlich vielfältigere und subtilere Möglichkeiten der Aggressionsäußerung als Kinder.

Was ist nun vor diesem Hintergrund von Kindern füglich zu erwarten?

Handeln Kinder untereinander oder Erwachsenen ge-genüber aggressiv, sind wir empört oder erschrocken, als dürfe bei Kindern nicht sein, was unter Erwachsenen selbst-verständlich ist. Wir verlangen also in diesem Zusammenhang von Kindern mehr als von uns selbst.

Aggression von Kindern einfach nur abschaffen zu wollen, verstellt den Blick auf die Frage, welche Bedeutung in welcher Situation und in welchem Entwicklungsabschnitt eine aggres-sive Handlung für das Kind selbst hat. Dieser Frage gilt es hier nachzugehen, damit wir unterscheiden können, wann und wie es angebracht ist, erzieherisch einzugreifen.

Aggression ist in der Regel bei Kindern genauso wenig eine in jeder Situation wirksame »Eigenschaft« wie bei Er-wachsenen. Sie läßt sich vielmehr als Teil der Entwicklung zum autonomen Ich verstehen, über das Kinder naturgemäß weni-ger verfügen als Erwachsene. In diesem Sinn soll hier kindli-che Aggression in zwei verschieden akzentuierten Bedeu-tungszusammenhängen untersucht werden: Aggression als Versuch, Grenze überhaupt zu finden, und Aggression als Ver-such, Grenzen wieder herzustellen.

Aggression als Suche nach Grenze

Das junge Ich, das seiner selbst noch nicht sicher ist, muß seine Grenzen, den Bezirk seiner Verfügungsmacht über sich selbst, erst erwerben. Im gesunden Fall entstehen Kenntnis und Handhabung der eigenen Ich-Grenzen durch die experimentierende Betätigung des Willens, welche beim Kinde vor allem eine körperliche Betätigung ist. Das kindliche Ich, weil es noch weitgehend in der Peripherie lebt, hält sich zunächst für allmächtig. Es wundert sich, wenn etwas nicht so abläuft, wie es seinem Willen entsprechen würde. Der Wille des kleinen Kindes kann deshalb vorerst nicht anders, als Grenzen zu ignorieren. Erkennt das junge Ich fallweise in der Frustration seines raumgreifenden Willens dessen Grenzen, wird es wütend. Der Säugling brüllt, das Kleinkind weint zornig und wird aggressiv: Es versucht, »mit Gewalt« seinen Willen durchzusetzen. Erst in der jahrelangen Auseinandersetzung mit solchen Frustrationen erwirbt es ein realistisches Bild der Grenzen und Möglichkeiten der Verfügungsmacht seines Ich.

Nachahmung

Vor diesem Hintergrund kommt es zur einfachsten Form von Aggression: der Nachahmung aggressiver Durchsetzung und Selbstbehauptung. Das Kind erlebt zum Beispiel, daß der Vater sich ihm oder der Mutter gegenüber durchsetzt, indem er brüllt. Also wird es sich berechtigt sehen zu brüllen, wenn etwas nicht nach seinem Willen geht. Die Mutter haut ihm auf die Finger, wenn es unerlaubt nach der Schokolade greift. Also wird es im Kindergarten dem Spielkameraden auf die Finger hauen, wenn dieser nach seinem Spielzeug greift.

Dabei neigt schon hier wie auch in den komplizierteren Bedeutungszusammenhängen Aggression zum Generalisieren. Denn sie ist ihrem Wesen nach Grenzüberschreitung und überschreitet immer schnell auch die Begrenztheit des Anlasses. Der Vierjährige, dem die Mutter auf die Finger geschlagen hat, wird deshalb im Kindergarten diesen Vorgang nicht einfach nur kopieren, sondern er wird ihn übertreiben: Er schlägt dem Spielkameraden auch gleich noch auf den Kopf und reißt ihn an den Haaren. – In der Erziehungsberatung wird dieses Kind vorgestellt mit der Aussage: »Das Kind *ist* aggressiv.«

Auch diese Interpretation ist eine Grenzüberschreitung, hier auf Seiten des Erwachsenen. Statt auf den umschrieben Anlaß und den Entwicklungszusammenhang zu blicken, generalisieren wir unsere Beobachtung und machen gleich eine »Eigenschaft« daraus.

Eine leider unerschöpfliche Quelle nachahmender aggressiver Selbstbehauptung ist das Fernsehen. Sehen wir ab von der Brutalität im normalen Fernsehprogramm, die auch Modellcharakter haben kann, reicht hier der Blick auf das sogenannte Kinderprogramm: Schon die vorgeblich lustigen Zeichentrickfilme sind gespickt mit Brutalitäten. Ihr Modellcharakter ist deshalb fatal, weil hier Aggression als folgenlos und außerdem witzig erscheint. Da haut die Katze dem Hund derart auf den Kopf, daß er in den Zimmerboden einbricht. Er schüttelt sich nur und jagt jetzt die Katze. Er packt sie am Kragen und wirft sie in hohem Bogen durch die Luft. Sie landet auf einem Baum, der vor dem Fenster steht, von der Wucht des Wurfes dünn wie Papier auf die Rinde geklebt. Sie blickt benommen, spannt sich an, springt herunter, packt eine Schere und schleudert sie auf den Hund ...

Aggression hat hier keine ernst zu nehmenden Folgen. Sie macht nur Spaß. Carola, die diesen Trickfilm am Nachmittag mit großem Vergnügen angeschaut hat, wirft am nächsten Morgen im Kindergarten einem anderen Mädchen eine Schere an den Kopf, das ihr hinterher gerannt war. Dabei kichert Carola und erwartet auch allgemeine Heiterkeit. Sie versteht nicht das Entsetzen der Erzieherin und die blutende Wunde bei dem Mädchen. Im Film war niemand entsetzt, und geblutet hat es auch nicht.

Der Trotz

Hinlänglich bekannt sind der Zorn und der Trotz des dreijährigen Kindes, das gerade »Ich« zu sagen gelernt, sich als eigenes Ich erkannt hat. Dieses Ich fühlt sich noch so riesengroß an, daß außer ihm hier in diesem Hause eigentlich kein anderes Ich noch Platz hat. Es überschätzt seine Reichweite ganz gewaltig. Und es reagiert mit Wut und rasender Zerstörung, wenn es vor der Begrenztheit seiner Möglichkeiten steht. Aus den Begrenzungserfahrungen aber lernt das Ich sich selbst kennen. Es spürt sich gerade hier. Würde ihm in solchen Momenten nachgegeben werden, so würde es sich zu wenig spüren und seine Allmachtsphantasien ins Unermeßliche steigern, bis es endlich einmal Grenze erfährt. Will man dem Kind die Begrenzungserfahrung ersparen, so bläht sich sein Ich auf. Ein kleiner Haustyrann tritt seine Laufbahn an. Dieses Kind wird über die Trotzphase hinaus dazu neigen, seinen Willen durch Schreien oder drohen durchzusetzen. Es wird ein »aggressives Kind« werden, das sich verloren hat auf der Suche nach seinen eigenen Grenzen.

Der Harmonieallergiker

Eine etwas andere Variante der Suche nach Ich-Grenze tritt bei manchen Kindergartenkindern auf, besonders bei Jungs, die der Einschulung entgegen gehen. Sie haben schon ein ausgeprägtes Ich-Gefühl entwickelt und sind in ihrer Bewußtseinsentwicklung vielen Altersgenossen voraus. Weil ihre emotionalen Möglichkeiten aber hinter dem analytischen, scharfen Bewußtsein zurückbleiben, suchen sie Sicherheit in klarer Ordnung und Struktur der Umgebung, in rhythmisch gegliederten Abläufen. Diese Kinder verhalten sich oft aggressiv, wenn sie in »weiche« Situationen kommen. Begrenzung suchend rasten sie scheinbar ohne Anlaß aus oder provozieren durch störendes Verhalten, gerade wenn die Situation eigentlich still und harmonisch gestaltet ist und zu träumerischer Stimmung einlädt.

Sonntag Morgen: Die Familie sitzt friedlich beim verlängerten Frühstück. Es ist Adventszeit, zwei Kerzen brennen am Kranz. Die Mutter erzählt eine Adventsgeschichte. Karlchen rutscht laut und unruhig auf seinem Stuhl hin und her, geht zum Wippen über, kippt seinen Kakao um. Die Mutter, um die Friedlichkeit der Situation zu bewahren, schimpft nicht, sondern spricht ihn ruhig und liebevoll an. Ohne Vorwurf steht sie auf und holt den Wischlappen. Da kneift Karlchen seiner Schwester zur Linken in die Backe. Sie schreit auf. Vaters Gesichtszüge spannen sich etwas an. Auch er möchte die Gemütlichkeit erhalten und verkneift sich eine Zurechtweisung. Aber schon klopft er mit einer gewissen Nachdrücklichkeit sein Frühstücksei auf. Mutter hat den Kakao jetzt wortlos von der Tischplatte gewischt und setzt ihre Erzählung fort. Unterdessen läßt Karlchen sich vom Stuhl gleiten, rutscht unter den Tisch und zieht der Schwester zur Rechten blitzartig die Socken von den Füßen …

Karlchens Aggressionslust richtet sich augenscheinlich gegen die Situation. Er fühlt, gerade weil sie so harmonisch, damit aber für seine Wahrnehmung unstrukturiert ist, wie sein Ich verschwimmt. Er spürt sich nicht, wenn die Situation keine Herausforderungen, keine Ansatzpunkte für die Betätigung seines bewußtseinsscharfen Ichs bietet. Seine Aggression ist ungerichtet, sein Wille läuft leer. Also käme es darauf an, diesem Willen Form und Richtung zu geben. Wäre er zum Beispiel beauftragt worden, den Sonntagsausflug zu planen oder auch nur die Kerzen, sobald abgebrannt, zu ersetzen, er wäre nicht »aggressiv« geworden.

Frechheit

Ähnlich verhält es sich mit kindlicher Frechheit. Hier führt die Beziehung zu einem Erwachsenen, die aus der Sicht des Kindes unklar, verschwommen ist, zu Provokationen, die eigentlich Klarheit schaffen sollen, vom Erwachsenen aber als Angriff auf seine Autorität erlebt werden. Tatsächlich ist Frechheit eine Frage nach der Souveränität des Erwachsenen, dem gegenüber auch das Kind sich souverän stellen kann. Frechheit will nicht verletzen, sondern sucht den Humor des Betroffenen, seine befreiende Distanzierungsfähigkeit. Kinder sind gerade solchen Menschen gegenüber frech, bei denen sie nicht genau wissen, wie sie sich zu ihnen stellen sollen. Mit Worten oder in Streichen werden kleine Grenzen überschritten, damit sie durch eine möglichst souveräne Reaktion deutlicher werden. Kann der Erwachsene tatsächlich mit Humor reagieren, so bestätigt und berechtigt sich in den Augen des Kindes seine Autorität. Reagiert er empört, verunsichert oder zornig, so fügt er selbst seiner Autorität einen Kratzer zu, verwischt das natürliche Gefälle zum Kinde noch mehr.

Gummierziehung

Eine inkonsequente, unsichere Erziehung wird bei den meisten Kindern unweigerlich zu aggressivem Verhalten im Sinne von Grenzüberschreitungen führen. Die Mutter legt fest: »Um 18 Uhr essen wir Abendbrot.« Viertel vor sechs fängt

im Fernsehen eine Comedy-Serie an, die Jürgen gern sieht. Als
die Mutter um 18 Uhr sagt: »Mach jetzt den Fernseher aus.
Wir wollen jetzt essen«, bettelt Jürgen so lang, bis sie – unter
wortreichen Beteuerungen, daß dies eine Ausnahme sei – ihm
zwei Brote streicht und ihm an den Fernsehsessel reicht. – Vordergründig hat Jürgen gewonnen, aber in Wahrheit hat er etwas verloren: das Erlebnis klarer Grenzen und klarer
Führung. Man erkennt es daran, daß Jürgen nach der Sen-
dung zu seiner Mutter frech ist – siehe oben – oder patzig
noch weitere Forderungen stellt: Jetzt will er auch noch den
Abendkrimi sehen.

Wenn Jürgen öfter solche »Siege« erfährt, wird er sich
Grenzüberschreitung und Provokation als Gewohnheit aneig-
nen. Denn Gebote und Verbote ärgern das Kind zwar im Moment, geben aber auf einer tieferen Ebene Sicherheit. Klare
Grenzen, auf die vom Erwachsenen auch konsequent geachtet
wird, geben Halt. So wie die Wände meines Hauses mich zwar
in meinen Bewegungsmöglichkeiten eingrenzen, mir aber andererseits Schutz und Sicherheit geben. Wären sie aus Gummi
und könnte ich sie nach Belieben erweitern, so würde ich
mich zwar mächtiger fühlen, aber Geborgenheit stellte sich
nicht ein. Jürgen wird auch die Grenzen anderer Menschen
nicht ohne weiteres respektieren. Zumindest wird er durch
Provozieren und Stören deren Standfestigkeit prüfen. Er
kommt regelmäßig zu spät zum Klavierunterricht; im Kauf-
haus hantiert er an jedem technischen Gerät herum. Wenn
seine Mutter sich auf breite Diskussionen mit ihm darüber ein-
läßt, ob man die Geräte wohl anfassen darf oder nicht, ob er
dabei »aufpaßt« oder nicht, so hat Jürgen auch hier das Gum-
mierlebnis.

Er wird seine grenzüberschreitenden Provokationen steigern, und irgendwann fängt er zu klauen an, verkratzt Schau-
fensterscheiben und klemmt dem Lehrer Nägel unter die Reifen seines Autos. Er fühlt sich mächtiger als ihm bekommt.

Wir kennen die Folgen solcher Gummierziehung aus den »antiautoritären« Zusammenhängen der Sechziger Jahre: Völlig ungebunden durften die Kinder »sich ausleben«. Viele mußten später schmerzlich nachlernen, was ihnen als Kindern vorenthalten war: klare Grenzen als hilfreich für eine kraftvolle Ich-Werdung zu erleben.

Gummierziehung verwechselt Wunsch und Wille. Kinder haben zunächst verständliche und einsehbare Wünsche. Sie gewinnen aber durch den Umstand, daß sich ihre Wünsche erden müssen an den Realitäten des Zusammenlebens, auch an den materiellen Realitäten. Ein Wunsch reift erst zum Willen, wenn er vorerst auf Hindernisse stößt, wenn er verschoben, verändert werden und Kompromisse eingehen muß. Allzeit wunscherfüllende Erziehung bläht das Ich des Kindes nur auf, verankert es aber nicht. Es entsteht ein Popanz von Ich, der dazu neigen wird, sich gewalttätig über Realitäten hinwegzusetzen.

Die Frage an Erziehung entsteht nicht erst, wenn es hier zu aggressiver Durchsetzung und Grenzüberschreitung kommt, sondern vorher: Alles, was Sicherheit gibt, was eindeutig ist, wird die Wahrscheinlichkeit grenzüberschreitender Aggression senken. Das Kind braucht klare Gebote und Verbote, die auch durchgehalten werden. Oft finden Eltern solche Vorschläge hart und stur. »Man muß doch mal etwas durchgehen lassen, mal fünfe gerade sein lassen.« – Ja, aber *vorher*. Ob man etwas durchgehen lassen, dem Kind eine Ausnahme zugestehen will, muß man vorher festlegen, bevor man ein Gebot, ein Verbot setzt. Überschreitungen zuzulassen, weil man gerade gute Laune hat oder dem Kind Härten ersparen möchte, verunsichert es im Grunde. Wenn Erwachsene Ausnahmen von der – dem Kind ohnehin bekannten – Regel zulassen, so kann das durchaus vom Kinde als Halt gebende Souveränität erlebt werden. Dies aber nur, wenn der Erwachsene aus eigenem Antrieb die Ausnahme zuläßt, nicht wenn er dazu überredet wurde.

Besonders Aggression fördernd sind Strafen, die nicht durchzuhalten sind. »Eine Woche Fernsehverbot« macht erstens Fernsehen noch attraktiver als es ohnehin schon ist und wird spätestens am dritten Tag vom Kind abgebogen: »Kann ich nicht wenigstens heute meine Lieblingssendung sehen?« Der Erwachsene gibt nach, verliert Autorität und provoziert gerade damit den nächsten Anlaß für Strafe, denn das Kind braucht sie ja nicht ernst zu nehmen. Im Grunde seines Herzens möchte es Gebote und Verbote aber ernst nehmen können. Also steigert es so lange seine Grenzüberschreitungen, bis die Grenze spürbar wird. Wenn es den Eltern endlich zu viel wird, handeln sie oft ihrerseits grenzverletzend. Das Kind wird angeschrien, geschlagen oder es werden entwürdigende Strafen verhängt (»eine Woche Stubenarrest«).

So führt Gummierziehung nicht zu Selbstvertrauen. Vielmehr kann sie unversehens in einen eskalierenden Machtkampf führen, in die Spirale von Aggression und Strafe, bis das Kind seine Grenzen erst durch das Auftreten von »Sozialisationsinstanzen« findet – Behörden, Polizei, Jugendamt müssen dann wenigstens die äußersten Grenzen markieren.

Aggression zur Wiederherstellung verletzter Grenzen

Kinder erleben aus ihrer Sicht sehr häufig Verletzungen ihrer gerade erworbenen Grenzen – untereinander, aber auch durch Erwachsene.

Fritz läßt am Montag keine Gelegenheit aus, andere Kinder auf dem Schulhof zu puffen und anzurempeln und zettelt schließlich eine Schlägerei an. Geht man dem Vorgang nach, stellt sich heraus, daß Fritz' Vater ihm am Samstag versprochen hatte, Sonntag mit ihm schwimmen zu gehen. Sonntag vormittag zögerte der Vater aber den Besuch im Schwimmbad so lang hinaus (wahrscheinlich hatte er doch keine Lust), bis am Mittag der eingeladene Besuch kam. Jetzt konnte man sowieso nicht mehr gehen. Fritz war also enttäuscht. Als Kind kann er diese Enttäuschung nicht formulieren und die Berechtigung seiner Erwartung, daß der Vater das Versprechen hält, nicht in wohlgesetzte Worte fassen. – Nun tut er etwas, was auch bei Erwachsenen häufig ist: Er verschiebt die Aggression. Durch Provokation und Schlagen von Mitschülern stellt er sich seine Grenze, seine Würde und Selbstachtung wieder her, die ihm der Vater verletzt hatte.

Auch untereinander können Ungerechtigkeiten vorkommen, tatsächliche oder vermeintliche, die das Kind meint nur dadurch ausgleichen zu können, daß es grenzüberschreitend handelt. Scharmützel unter Geschwistern können diesen Hintergrund haben ebenso wie Prügeleien in der Schule.

Aggression bedeutet seitens des Angegriffenen eine Grenzverletzung, seelisch oder körperlich, seitens des Angreifers eine Grenzziehung durch Grenzverletzung. Der Angreifer markiert oder verteidigt seine Grenze durch Verletzung der Grenze eines anderen. Dem Angriff geht also eine Grenzverletzung bereits voraus. Ob diese als solche beabsichtigt war oder nicht, ob sie objektiv gar nicht vorliegt, sondern nur aufgrund habitueller Empfindlichkeiten als solche gewertet wurde, spielt zunächst keine Rolle. Die empfundene Grenzverletzung kann situativ sein oder chronisch; sie kann auch an anderer Stelle erlebt worden sein als beim Angegriffenen.

Max fühlt sich beleidigt durch Pauls Äußerung »Der hat es wieder nicht gerafft«. Deshalb schlägt er auf Paul ein. Typischerweise beginnt der Vorgang mit einer seelischen Grenzverletzung, auf die mit körperlicher Grenzverletzung geantwortet wird. Kommt die Lehrerin hinzu, wird sie das Bild haben, daß Max »aggressiv« ist. Aber Max hat durch diese körperliche Grenzverletzung subjektiv nur sein Ansehen wieder hergestellt. Wenn die Lehrerin Max bestraft oder abkanzelt, kommt bei ihm an: Ich soll meine Grenzen nicht verteidigen. Aber das ist es sicher nicht, was die Lehrerin ihm hier beibringen will.

Spannungsabfuhr

Eine andere Form seelischer Grenzverletzung, auf die mit körperlicher Grenzüberschreitung geantwortet wird, ergibt sich dort, wo Kinder oft Spannungen ausgesetzt sind, die sie nicht verarbeiten und handhaben können. Sie bekommen den Streß mit, den die Eltern von der Arbeit nach Hause mitbringen; sie sind dem Leistungsdruck in der Schule ausgesetzt. Sie nehmen die ehelichen Spannungen der Eltern in sich auf. Chronisch baut sich Spannung im Kind auf durch den Vorgang des Fernsehens. All dies sind seelische Überforderungen, die typischerweise zu ungerichteten, beliebig anmutenden und verschobenen Aggressionen führen.

Nehmen wir das Beispiel Fernsehen. Unabhängig vom Inhalt baut Fernsehen bei kleinen Kindern eine Willenshemmung, ja, Willensverkrampfung auf. Während sie sonst Wahrgenommenes und Erlebtes natürlicherweise im Handeln, im Spiel, im Experiment oder in sonstiger körperlicher Betätigung umsetzen und verarbeiten, müssen sie, wenn sie möglichst unbeweglich vor dem Fernsehgerät sitzen, sich gerade diese ihnen nahe liegende Verarbeitung versagen. Da die Eindrücke aber so grell und in unnatürlicher rascher Folge auf das Kind einstürzen, staut sich aus erzwungener Passivität jeder Tatimpuls zu seelisch-körperlicher Anspannung. Der Wille verkrampft sich.

Es ist eigentlich gesund, daß das Kind wenigstens direkt nach dem Fernsehen oder auch Stunden später den verkrampften Willen wieder zu entladen sucht. Aber im Ergebnis

ist diese Willensentladung genauso unnatürlich wie die voran
gehende Willenshemmung. Denn sie ist ungerichtet, ziellos,
heftet sich an Beliebiges. Das sind die Kinder, die besonders
nach einem verregneten Sonntag am Montagmorgen in Kindergarten oder Schule andere Kinder »grundlos« kneifen,
über Tische und Bänke gehen, Spielzeug oder Lernmaterial
durch das Zimmer werfen und durch Zanken und Brüllen den
Ablauf im Kindergarten oder den Unterricht stören.

Obwohl diffus so intendiert, ist es im Ergebnis nicht einmal eine Wiederherstellung der verletzten seelischen Grenze,
sondern nur ein körperliches Ausleben von Spannung, ein
Versuch, sich wenigstens nachträglich zu spüren. Typisch ist
auch hier die Aggressionsverschiebung: Das Kind, das zu
Hause die Dauerspannung zwischen den Eltern erlebt, wird
nicht die Eltern schlagen, sondern die Mitschüler auf dem
Schulhof.

Chronische Aggressivität

Nun gibt es Formen kindlicher Aggression, die nicht
mehr Teil der normalen Ich-Entwicklung sind, die auch nicht
altersgemäß auftreten müssen wie der Trotz des Kleinkindes.
Sie bedürfen des Eingreifens, damit es nicht zu einer Fehlent-
wicklung kommt.

Um zu verstehen, worum es hier geht, sei der Blick im Zusammenhang mit dem Thema Aggression zunächst auf den
Unterschied zwischen Jungs und Mädchen gerichtet. Wenn es
um Prügeleien geht, haben wir meist Jungs vor uns. Mädchen
sind selten beteiligt, manchmal als Opfer. Es ist ja gerade diese
körperliche Form von Aggression, die uns Sorgen macht. Jungs
greifen viel eher zu physischer Grenzverletzung als Mädchen.
Und es sind Jungs, die dem Lehrer das Schloß an seinem Auto
mit Sekundenkleber verschließen. Auf solche Beobachtungen

stützt sich die oft vorgetragene Ansicht, Aggression sei generell ein männliches Problem. Dem ist aber nicht so.

Normalerweise sind Mädchen in der sprachlichen Entwicklung und Ausbildung sozialer Kompetenzen den gleichaltrigen Jungs voraus. Sie haben deshalb andere und differenziertere Möglichkeiten, Grenzen zu ziehen und auf Grenzverletzungen zu antworten als Jungs: *Sie benutzen Sprache.*

Mädchen können auch feinsinniger und versteckter, mit Worten provozieren und verletzen als Jungs und können seelische Grenzverletzungen deshalb auch auf seelischer Ebene beantworten. Jungs dagegen fällt auf seelische Grenzverletzungen verbal ganz einfach nichts ein. Und deshalb greifen sie zu körperlicher Grenzüberschreitung.

Auf dem Schulhof zum Beispiel läßt es sich beobachten, wie Mädchen untereinander sich verbal fertig machen, sich gegenseitig ausgrenzen, wie sie Jungs mit Worten provozieren, bloßstellen, lächerlich machen können. Diese verbale, seelische Aggression fällt erstens von außen nicht so auf wie die physische der Jungs und zweitens wird sie in unserer Kultur eher toleriert als die körperliche.

Kinder und Jugendliche nun, die chronisch, gewohnheitsmäßig, ja manchmal sogar lustvoll körperlich aggressiv und destruktiv sind, sind zu 99 % Jungs. Sie kennen keinen anderen Weg, mit Selbstbehauptung und mit seelischen Verletzungen anders umzugehen, als körperlich Macht auszuüben. So geht es bei ihrer chronischen Aggressivität um Macht, die Ohnmacht vermeiden soll. Chronisch aggressive Kinder haben gelernt, daß sie sich wenigstens äußerlich durchsetzen und behaupten können, indem sie zuschlagen. Ihr Ich-Gefühl hat sich zu einem Macht-Gefühl verzerrt. Sie haben nicht gelernt, sich verbal oder durch andere Handlungen und Gesten abzugrenzen und sich zu behaupten. *Dies* ist in der Tat ein männliches Problem. Es sind Jungs, deren zunächst normale, entwicklungsgemäße Aggression zu Hause entweder systematisch und »ohne Diskussion« unterdrückt wurde, die also eine autoritäre, rigide Erziehung genossen haben. Oder sie haben überhaupt keine Orientierung gebende Erziehung gehabt, stattdessen erziehungsängstliche Eltern oder »antiautoritäre«. Diese Jungs hatten nie Veranlassung, mit Worten und in genauer Selbstwahrnehmung eigener Gefühle, wie Mädchen das können, mit Frustrationen umzugehen. Alles, was sie gelernt haben, ist, daß man durch körperliche Machausübung zum Ziel kommt. Diese Form der Aggression kann sich ins Kriminelle steigern.

Solche Jungs brauchen nachgehend heilende Erziehung – durch Therapie, heilpädagogische Führung in der Gruppe oder ähnliches. Sie müssen in einem geschützten Rahmen erst ihre latente Ohnmacht, auch die Ohnmacht ihren eigenen Gefühlen gegenüber, kennen lernen, ihre Scham und ihre Angst, nicht anerkannt zu sein, bevor sie den Machtcharakter ihrer Grenzüberschreitungen erkennen und für sie selbst und andere konstruktivere Verhaltensweisen erwerben können.

Ausgleich statt Strafe

Wenn wir in der skizzierten Weise Verständnis aufbringen können für den Entstehungs- und Bedeutungszusammenhang kindlicher Aggression, so ergibt sich andererseits daraus für den Erziehenden nicht tatenloses Zusehen. Der Erwachsene hat, bei bereits eingetretenem aggressiven Verhalten des Kindes, aber keine sanktionierende Funktion, sondern eine ausgleichende. Strafen sind meist sinnlos und kontraproduktiv. Oft befriedigen sie nur das Ausgleichsbedürfnis des Erwachsenen, beeindrucken das Kind aber höchstens vorübergehend. Wenn Kinder den Ausgleich von Grenzverletzung und Grenzbehauptung nicht unter sich selbst finden können, liegt die Aufgabe des Erziehenden vielmehr darin, für diesen Ausgleich zu sorgen. Er ist weder als Schiedsrichter gefragt noch als Parteigänger, auch nicht für den körperlich Angegriffenen.

Ein einfaches Beispiel: Niko fühlt sich durch seinen jüngeren Bruder systematisch übervorteilt, was die Zuwendung durch die Eltern betrifft. Dieser, weil noch kaum dem Laufstall entwachsen, braucht mehr Aufmerksamkeit, und er darf sich auch mehr erlauben als Niko. Die Eltern versuchen, beide gleich zu behandeln. Sie verbringen mit Niko genau so viel Zeit bei der abendlichen Einschlafzeremonie wie mit seinem Bruder. Weihnachten und zu den Geburtstagen bekommen sie die gleiche Anzahl von Geschenken. Und wenn Oma zu Besuch kommt, bringt sie beiden gleich viel Süßigkeiten mit. Trotzdem piesackt Niko seinen Bruder immer mehr. Er zerstört ihm die ersten Lego-Bauwerke. Er hält ihm die Nase zu, bis er fast erstickt. Bei Tisch wirft er ihm »aus Versehen« die Schale mit der roten Grütze um.

Nikos Aggressionen sind nicht dadurch zu neutralisieren, daß die Eltern ihn bestrafen oder für den Jüngeren als Angegriffenen Partei ergreifen. Auch »Gerechtigkeit« durch Gleichbehandlung nutzt hier nichts. Denn Niko erlebt täglich, daß der jüngere Bruder *mehr* bekommt, mehr Aufmerksamkeit, mehr Fürsorge, mehr Interesse. Dies ist nicht auszugleichen durch eine in Maß und Zahl gewogene Gleichbehandlung, sondern nur indem Niko *mehr* bekommt als sein Bruder. Nikos Aggressionen werden erst aufhören, wenn die Eltern ihm deutlich und ausdrücklich mehr Zeit einräumen für die Einschlafzeremonie, wenn er von Oma mehr Süßigkeiten bekommt als sein Bruder und eine größere Schüssel mit roter Grütze als der Kleine. Erst dadurch erlebt Niko Ausgleich und Wiederherstellung seiner Selbstachtung.

Dies ist die erzieherische Aufgabe: herauszufinden, wodurch Ausgleich geschehen kann und diesen einzuführen, wenn die Kinder es nicht selbst können. Hätten Nikos Eltern ihn zurecht gewiesen, womöglich mit dem Hinweis, daß der

Jüngere doch der Schwächere sei, so hätten sie aus Nikos Sicht das Ungleichgewicht zwischen ihm und seinem Bruder noch verschärft. Denn Niko erlebt den jüngeren Bruder eben nicht als Schwächeren, sondern im Gegenteil als Stärkeren, wenn es darum geht, im Blickfeld der Eltern zu sein. Gemaßregelt würde Niko, wenn nicht dem Bruder gegenüber, dann doch in verschobener Weise Mitschülern gegenüber immer aggressiver werden.

Der Bruder würde nicht leiden, wenn Niko in der beschriebenen Weise Ausgleich verschafft würde. Als Kleinkind würde er gar nicht mitbekommen, wenn Niko mehr erhält. Und später würde er ganz organisch in die Rolle des Zweitgeborenen hineinwachsen, dem in der Tat noch lange Zeit nicht das Gleiche zusteht wie dem Erstgeborenen.

Durch diese Art Ausgleich anerkennen Nikos Eltern seine Aggression als im Kern berechtigt oder zumindest verständlich. Und sie anerkennen sie als einen natürlichen Teil seiner Person, seiner seelischen Welt. Manchmal werden kindliche Aggressionen abgespalten vom Kinde, wie wenn sie in einer Art Besessenheit oder durch Befall mit einen fremden Virus über das Kind gekommen wären. Martina beleidigt die kleine Anna im Kindergarten, nachdem diese sich über ihre neue Mütze lustig gemacht hat: »Du dumme Sau«. Anna rennt zur Erzieherin: »Martina hat ›dumme Sau‹ zu mir gesagt.« Die Erzieherin bringt Martina zum Waschbecken. Dort soll sie sich den Mund ausspülen, »damit der nicht mehr so schmutzige Sachen sagt«. Damit soll die Aggression »weg« sein.

Sie ist es in der Tat, aber auf eine fatale Weise. Denn Martina kann ihre verbal geäußerte Aggression nicht mehr als Teil ihres seelischen Lebens auffassen, sondern muß sie für etwas ihr eigentlich Fremdes halten. Sie hatte gar nichts damit zu tun. Nicht sie war aggressiv, sondern ein mysteriöses Es. Damit ist aber ihr Versuch der Wiederherstellung ihrer Würde annulliert. Was das Kind hier lernt, ist, eigene Aggression zu leugnen.

Ähnlich können Strafen wirken. Joachim stört fortlaufend den Unterricht, redet dazwischen. Er pinkelt im Schulhof in die Ecke. Aus dem Lehrerzimmer klaut er Kugelschreiber. Neulich schlug er die Scheibe zur Hausmeisterwohnung ein. Er bringt also eine höhnische Verachtung der Schule gegenüber zur Darstellung. Was auch immer der Grund sein mag – der Vater äußerte sich vielleicht verächtlich über Lehrer, oder Joachim fühlt sich ungerecht behandelt, oder er fühlt sich hier nicht als eigenständige Person zur Kenntnis genommen –, durch Bestrafung würde die Schule in seiner Achtung jedenfalls nicht steigen. Im Gegenteil würde Strafe, weil sie den Bedeutungszusammenhang ignoriert und nur von den Folgen der Aggression ausgeht, seine Handlungsweise eher steigern, ohne ihm die Möglichkeit zu geben, sich selbst mit dem Zusammenhang von Verletztheit und aggressiver Selbstbehauptung auseinanderzusetzen. Insofern würde auch Joachim von seiner Aggression »abgetrennt«.

Stattdessen könnten die Lehrer Ausgleich schaffend auftreten: Sie könnten Joachims Identifikation mit seiner Schule fördern, indem sie ihn, zusammen mit einigen anderen Schülern, heranziehen für die Gestaltung des Schulhofs zum Beispiel, für die Organisation des Schülerkiosks und dergleichen. Er könnte mit einer kleinen Gruppe einige Teile des Unterrichts vorbereiten, für die Instandhaltung der Sportgeräte zuständig sein. So würde die Schule zu seiner Schule. Er bräuchte nicht einfach nur gehorsam zu sein, sich nicht einfach nur anpassen müssen, sondern könnte als Individuum an dieser Schule gefragt sein. Es wäre dann überflüssig für ihn, so destruktiv auf seine Ich-Grenzen hinzuweisen.

Erwachsene – oder, wie zum Beispiel im Rahmen des Konfliktlotsenmodells[2], auch ältere Schüler – können ausgleichen, indem sie nach Zankereien und Prügeleien eine ver-

---

2 Vgl. Ortrud Hagedorn: Konfliktlotsen, Stuttgart 1994.

mittelnde, aber nicht schiedsrichterliche Funktion einnehmen. Lehrer Schulze trifft Herbie und Marvin bei einer Prügelei an. Zunächst nimmt er die Streithähne auf die Seite, in eine stille Ecke des Schulhofs, wo die Bänke stehen. Er schaltet also das Publikum aus, vor dem sich ohnehin keiner durch Nachgeben eine Blöße geben kann. Herr Schulze fordert sodann erst Herbie, dann Marvin auf, den Streitanlaß darzustellen. Dabei sitzt man zu dritt auf der Bank, man steht nicht. Das schafft schon eine erste Beruhigung. Der Angreifer muß ohne zu unterbrechen die Darstellung des Angegriffenen anhören und anders herum. Beide sollen auch ihre Wut und Verletztheit mit Worten äußern. Dann läßt Herr Schulze Herbie in eigenen Worten wiederholen, was Marvin gesagt hat, und Marvin, was Herbie gesagt hat. Er legt weder Mitleid für das Opfer noch Verurteilung des Täters an den Tag. Vielmehr stellt er final orientierte Fragen, statt kausale: »Was willst du damit erreichen?« statt »Warum hast du das getan?«, »Was hast du tatsächlich bewirkt?« und »Welche anderen Möglichkeiten hättest du gehabt?« statt »Weißt du nicht, daß man nicht schlagen darf?«.

Schließlich kann der Lehrer einen Ausgleich zwischen »Täter« und »Opfer« anregen: Bei Diebstahl oder Beschädigung von Eigentum soll der Angreifer für Ersatz oder Reparatur sorgen. Dies müßte als Vereinbarung zwischen beiden beschlossen und anderntags in einem kurzen Nachgespräch zwischen allen Dreien kontrolliert werden. Wurde körperliche Gewalt angewendet, wird zuerst der Angreifer, als zweiter der Angegriffene befragt, welchen Ausgleich er sich vorstellen kann. Das kann ein entschuldigender Brief sein, der noch am selben Tag abzufassen ist, aber auch ein sachlicher Ausgleich. »Ich leihe dir für eine Woche meinen Walkman.«

Am Ende definiert der Lehrer noch einmal das Problem und faßt die jeweilige subjektive Sicht der Beteiligten zusammen. Er benennt die von ihnen geäußerten Gefühle und definiert ihre Beziehung.»Ihr seid eigentlich Freunde. Ihr habt viel zusammen unternommen. Jetzt ist eure Freundschaft unterbrochen worden. Überlegt euch, ob ihr trotzdem wieder Freunde sein könnt. Ich spreche euch nächste Woche noch mal darauf an.«

Der Grundgedanke dieses Modells – auszugleichen statt zu beurteilen – ist auch im häuslichen Bereich anwendbar. Immer sollte sich der Erziehende zuerst dem »Opfer« zuwenden, dann erst dem »Täter«. Dieser kann eine kleine Aufgabe bekommen, die ihn nicht straft, sondern im Gegenteil zeigt, daß der Erziehende ihm etwas zutraut. Die »Täter«, ob klein oder schon größer, schämen sich oft sehr stark, auch wenn sie sich subjektiv zum Grenze wieder herstellenden Angriff berechtigt sahen. Durch Strafe und öffentliche Zurechtweisung würde sich die Scham noch verfestigen. Auch Scham zeigt eine Grenzüberschreitung an. Sie ruft deshalb nach dem Gegenteil dessen, was der zurecht weisende Erwachsene beabsichtigt: nach erneutem Ausgleich. Im ungünstigen Falle ist das die nächste Aggression.

Fazit

Gerade bei Kindern können wir also die beschriebenen Formen der Aggression als elementaren Versuch des Ausgleichs sehen. Die Aufgabe des Erziehenden besteht darin, konstruktivere Formen des Ausgleichs in Spiel zu bringen. Kindliche Aggression weist immer auf ein seiner selbst generell oder im Moment nicht sicheres Ich hin – wie es beim Kind nicht anders sein kann. Das aggressive Kind ist nicht »böse«, sondern weiß sich nicht anders zu helfen. Es nutzt deshalb nichts, Aggression einfach zu verbieten oder durch Strafe oder Moralisieren unterdrücken zu wollen. Das Kind braucht nicht schon die Fähigkeit zu haben, Konflikte verbal zu benennen und verletzte Gefühle verbal zu äußern. Eher zu bedauern ist der Sohn des Lehrerehepaars. Er sagte zu einem Mitschüler, der sich über ihn lustig gemacht hatte: »Ich bin ganz schön wütend auf dich.« – Dahin gehende Erziehung wäre ebenso sinnvoll, wie wenn man vom Kleinkind verlangen würde, die Krabbelphase zu überspringen und stattdessen zu sagen:»Ich möchte gern wissen, was dort unterm Sofa ist. Mama, würdest du es mir bitte sagen?«

Das angegriffene Kind

Bisher haben wir fast nur auf die Täter geblickt. Aggression hat aber schließlich auch eine Opferseite. Oft sind beim selben Kind beide Positionen gleichzeitig wirksam. Bei den alltäglichen Formen der kindlichen Aggression finden Kinder oft selbst den Ausgleich zischen Täter und Opfer, zwischen Grenzverletzung und Wiederherstellen der Grenze.

Etwas anderes liegt aber vor, wenn ein Kind systematisch in die Opferposition gerät und keine Möglichkeit hat, sich Ausgleich zu verschaffen. In seiner Hilflosigkeit wird es unattraktiv für Gleichaltrige. Da ist bald niemand mehr, der sich mit ihm solidarisieren würde, was ja auch ein gewisser Ausgleich für erlittene Verletzungen wäre.

Diese Kinder bedürfen dringend der Hilfe und Stärkung durch den Erwachsenen. Hier leistet Jugendarbeit – Pfadfinder, Jugendsportverein, Jugendfeuerwehr – Wichtiges. Manchmal geht ihre Hilflosigkeit so weit, daß sie nicht mehr mit Aggression auf Verletzungen reagieren können. Von Erwachsenen emotional benutzte Kinder, sexuell mißbrauchte Kinder, vernachlässigte Kinder erleben mit der Zeit die erlittenen Grenzüberschreitungen nicht mehr als solche. Stattdessen nehmen sie ihr Ich zurück. Sie resignieren über die Möglichkeiten der Wiederherstellung von Grenze und Würde. Sie behaupten sich nicht, sondern ziehen sich zurück. Unter Umständen kommt es allenfalls zu Selbstaggressionen. Diese zeigen immer an, daß Verletzungen stattgefunden haben, für die das Kind keine Ausgleichsmöglichkeit mehr sieht.

Hier kann der Ausgleich nur Therapie sein. In der Therapie wird das Kind unter anderem lernen müssen, überhaupt erst wieder aggressiv auf Grenzverletzungen zu reagieren.

Kalte Aggression

Einfühlung und Verständnis möchten sich verweigern einer Form von Aggression gegenüber, die man nicht anders als »kalt« bezeichnen kann. »Kalt« – oder neutraler: »trocken« – ist diese Aggression insofern, als ihr keine Gefühlsaufwallung vorausgeht. Sie findet Anlässe, hat aber situativ keinen Grund. Ein Beispiel: Eine Gruppe von sechs Jugendlichen, zwischen sechzehn und achtzehn Jahren alt, streift offensichtlich ziellos durch die kleine Stadt. Es ist Samstag nachmittag, das Geschäftsviertel leert sich. Ihre Stimmung flackert zwischen Langeweile und Aufgekratztheit. Leere Zigarettenschachteln und Bierdosen werden nicht achtlos, sondern gezielt und mit belustigter Aufmerksamkeit an Häuserwände und auf parkende Autos geworfen.

In der Fußgängerzone sitzt ein Bettler auf dem Boden. Er exponiert einen verkrüppelten Fuß, neben sich eine Pappschale für Almosen. Er döst, scheint getrunken zu haben. Die jungen Männer gehen höhnisch grinsend auf ihn zu. Sie machen Witze über ihn. Er bemerkt sie erst, als ihn einer mit dem Fuß anstößt. Freundlich, auf Grund der Bierdosen in ihren Händen verwandte Seelen vermutend, schaut er zu ihnen auf, strafft sich etwas. »Ist wohl Zeit zu gehen«, murmelt er mehr zu sich. »Der geht nicht mehr weit«, sagt einer der Jugendlichen zu den anderen. Zunächst geschieht nichts weiter. Der Bettler sucht seinen Schuh, richtet sich umständlich auf. »Gib mir doch mal die Krücke da«, sagt der Bettler zu einem. »Kannste haben«, antwortet dieser, scheinbar freundlich. Es geschieht weiterhin nichts. Die Gruppe scheint auf etwas zu warten. »Soll ich ohne meine Krücke aufstehen?« fragt der Bettler, immer noch guter Dinge. »Versuchs doch mal«, bekommt er zurück. Jetzt hat er verstanden. Plötzlich hellwach sucht er schnell seine Sachen zusammen, will sich an der Hauswand entlang von der Gruppe wegdrücken. Er hat Angst. Er blickt keinen mehr an. Darauf hat die Gruppe gewartet: auf die Angst. Ganz ruhig stellen sie die Bierdosen ab. Der erste tritt dem Bettler auf den verkrüppelten Fuß, blickt ihn dabei prüfend an. Er lebt keine Wut aus. Er führt einen Test durch, sachlich und geduldig.

Der Bettler unterdrückt die Schmerzreaktion. Er wehrt sich nicht, will nur weg in heller Angst. Jetzt verstellt ihm ein zweiter den Weg. Sofort hält der Bettler schützend seine Arme, an denen je eine alte Tasche hängt, vor den Kopf. Ein dritter greift sich den Krückstock und schlägt dem Bettler damit auf den Leib. Dieser knickt ein, fällt hin. Einer nach dem anderen tritt nach ihm – ohne irgendwelche Anzeichen von Aufregung.

Zwei Minuten später liegt der Bettler in einer Blutlache, schreit: »Seid ihr fertig?« »Sind wir fertig?« fragt einer grinsend in die Runde. Sie sehen sich an. Da öffnen sie ihren Hosenschlitz und urinieren auf den am Boden Liegenden.

Danach heben sie die abgestellten Bierdosen auf, ziehen langsam weiter. Einer erzählt von der Harley, die er mal gefahren hat, ein anderer holt am nahen Kiosk die nächste Lage Bier. Sie sind guter Stimmung.

Womit hat man es hier zu tun? Offensichtlich ging es nicht darum, eine erlittene Grenzverletzung wieder auszugleichen. Keiner hatte zuvor mit dem Bettler je zu tun gehabt. Auch eine Aggressionsverschiebung ist unwahrscheinlich: Sie waren vorher in der gleichen amüsierten Stimmung wie danach. Sie haben nicht eine Spannung abreagiert. Auch haben sie es hernach nicht eilig, sich aus dem Staub zu machen. Weder brauchen sie Publikum noch scheuen sie es. Sie empfinden weder Scham noch Befriedigung über die Gewalttat. Es war kein *Ausbruch* von Gewalt, kein Racheakt.

Sie haben nur das getan, was sie immer tun: Sie haben über den Gesetzen gestanden, den juristischen sowieso, aber auch über den moralischen. Sie kennen die Gesetze sehr wohl, aber sie empfinden sie nicht. So haben sie auch keine Schuldgefühle.

Werden sie auf frischer Tat oder nachträglich gestellt, so leugnen sie auch nicht. Im Gegenteil erzählen sie bereitwillig den Hergang. Sie beschönigen nichts. Allenfalls achten sie darauf, keinen von ihnen namentlich zu belasten. Nach Motiven befragt, zucken sie nur mit den Schultern. Es gab für keinen einen persönlichen Grund, gerade heute gerade diesen Bettler zusammenzuschlagen. Und es gibt keinen gemeinsamen, etwa weltanschaulichen Hintergrund für die Tat, wie man ihn, wenn auch nur dumpf, bei Skinheads findet, die Ausländer verprügeln. »Weil der da saß«, wird als Begründung angegeben.

Eine erste Idee über den Bedeutungszusammenhang solcher kalten Aggression zeigt sich, wenn wir auf die Opferwahl blicken: Bettler, Behinderte, Hilflose. Es kann also nicht darum gehen, im gewalttätigen Kampf Kräfte zu messen mit einem Gegner, um an den Sieg Selbstbewußtsein knüpfen zu können. Der Bettler, der zusammengeschlagen wird, ist hier kein Gegner. Dessen haben sie sich sogar versichert, als sie auf seine Angst gewartet haben. Das Opfer muß erst Angst haben. Dann erst kann dieses Machtspiel beginnen, dessen Ablauf ausschließlich in ihrer Hand liegt.

Offensichtlich geht es also um Macht an sich. Ihr Grund legendes Lebensgefühl scheint dies zu sein: Über jeder Ordnung zu stehen[3] , tun und lassen zu können, was ihnen in den Sinn kommt. Aus dieser Grundstimmung heraus ergibt es sich wie beiläufig, sich die eigene Macht ab und an am Bettler, am Behinderten zu bestätigen. Ihr Auslöser sind Unterlegene, die ihre Unterlegenheit angstvoll erkennen. Stanley Kubrick hat

3 Vgl. Johannes W. Schneider: Vom Sinn und Wert der Lebenskrisen. Ein Psychologe zu Problemen des modernen Lebens, Dornach 1998.

dieses Lebensgefühl filmisch meisterhaft zur Darstellung gebracht in *Clockwork Orange.*

Was hier gelebt wird, ist ein Zerrbild der Autonomie.
Diese Karikatur von Autonomie ernährt sich daraus, daß die
Betreffenden sich abgekoppelt haben von menschlicher Bindung. Auch die Autonomie kann man insofern als »kalt« ansprechen.

Wenn auch selten, finden wir diese Art von Aggression um
ihrer selbst willen auch bei jüngeren Kindern. Deren Taten erscheinen nicht in den Zeitungen, weil der Maßstab hier kleiner ist. Dennoch erkennen wir auch hier das eigenartig Kalte
und Trockene des Übergriffs: Ein sechsjähriger Junge beobachtet ruhig den vierjährigen Neuankömmling bei seinem ersten Morgen im Kindergarten. Nicht nur tappst der Kleine
ungeschickt und etwas desorientiert durch die Räume, er ist
auch unsicher, ängstlich und sucht sich zu beruhigen, indem
er sich immer möglichst nahe bei der Erzieherin aufhält. Als
diese sich an der Küchenzeile zu schaffen macht, erwartungs-
voll umringt von einer großen Kinderschar, bleibt der Neuankömmling einen Moment allein auf dem Bauteppich zurück.
Der Sechsjährige steht auf und holt ohne Hast eine Stricknadel
aus dem Wollkorb der Erzieherin. Er geht auf den Kleinen zu,
zeigt ihm die Nadel und – wartet. Der Kleine schwankt zwischen
der Freude darüber, daß sich jemand um ihn kümmert, und
einem Anflug von Angst, weil er nicht weiß, was es mit der
Stricknadel jetzt auf sich hat. Weil der Sechsjährige nichts sagt
und nichts tut, steigert sich die Angst: Der Kleine will jetzt aufstehen. Da stößt der Sechsjährige ihm mehrfach mit der Nadel
in den Handrücken – emotionslos, vielleicht etwas interessiert. Der Kleine reißt erst ohne Stimme den Mund auf vor
Entsetzen, dann brüllt er los. Die Erzieherin stürzt herbei, ver-
sorgt die Wunde und versucht, ihn zu trösten. Wiederum interessiert steht der Sechsjährige dabei. Er zieht sich nicht
zurück, zeigt keine Reue, keine Schuldgefühle. Eher ist seine

Stimmung gut. Mit äußerster Beherrschung spricht ihn die Erzieherin an. In sachlichem Ton gibt er lückenlose Auskunft, ohne Ausreden zu beanspruchen. Dennoch ist erkennbar, daß der Junge im Grunde gar nicht ansprechbar ist. Gerade seine umstandslose Bereitschaft, die Erzieherin zu informieren, zeigt die Unansprechbarkeit. Er weiß, daß er Unrechtes getan hat, aber dieser Aspekt interessiert ihn nicht. Was ihn nur interessierte, waren Angst und Hilflosigkeit des Opfers.

Bei diesen Kindern und Jugendlichen scheint es keinen gemeinsamen biographischen Nenner zu geben, keinen Zusammenhang mit einem bestimmten Erziehungsstil. In Gesprächen mit ihren Eltern könnte man allenfalls auf die Idee einer gewissen Gefühlskälte in den frühen Beziehungen kommen. Aber die Richtung des Kausalzusammenhangs bleibt offen: Die Eltern berichten regelmäßig, daß das Kind von Anfang an »anders« gewesen sei, fremd, untangierbar durch liebevolle Zuwendung ebenso wie durch erzieherische Maßnahmen. Der Betreffende scheint nie Zuwendung gesucht zu haben. Er machte die Eltern vielmehr hilflos gerade dadurch, daß er über diesem Bedürfnis zu stehen schien. Aus solchen Erfahrungen heraus, haben die Eltern im Lauf der Jahre ihr Gefühlsengagement zurückgenommen und sind, wie zum Selbstschutz, eher sachlich mit dem Kind umgegangen.

Diese Kinder sind nicht im üblichen Sinne »schwierig«. Wenn sie es wollen, können sie sich gut an familiäre Abläufe, schulische Anforderungen und Regeln anpassen. Und dennoch sind sie von vorne herein Gesetzlose.

Therapien, heilpädagogische und erzieherische Maßnahmen führen hier zu nichts. Auch bei Fachleuten rufen solche Kinder Hilflosigkeit hervor. Wenn überhaupt etwas, scheint die Anerkenntnis ihres Autonomieanspruches zu greifen: Morton, fünfzehn Jahre alt, wurde als einziger erwischt, nachdem er mit Seinesgleichen in der Nacht einen Rollstuhlfahrer erst wie einen Spielball vom einen zum anderen geschubst und schließlich die Treppe zur Tiefgarage hinuntergestoßen hat. Morton war der Polizei und dem Jugendamt schon lang wegen ähnlicher Übergriffe bekannt. Er lebte allein in einer aufgelassenen Fabrikhalle, züchtete Ratten. Seine Eltern hatten längst weitere Erziehung verweigert. Er sollte dann in eine Jugendwohngemeinschaft eingegliedert werden, entwich aber nach zwei Tagen und war unauffindbar. Der Jugendstaatsanwalt ordnete im Diversionsverfahren[4] eine Maßnahme in Kanada an: Nach kurzem Training durch einen erfahrenen kanadischen Forstbeamten mußte sich Morton sechs Monate lang allein in den Wäldern durchschlagen. Lediglich einmal pro Woche sollte er sich im Forsthaus melden.

Morton kam nicht »verwandelt«, aber als gefühlsfähiger Mensch wieder: Er hatte Hilflosigkeit und Angst gerade dadurch kennengelernt, daß er mit äußerste Konsequenz das leben mußte, was ihm das einzig Wichtige war: seine Autonomie. Sie war hier überlebensnotwendig geworden.

Morton blieb Außenseiter. Die kalten Brutalitäten hörten auf. Eine freundschaftliche Bindung oder Partnerschaft ist er nie eingegangen. Er fand eine Aushilfsstelle bei den Tierpflegern im städtischen Zoo. Dort wurde er bald berühmt, weil er auch zu schwierigen Tieren Zugang fand.

Wie bei Morton bleibt auch bei den anderen Kindern und Jugendlichen, die durch die beschriebene kalte Aggression hervortreten, ein Fragezeichen zurück. Etwas an ihnen scheint nicht von dieser Welt und scheint sich nicht auf dieser Welt eingliedern zu wollen.

---

4 Der Staatsanwalt kann auf eine Jugendstrafe verzichten, wenn der Betreffende bereit ist, an einer sozialpädagogischen Maßnahme teilzunehmen.

Jugendkriminalität
oder ein Bild von Jugend

»Jugendbande erobert die Innenstadt.« »Zwölfjähriger erstach seine Tante wegen 60 DM.« »Jugendliche bedrohen Altenheimbewohner.« – Wir neigen dazu, unser Bild von Jugendkriminalität von den Medien prägen zu lassen. Die Privatsender inszenieren sie geradezu mit einer reißerischen Mixtur aus Dokumentaraufnahmen von Blutbädern, Zeugenaussagen und Expertenstatements. Wer sein Weltbild vom Fernsehen bezieht, muß nicht nur den Eindruck um sich greifender Jugendkriminalität haben, sondern auch von Brutalisierung der Jugendlichen überhaupt.

Etwas Statistik

Der Blick in nüchterne Polizeistatistiken ist demgegenüber fast langweilig: Demnach begehen 2 % der Kinder unter vierzehn Jahren und 7 % der Heranwachsenden Straftaten. Diese Zahlen bleiben seit Jahren gleich. Von einer Zunahme krimineller Minderjähriger kann keine Rede sein. Unter diesen 2 % beziehungsweise 7 % sind 5 % Mehrfach- und Intensivtäter. Mit anderen Worten: Bei 95 % der straffällig werdenden Minderjährigen hat ihre »Kriminalität« episodischen Charakter. Sie beginnen keineswegs eine kriminelle Karriere, sondern kehren, was ihre Strafauffälligkeit betrifft, ohne weiteres in den Schoß gesetzestreuer Bürgerlichkeit zurück.

Diese Angaben sind gesamtdeutsche Durchschnittszahlen. In Ostdeutschland liegen die Zahlen höher als in den alten Bundesländern. Vor dem Anschluß der DDR an die BRD lagen die westdeutschen Zahlen niedriger.

Auch die Art der Straftaten zeigt den mythischen Charakter unseres Bildes von Jugendkriminalität. 80 % der Straftaten Heranwachsender setzen sich zusammen aus »Beförderungserschleichung« (Schwarzfahren, bei dem der Gemeinschaft pro Delikt ein Schaden von durchschnittlich 3 DM entsteht), Sachbeschädigung (Anbringen von bunten Graffiti an grauen Mauern öffentlicher Gebäude), Ladendiebstahl (von Zigaretten, Videokassetten aus Supermärkten), »aggressivem Betteln« (»Haste mal ne Mark?«) sowie Körperverletzung (an Gleichaltrigen bei Prügeleien nach Fußballspielen, Saufgelagen, bei Bandenkriegen). Es handelt sich also beim Gros der Jugendkriminalität um Bagatelldelikte.

20 % der Straftaten Jugendlicher sind gemeinschaftlicher Raub, Sexualstraftaten, schwere Körperverletzung, also sogenannte »Intensivkriminalität«. Auch bei diesen Gewaltverbrechen ist, obwohl die Medien uns etwas anderes einreden wollen, eine Zunahme nicht erkennbar, auch nicht im Einsatz von Waffen.

In den letzten Jahren scheint aber im *Alter* der Straftäter eine systematische Veränderung vorzuliegen: Der Zeitpunkt der Erstauffälligkeit liegt immer früher. Dies geht jedoch nicht auf eine Zunahme von Gesetzesübertretungen in den unteren Altersgruppen zurück, sondern auf verschärfte Normdurchsetzung: Prügeleien und Belästigungen auf dem Weg von der Schule nach Hause zum Beispiel werden heute von den Opfern beziehungsweise deren Eltern eher zur Anzeige gebracht als noch vor zehn Jahren. Ähnlich verhält es sich beim Ladendiebstahl: Während früher der Kaufmann persönlich reagierte, indem er die Eltern des jungen Diebes ansprach, zeigt der Supermarktleiter heute sofort an.

Die Opfer von Körperverletzung durch Jugendliche gehören in der Regel zum Lebensumkreis der Täter. Es sind Mitglieder der eigenen oder einer konkurrierenden Gang, Mitschüler oder Kinder aus der Nachbarschaft. Polizeistati-

stisch gesehen sind auch die Opfer immer jünger. Eine Zunahme von Übergriffen auf alte Menschen etwa oder auf Ausländer läßt sich nicht belegen.

Dagegen liegt der Ausländeranteil unter den straffällig ge-
wordenen Jugendlichen höher, als ihrem Anteil in der Ge-
samtbevölkerung entspricht. Die Art der Straftaten zeigt aber
auch hier, daß es keinen Boden für die Behauptung gibt, ausländische Jugendliche seien krimineller als native. Denn ihre
»Straftaten« sind gut zur Hälfte ausländerspezifische Delikte,
also Vergehen, die nur Ausländer begehen können wie zum
Beispiel Verletzung des Aufenthaltsbestimmungsrechts oder
illegale Einreise. Bei Ausländerkindern der zweiten und dritten Generation liegen die Zahlen dagegen nicht höher als bei
deutschen Jugendlichen. Eine große Gruppe der ausländischen straffälligen Minderjährigen besteht aus Kindern aus
Rumänien und anderen Ostblockstaaten, die, von Erwachsenen geführt und gezwungen, zum Diebstahl und zu »aggressivem Betteln« in Deutschland eingeschleust werden.

Entstehungs- und Bedeutungszusammenhänge

Der folgende Versuch, die Lebenssituationen straffällig
gewordener Minderjähriger zu skizzieren, bezieht sich lediglich auf den 5%-Anteil der kriminalpolizeilich erfaßten Jugendlichen, die als Mehrfach- und Intensivtäter auftreten und
die man deshalb kriminell nennen kann.

Um zu einem Bild von der Bedeutung zu kommen, die
gewalttätige Übergriffe und andere schwere Gesetzesbrüche
wie Raub oder Nötigung für die betreffenden Täter haben, sei
zunächst auf einige biographische Merkmale hingewiesen, die
bei fast allen von ihnen vorzufinden sind: Schon in früher
Kindheit wurden vielfältige Entwicklungsstörungen oder
-verzögerungen festgestellt. Das bedeutet, die später Straffälli-

gen hatten zum einen von Anfang an Schwierigkeiten, mit der Entwicklung der Gleichaltrigen Schritt zu halten und damit sich in die normale peer-group zu integrieren. Sie sind schon in der Grundschule aufgefallen nicht nur durch Leistungsprobleme, sondern vor allem durch die eskalierende Verweigerung, sich in die Lebenswelt Schule einzufügen, und schließlich durch systematisches Schuleschwänzen.

Dieses Merkmal wird aber zum anderen erst dann für den kriminellen Einschlag der weiteren Biographie relevant, wenn es mit einem Elternhaus zusammentrifft, das die Erziehungsfunktion gar nicht oder nur episodisch wahrnimmt. Die Eltern fühlten sich überfordert mit dem schwierigen Kind und beschränken sich entweder auf den – immer scheiternden – Versuch äußerlicher Reglementierung oder sie lehnen die Elternrolle überhaupt ab. Erziehung, wenn sie denn stattfindet, hat keine Kontinuität und Verläßlichkeit. Die Vaterfigur wechselt so häufig, daß sie vom Kind nicht mehr als Autorität wahrgenommen wird, oder es wird so häufig und abrupt in immer andere Lebenswelten verbracht – vom Elternhaus ins Heim, von dort zu einer Pflegefamilie, nach wenigen Monaten in ein anderes Heim –, daß keine stabilen und tragfähigen Beziehungen entstehen können.

Zu diesem Herkunftsmilieu gehört auch dazu, daß die Eltern sich keine Hilfen suchen für den Umgang mit dem schwierigen Kind, vielmehr verweigern sie die Mitarbeit, wenn ihnen Hilfe oder Beratung angeboten wird durch Schule oder Jugendamt. Auch mit Kinderärzten oder den Erziehern der Kindertagesstätte kooperieren sie nicht, sondern haben die Neigung, sich des Kindes zu entledigen – dies oft sogar ausdrücklich.

Ausbildungen, wenn sie überhaupt begonnen werden, werden schnell wieder abgebrochen. Biographische Perspektiven innerhalb bürgerlicher Bahnen gibt es nicht. Aus der Sicht des Kindes trägt seine Biographie von Anfang an das Signum der Bedrängtheit. Sie haben weder in der Familie noch zum Beispiel in ihrer Freizeit Möglichkeiten des Rückzugs oder Ruhepole. Es gibt keine Zonen der Problemfreiheit. Eltern und Schule erleben das Kind als nicht steuerbar (»schwer erziehbar«), versuchen es aber ständig wenn nicht zu erziehen, so wenigstens zu disziplinieren. Damit treten Elternhaus und Schule für das Kind nur repressiv auf, niemals stützend oder fördernd. Die Hälfte der Kinder, die später intensive Gewalttaten begehen, war selbst Gegenstand schwerer körperlicher Mißhandlung durch den Vater oder Vaterersatzfiguren. Schule erscheint nur als doppelzüngiger Unterdrückungsapparat: Sie fordert einerseits das Kind zu einem Verhalten und einer Leistungshöhe auf, die es aufgrund seiner Entwicklungsstörungen nicht erbringen kann, und bestraft andererseits das Ausbleiben des erwünschten Sozial- und Leistungsverhaltens durch Verschärfung der Anforderungen. Vom Kind aus gesehen grenzt Schule hier aus und spricht ihm seine Daseinsberechtigung ab.

So werden zunächst der prestigeschaffende Ladendiebstahl, später Raub und körperverletzende Übergriffe zu einem Teil der Überlebensstrategie des Kindes, das sich in allen grundsätzlichen Problemen der Lebensbewältigung von der Erwachsenenwelt allein gelassen, diszipliniert und bedrängt fühlt. Die kriminelle Aggression ist somit ein Selbststeuerungsversuch. Sie ist, im Unterschied zur »kalten Aggression« (Siehe Seite 144 ff.), nicht etwa Selbstzweck. In Diebstahl und Raub verschafft sich der Jugendliche das, was zu besitzen und woran teilzuhaben die bürgerliche Welt ihm einerseits verwehrt und ihm andererseits als Eintrittskarte abverlangt.

Das hohe Maß an Aggressivität, das diese Jugendlichen auch außerhalb strafbewehrter Grenzüberschreitungen zeigen, hat *Sinn:* Es soll Angst und Unsicherheit überdecken und lästige Leute vom Hals halten. Selbstausgrenzende Aggressivität ist die Antwort darauf, ausgegrenzt zu sein. Auch diese Aggressivität versucht also, einen Ausgleich zu verschaffen und das eigene Dasein zu behaupten.

Kinder mit dieser Karriere haben nie gelernt, um etwas zu bitten, Gefühle zu äußern und zu reflektieren, mit jemandem etwas zu besprechen, Kompromisse auszuhandeln. Aggressivität und Gewalt sind die verbleibenden Kommunikationsmöglichkeiten.

Die Clique

Wir erkennen hier unschwer rigide Maskulinität. 98 % der jugendlichen Straftäter sind männlich. Da die meisten Straftaten Jugendlicher »gemeinschaftlich«, also in der Clique begangen werden, zeigt sich jugendliche Kriminalität als *Inszenierung von Männlichkeit*, bei der allerdings Publikum und Darsteller identisch sind. Diese Jugendlichen können sich nicht in Sportvereinen, bei den Pfadfindern, in Jugendclubs et cetera organisieren, die die bürgerliche Welt für sie vorhält, sondern nur unter ebenfalls Ausgegrenzten und damit in ihrer Männlichkeit Bedrohten. Eigene Männlichkeit zu dokumentieren ist der Hauptinhalt der Gruppenaktivitäten schlechthin. Erst in der Clique findet diese Art Jugendlicher dadurch die Stabilisierung, Anerkennung und Unterstützung, die sie in Familie und Schule nicht finden konnte.

Die Straftaten werden nicht allein und nicht aus eigenem Antrieb begangen, sondern wegen ihrer Bedeutung in Bezug auf die Clique. Erst wenn man den gleichen Aggressivitätspegel erreicht hat wie die ganze Clique, gehört man dazu. Diese wiederum stabilisiert sich daran, daß ihre Mitglieder sie als Raum und Bühne für die möglichst eindrucksvolle Darstellung von Männlichkeit brauchen. Bei Straftaten mitzumachen oder auch einmal vorzupreschen, bringt die Achtung der Clique ein, so wie Leistung und Wohlverhalten dem Kinde die Anerkennung der Erwachsenenwelt eingebracht hätten.

Wenn Jugenddelinquenz soziologisch als »dissoziatives Verhalten«, also als Normabweichung beschrieben wird, so hat dies Gültigkeit nur für den Beschreibenden. Für den Betreffenden selbst handelt es sich im Gegenteil um normerfüllendes und normstabilisierendes Verhalten. Man hat sich nicht aktiv aus den bürgerlichen sozialen Bezügen gelöst, vielmehr hat man solche Bezüge in einer verstehbaren und greifbaren Weise gar nicht angeboten bekommen. Stattdessen findet man erstmals Loyalität und mitvollziehbare Orientierung an der kriminellen Clique, ihren Regeln und Werten. Dort und mit ihr im Rücken sich Respekt zu erzwingen, gilt als exquisit maskuline Betätigung, die dem jungen Mann sein labiles Selbstwertgefühl ausgleicht.

Insofern kann von Werteverfall in »der« Jugend und von Orientierungslosigkeit und Normverweigerung nicht die Rede sein. Im Gegenteil wird in der Clique gerade der normative Rahmen aufgesucht. Dieser verachtet aber Schwäche und verlangt Aggressivität. »Nur die cliquengestützte Aggressivität verspricht, den männlichen Herrschaftsanspruch in einer komplizierten Welt zu erreichen, die ihm [dem Herrschaftsanspruch] keine Rechnung mehr trägt.«[5] Routinemäßig werden Gegnerschaft und Kampf gesucht, zum Beispiel durch aggressives gemeinsamen Auftreten in einer Disco, damit männliche Ehre belegt werden kann. Kriminalität löst hier insofern ein Statusproblem.

Dies gilt besonders auch für ausländische Gangs von russischen oder türkischen Jugendlichen, da gerade sie anders nicht zu Ansehen kommen können in der ihnen fremden und sie ausgrenzenden westlichen Welt. Kriminalität hat hier Be-

5 Vgl. Joachim Kersten/Hans V. Findeisen: Der Kick und die Ehre. Vom Sinn jugendlicher Gewalt, München 1999.

ziehung stiftende Funktion: Nachdem im Getränkemarkt ab-
geräumt wurde, gibt es eine Freirunde für die Clique und ihre
Bräute, die den Wert des jungen Mannes bestätigen, wenn sie
mit trinken. Solche Männlichkeit muß ohne Unterlaß bewie-
sen werden. Das hat den Charakter anstrengender Arbeit,
schon weil es martialisch und mit Säbelrasseln inszeniert werden muß.

Kriegerisch hochgerüstete Polizisten, die prügelnd eingreifen, erfahren durchaus sportliche Anerkennung durch
solche Gangs. Treten sie allerdings als »deeskalierende« Sozialarbeiter auf, ruft dies nur Gelächter hervor und nimmt ihnen die Würde, Gegner zu sein. Viele dieser Jugendlichen
wären gern selbst Polizist geworden, um aggressive Männlichkeit legal und mit dem Staat im Rücken exerzieren zu können.

Solang Polizei, Jugendamt oder andere Instanzen mit den
Betreffenden »reden« wollen, stoßen sie nur auf Mißtrauen.
Erstens kennt man das nicht und zweitens vermutet man – mit
Recht – einen Trick dahinter. Zur Antwort eskaliert man die
Aggressivität.

Täter-Opfer-Ausgleich

Das Nadelöhr zum Ausstieg aus dieser Welt ist also nicht
das »Reden«, sondern der Täter-Opfer-Ausgleich. Wenn auch
kein Allheilmittel, so senkt er doch insgesamt die Rückfall-
wahrscheinlichkeit für aggressive Straftaten deutlich. Der
Täter-Opfer-Ausgleich anerkennt die Notwendigkeit des Ausgleichs von Macht und Ohnmacht und damit den Entste-
hungs- und Bedeutungszusammenhang dieser Art Kriminalität. Er führt neue, den Betreffenden bislang tatsächlich
unbekannte Möglichkeiten der Konfliktlösung ein und umgeht die Strafe, welche nur das in Unterwerfung und Obsie-
gen polarisierte Denken zementiert.

Im Täter-Opfer-Ausgleich werden Täter und Opfer in kontrollierter Weise zusammengeführt. Beide einigen sich auf einen Ausgleich für die Tat, die auch dem Täter erlaubt, sein Gesicht zu wahren. Damit entsteht erstmals Beziehung außerhalb des Spannungsfeldes von Aggressivität. Dabei sollte bei ausländischen Jugendlichen der »Ausgleichspate« (etwa ein Polizist oder ein Sozialarbeiter) aus dem gleichen ethnischen Raum kommen wie der Täter.

Der Ausgleich kann ein Hilfsdienst für das Opfer selbst sein oder für einen kommunalen Betrieb; er kann in der Reparatur oder Wiederbeschaffung beschädigten oder gestohlenen Eigentums bestehen – auf jeden Fall muß er dem Täter ermöglichen, Männlichkeit auf nicht-aggressivem Felde einzusetzen. Dem Opfer einen Blumenstrauß ins Krankenhaus bringen zu müssen, ist »weiblich« und damit schwach und demütigt deshalb erneut. Aber dem Opfer das zertrümmerte Moped so wieder aufmöbeln zu müssen, daß es hinterher schneller fährt als vorher, kann helfen.

Das Interesse an Jugendkriminalität

Der Begriff »Jugendkriminalität«, wie er von Medien gehandhabt wird, übertreibt nicht nur, was die Verbreitung der jugendlichen Gewalttaten betrifft, er unterstellt insgeheim auch einen kausalen Zusammenhang: *Weil* einer jugendlich ist (= außer Kontrolle, schwer zu bändigen, barbarisch), wird er kriminell. Jugend an sich erscheint hier als Bedrohung. Wie gezeigt, ist der Bedeutungszusammenhang für die kleine Zahl krimineller Jugendlicher aber ein gegenteiliger: Ihnen erschien die bürgerliche Erwachsenenwelt schon immer als Bedrohung, der gegenüber man sich abgrenzen und behaupten muß. Im Gegensatz zum Mythos Jugendkriminalität gründet sich reale Jugendkriminalität auf konkrete Erfahrungen: Nahezu alle kriminellen Jugendlichen erlebten Väter, Autoritäten und »Sozialisationsinstanzen« als unberechenbar, gewalttätig und ausgrenzend. Demgegenüber stützt sich die Dämonisierung der Jugend auf gerade 5 % nicht etwa der Jugendlichen überhaupt, sondern derer, die straffällig werden. Das sind etwa 0,35 %!

So erweist sich das öffentliche Bild von Jugendkriminalität selbst als ausgrenzend und – seelisch – gewalttätig. Es muß ein tendenziös interessiertes Bild sein. Ähnliche Erfahrungsgrundlagen auf anderen Gebieten werden nämlich nicht in dieser Weise verallgemeinert. Zum Beispiel sind etwa 4 % aller Jungs Stotterer. Trotzdem gibt es nicht Begriff und Mythos des »Knabenstotterns« oder ähnliches. Man unterstellt nicht generell »den« Jungs, eine Neigung zum Stottern zu haben. Ähnlich sind 5 % aller Kinder Linkshänder. Auch das wird nicht aufgebläht zum Bild, Kinder neigten generell zur Linkshändigkeit.

Beim öffentlichen Reden über Jugendkriminalität handelt es sich demgegenüber augenscheinlich um das Zelebrieren einer Interessiertheit – man ist aber nicht an den betreffenden Jugendlichen interessiert, sondern an der Befestigung des Bildes vom »guten« (= angepaßten, der Kriminalität und Gewalt fernen) Erwachsenen. Das eindrucksvolle Bild von der »Monstergeneration«, die da angeblich heranwächst, bestätigt dieses schöne Selbstbild des Erwachsenen und lenkt ab von der Tatsache, daß nicht nur die Kriminalitätsrate bei Erwachsenen wesentlich höher liegt als bei Kindern und Jugendlichen, sondern auch vielfältiger auftritt. Bankraub, organisierter Einbruch, Sexualverbrechen, schwere Körperverletzung werden häufiger von Erwachsenen ausgeführt als von Minderjährigen, und Erwachsene begehen Delikte, die bei Minderjährigen gar nicht vorkommen wie Erpressung, Betrug, Unterschlagung, Bestechung, Entführung.

Mit anderen Worten zeigt sich noch ein anderer Bedeutungszusammenhang der Jugendkriminalität, hier in Bezug auf die Öffentlichkeit. Das Entsetzen an der angeblich wachsenden Jugendkriminalität verstellt den Blick auf die allgemeinen Neigungen zu »dissoziativem« Verhalten: Versicherungsbetrug, Steuerhinterziehung, Käuflichkeit von Politikern, Mißbrauch und Mißhandlung an Kindern, Ausgrenzung von Ausländern.

Eine Öffentlichkeit, die allmählich spürt, daß sie ihre wegweisende Funktion für Kinder und Jugendliche verliert, interessiert sich nicht für dieses *ihr* Defizit, sondern für dessen Leugnung. Diese gelingt umso besser, je drastischer und monströser Jugendkriminalität und je unsteuerbarer Jugend überhaupt erscheint. So ergibt Jugendkriminalität auch nach dieser Seite hin einen Sinn.

Der Zwölfjährige, der seine Tante erstach, um an ihr Sparschwein mit 60 DM heran zu kommen, sagt nicht nur wenig über Jugendkriminalität, sondern auch gar nichts über Jugend, aber viel über den Ausfall einer am Kind orientierten Erziehung.

Zwischen den Eltern

Geht uns nicht das Herz auf, wenn wir einer jungen Familie beim Sonntagsspaziergang im Stadtpark ansichtig werden? Die Mutter links, der Vater rechts, dazwischen das Kind an der Hand der Eltern. Ein Bild der Harmonie, das kindliche Urbedürfnisse nach Geborgenheit zu erfüllen scheint, ein Urbild geradezu.

Gesetzt, wir sehen dieselbe Familie, inzwischen mit weiterem Nachwuchs, acht oder zehn Jahre später beim Sonntagsspaziergang: Entnervt und schimpfend zerrt die Mutter das jüngste Kind hinter sich her. Es will lieber auf die Schaukel dort drüben als durch den Park zu tappen. Die älteren Geschwister spielen fangen und trampeln dabei über die Blumenrabatte. Der Vater trollt mißmutig voraus, die Hände in den Hosentaschen.

Was ist geschehen seit damals? Hat ein unvorhersehbares Unglück die Familie getroffen? Oder haben die Eltern pädagogisch versagt? – Nein, es sind nur die Konflikte zu Tage getreten, die in dem ursprünglichen Bild der Harmonie schon veranlagt waren.

Das Kind zwischen den Eltern: Wenn wir dieses Bild nicht nur als Darstellung und Bestätigung unserer Wunschvorstellungen von Familie und Kindheit nehmen, sondern ohne diese Brille auf uns wirken lassen, so spricht es schon von den Dimensionen innerfamiliärer Beziehungen in der Kleinfamilie, die alles andere als Harmonie mit sich bringen.

Das Kind belastet die Ehe

Das Kind geht zwischen den Eltern: Zweifellos entspricht dies einem Grundbedürfnis – und einem Recht – des Kindes nach Geborgenheit und Schutz. Aber es geht *zwischen* den Eltern: Das heißt, das Bild spricht auch von der Gefahr, daß das Kind die Eltern als Eheleute auseinander bringt. Es kann Nähe zwischen ihnen verhindern.

In der bürgerlichen Kleinfamilie wird der Ankunft eines Kindes, besonders des ersten Kindes, eine solch hohe, idealische Bedeutung gegeben, der gegenüber sogar Bedeutung und Ideal der Ehe zurücktreten. Gerade beim ersten Kind dreht sich der gesamte Alltag der Eheleute – und oft noch die Nacht – um den Neuankömmling. Dieser ist Quelle tiefer Freude und Dankbarkeit, aber bald auch von Nöten, Sorgen und Streß. Das Zahnen, die Kinderkrankheiten, später Erziehungsprobleme können die Eltern so in Anspruch nehmen, daß sie ihre Ehe vergessen. Oft sind Fragen des Erziehungsstils, der Ernährung, der Handhabung von Grenzen und Zuwendungen Anlaß heftiger Streitigkeiten zwischen den Eltern.

Im positiven und im problematischen Sinn hat das Kind eine hohe emotionale Wichtigkeit für die Eltern. Und viele, vor allem Mütter, betonen ausdrücklich, daß sie demgegenüber »gern« bereit sind, die Belange der Partnerschaft zurückzustellen.

Insofern leugnet das Bild vom Kind zwischen den Eltern den Vorrang der Ehe vor der Familie und bringt damit einen elementaren Irrtum der bürgerlichen Kleinfamilie zur Darstellung. Denn nichts anderes als die Ehe kann die Grundlage der Familie sein. Die Eltern-Kind-Beziehung als Grundlage der Familie zu betrachten, bedeutet nicht nur, diese Beziehung zu überfrachten, sondern auch, dem Kind Mitverantwortung für den Zusammenhalt der Familie zuzuschieben. Das aber kann nicht die Situation des Kindes sein.

Kinder müssen im Gegenteil gegenüber der Ehe der Eltern außen stehen – im positiven Sinn. Sie können daran nichts zu tun haben. Sie müssen an dieser Ehe ein Erlebnis haben, keine Aufgabe. Nur die sich selbst tragende und verantwortende Partnerschaft der Eltern kann für das Kind der alles sichernde Hintergrund seiner Existenz sein.

Das Kind tritt hinzu und findet die Partnerschaft der Eltern vor. Wenn diese ihre Ehe angesichts des Kindes »gern« zurückstellen oder sich durch die täglichen Belastungen und Nöte dazu gezwungen sehen, geht ihm der existentielle Bezugspunkt verloren. Wenn Vater und Mutter sich endgültig zerstritten haben, wenn sie nichts mehr miteinander anfangen können, dann existiert keine Familie mehr, seien die Beziehungen zu den Elternpersonen noch so wunderbar.

Das Kind verantwortet nicht die Ehe

Aus der Belastung heraus, die das Kind in die Ehe der Eltern bringen kann, aber auch bei Ehezerwürfnissen aus anderen Gründen, kann es in eine Vermittlerfunktion geraten. Auch dies spricht sich in dem ursprünglichen Bild des Kindes zwischen den Eltern aus. Es wird dann insgeheim oder ausdrücklich von ihm erwartet, daß es die Eltern zusammenhält. Viele Kinder, vor allem Einzelkinder, finden sich heute in dieser Rolle wieder. Im Extremfall wurde das Kind sogar überhaupt erst gezeugt, um die Ehe zu retten.

Im weniger extremen, aber sehr häufigen Fall wird von ihm verlangt, die Rolle eines Schiedsrichters einzunehmen oder auch eines solidarischen Kumpans. »Papa möchte heute abend schon wieder zum Sport. Sag du ihm doch, daß du uns lieber zusammen hast.« Oder: Die Mutter erzählt der halbwüchsigen Tochter von ihren Enttäuschungen in der Ehe und was es mit dem Vater im Ehebett auf sich hat – oder eben nicht auf sich hat. Oder: Der Vater stellt seinem zwölfjährigen Sohn seine Geliebte vor: »Aber das muß unter uns bleiben.«

Kinder können sich nicht wehren gegen ihre Funktionalisierung für Eheprobleme, aber sie können solche Mitteilungen aus der Sphäre der Erwachsenen nicht vergessen. Manche mögen es vordergründig als Ehre empfinden, so in die Geheimnisse der elterlichen Partnerschaft eingeweiht zu werden. Aber sie spüren auch die elementare Störung ihrer Unbefangenheit, die dies mit sich bringt. Denn sie werden dadurch auf die Ebene eines Erwachsenen gezogen. Damit gehen sie aber einer wesentlichen Qualität von Kindheit verlustig: *Vor* der Ehe der Eltern stehen zu dürfen. Durch solche »Einweihungen« stehen sie plötzlich *in* deren Ehe und spielen darin eine mitverantwortende Rolle.

Das Kind sucht Nähe und Abgrenzung zugleich

Das Bild des Kindes zwischen den Eltern spricht auch von der Enge der Beziehungen in der bürgerlichen Kleinfamilie. Nicht nur bekommen die Kinder heute zu viel von den persönlichen und ehelichen Belangen der Eltern mit, sondern Eltern mischen sich auch zu viel in den Alltag der Kinder ein. »Spiel doch mal mit den neuen Playmo-Autos.« »Dieses lustige Bärenposter würde sehr gut an die Wand über deinem Bett passen.« »Willst du nicht mal den neuen Nachbarsjungen einladen?«

Die grundlegende Geste des sich entwickelnden und sich selbst suchenden Ichs ist aber die Abgrenzung. Sie tritt beim Kind in erster Linie als Opposition auf und wird von den Eltern oft als Unart, als Angriff auf ihre Person oder Autorität, auf jeden Fall aber als anstrengend erlebt. Bevor das Ich weiß, was es ist, weiß es, was es nicht ist.

Noch der Erwachsene definiert sich durch Abgrenzung. Auch er legt größten Wert darauf, was er nicht ist. Ich bin nicht so geizig wie Onkel Herbert, nicht so faul wie Kollege Schulze und nicht so dick wie die Nachbarin. Wir sagen nicht: »Kollege Meier hat in etwa meinen erstaunlichen Intelligenzgrad«, sondern: »Kollege Schröder ist strohdumm«.

Die ganze Kindheit hindurch ist die Familie, ihr Lebensstil, ihre Wertsystem und ihr täglicher Umgang untereinander das erste, wovon das Kind sich abgrenzen muß. Dies steht
nicht im Widerspruch zu der Selbstverständlichkeit, mit der
das kleine und jüngere Kind den Familienstil als gegeben hin-
nimmt. Es identifiziert sich damit und hat daran Geborgenheit und Sicherheit. Aber schon im dritten Lebensjahr, sodann mit Eintritt in den Kindergarten und später in die
Schule erweitert sich sein Eigenbewußtsein und sein Horizont, und zwar im gleichen Maße, wie sich sein Ich-Bewußtsein entwickelt. Denn das Ich reicht nach außen immer genau
so weit, wie es nach innen reicht. Das Kind beginnt deshalb,
sich – punktuell erst und nur für den Augenblick, später
grundsätzlicher – abzusetzen von dem, was es bis dahin un-
hinterfragt hat sein lassen. Die kleinen Ungehorsamkeiten,
die Momente vehementer Opposition gegen Anordnungen
der Eltern, schließlich die Fundamentalopposition in der Pubertät – dies sind notwendige Schritte in der Individualisierung.

Somit hat die Familie eine doppelte, nämlich widersprüchliche Aufgabe: Sie ist zum Schutz des Kindes da, soll
ihm Lebenssicherheit vermitteln und gleichzeitig ist sie der erste Ort der Abgrenzung und Distanzierung. Diesen zweiten
Teil der Aufgabe verschweigt das ursprüngliche Bild vom
Kind, das zwischen den Eltern geht. Dieser wird von ihnen als
Störung empfunden, wird als Bedrohung erlebt und kann
Angst machen. Reibefläche sein zu sollen für das Kind, stört
das Familienideal von Nähe und Harmonie.

Die Notwendigkeit der Abgrenzung und Opposition muß
dieses Ideal aber gar nicht in Frage stellen, sondern ergänzt es.
Erst beides zusammen erfüllt die Aufgabe der Familie,
Sprungbrett für die Selbst-Werdung des Kindes zu sein.

Die unterschiedliche Bedeutung von Vater und Mutter

Die Rollenaufteilung zwischen Mann und Frau in der Familie ist bekannt und viel diskutiert. Vom Kind aus gesehen ist der Sachverhalt nicht so kompliziert und bestreitbar. Für das Kind, Mädchen wie Junge, hat der Vater eher Orientierung gebende Funktion, die Mutter die Bedeutung der seelischen Beheimatung. Sicherlich bildet sich hier auch die noch übliche Rollenaufteilung ab: Der Vater geht »hinaus in die Welt«, zur Arbeit, die Mutter übernimmt die tägliche Fürsorge. Aber aus der Sicht des Kindes kommt hier noch eine andere Dimension zum Tragen: Es hat ja mit der Mutter eine andere Geschichte als mit dem Vater. Es war biologisch und in seinen vitalen Funktionen mit der Mutter in einer Weise direkt verbunden wie mit dem Vater nie. Im Erleben das Kindes hat der Vater zunächst gar keine eigene Existenz. Er ist lediglich eine Art Fortsetzung und den Rahmen gebende Ergänzung dessen, was es an der Mutter und durch die Mutter erlebt. Etwa ab dem fünften Lebensjahr wendet sich dieses Erleben. Lange bevor das Kind sie als eigenständiges Wesen sieht, mit eigenen Aufgaben, erkennt es im Vater die eigenständige Existenz. Es *interessiert* sich für ihn und was er tut, für sich und am Kinde, lange bevor es sich für die Mutter interessiert. Die ersten Fragen betreffen den Vater, nicht die Mutter, gerade weil es zu ihm eine distanziertere Geschichte hat als zu ihr. Das Kindergarten-Kind kann fragen: »Warum muß Papi arbeiten gehen?«, aber es würde nicht fragen: «Warum muß Mutti den Haushalt erledigen?« Denn die Führung des Haushaltes ist dem Kinde Fortführung der vitalen Fürsorge, die es – unhinterfragbar – durch die Mutter erlebt hat. Daß der Vater arbeiten geht, nach draußen, und was er da tut, ist etwas, das zum fürsorgenden Alltag hinzukommt. Es fällt auf. Die Fürsorge durch die Mutter fällt dagegen nicht auf. Der Vater ist deshalb die erste Person, die über die Familie, aber auch über die Selbstverständlichkeiten der täglichen Versorgung hinaus weist.

Versuche des Vaters, freiwillig oder auf Druck seiner Frau, sich mehr im Haushalt zu engagieren, Versuche der Rollenumkehr sogar, ändern das Bild für das Kind nicht, sondern beenden es und setzen ein anderes Bild dagegen. Die Beziehung zwischen Kindern und dem Vater als Hausmann sind anders als die Beziehung zur Mutter als Hausfrau: Sie sind von anderer Bewußtheit geprägt, das Kind ist überrascht; es erlebt hier nicht die sonst fraglose Fortsetzung seiner vitalen Nähe zur Mutter im häuslichen Alltag, sondern erlebt diese vitale Nähe jetzt als etwas, das sich zeitweilig, am Abend und am Wochenende einstellt und zu anderen Zeiten wegrückt. Insofern kommt dieses Arrangement dem anwachsenden Abgrenzungsbedürfnis des Kindes aktiv entgegen. Aber das Abgrenzungsbedürfnis zum Vater hin wird dadurch nicht stärker. Denn zu ihm, da es eben eine andere Geschichte mit ihm hat, braucht es die emotionale Abgrenzung nicht in dem Maß wie zur Mutter.

Weder bei der klassischen Rollenaufteilung noch beim modernen Rollentausch hat das Kind also eine gleichartige oder gleichwertige Beziehung zu den beiden Elternteilen. Das Bild vom Kind zwischen den Eltern schweigt davon.

Geschwister verändern die Beziehungen

Dagegen spricht das Idealbild des *einen* Kindes zwischen den Eltern deutlich davon, daß es niemals ein weiteres Kind geben kann, das die gleichen Beziehungen zu den beiden Elternteilen hätte wie das erste. Jedes weitere Kind wird, wenn wir in diesem Bilde bleiben, entweder auf einer Außenseite des bisherigen, um das erste Kind zentrierten Dreier-Verbundes gehen, also an der Seite eines der beiden Elternteile. Das bedeutet, es wird nicht zu beiden die gleiche Nähe haben. Oder das hinzukommende Kind positioniert sich zwischen dem ersten und einem der beiden Elternteile. In diesem Fall wird es die Nähe des ersten Kindes zu diesem Elternteil stören. Andererseits steht hier das erste Kind zwischen dem zweiten und dem anderen Elternteil.

Das hinzugekommene Kind verändert also alle Beziehungen in der Familie. Dies muß nicht von Nachteil sein. Wenn sich das zweite Kind zwischen Erstgeborenem und einem der beiden Elternteile positioniert, so erfährt das Erstgeborene eine Verstärkung, was die oben beschriebene Abgrenzungsnotwendigkeit betrifft. Zwei (und mehr) Kinder haben zueinander einen starken Bezug und können sich gemeinsam besser abschotten gegenüber den Belangen der Eltern als Einzelpersonen und Eheleute.

Andererseits ist die Lebenssituation eines Kinderpaares stark von Rivalität durchzogen, was die Beziehungen zu den Eltern betrifft. Bei Familien mit mehr als zwei Kindern ist dies weniger zu beobachten. Je mehr Kinder da sind, umso mehr behauptet sich Kindheit. Sie »erziehen« sich weitgehend gegenseitig, handeln ihre Beziehungen und Positionen untereinander aus und bewahren sich eine von der Erwachsenenwelt abgegrenzte Kinderwelt. Ihr Status als Kind ist ihnen bewußter als dem Einzelkind. Und sie leben ihn selbstbewußter. Umgekehrt regieren Eltern einer größeren Kinderschar weniger in die Welt der Kinder hinein. Eine Mutter von fünf Kindern kommt kaum auf die Idee, ihnen vorzuschlagen, was sie spielen könnten. Die Mutter des Einzelkindes sieht sich oft dazu veranlaßt.

Das bedeutet, daß zur Kindheit Kinder gehören. Für das Einzelkind und auch das Geschwisterpaar, wenn es altersmäßig weit auseinander liegt, wird die Kinderwelt durch Institutionen geschaffen wie Kindergarten und Schule (die ja für das Kind hauptsächlich soziale Bedeutung hat). In den größeren Städten zumindest haben Kinder wenig Möglichkeiten, spontan und von sich aus andere Kinder zu treffen. Aber Kindheit funktioniert am besten, wenn Eltern sich heraushalten.

Ein anderes Bild

Das Urbild der Familie bedürfte also einer Änderung, wenn es die sozialen Entwicklungsbedürfnisse von Kindheit spiegeln soll: Vater und Mutter stehen einander halb zugewandt, denn sie sind nicht nur Eltern und nicht nur Eheleute. Die Kinder stehen mit dem Rücken zu dieser Formation, nebeneinander, bereit, von da aus, zuerst gemeinsam, später allein, sich ein Stückchen vom Kreis der Familie zu entfernen, zurückzukehren, sich noch ein Stück weiter hinauszuwagen, wieder zurückzukehren, um eines Tages endgültig die Eltern zurückzulassen.

Die Eltern trennen sich

Ein Beispiel. Mirco preßt sein Ohr an die Tür zum Schlaf-zimmer der Eltern. Es ist zwei Uhr nachts. Er war gar nicht erst eingeschlafen, hatte fieberhaft überlegt, wie er die beiden wie-der versöhnen könnte. Vielleicht sollte er samstags und sonn-tags mehr zu Hause bleiben, statt gleich nach dem Frühstück zum Kanu-Verein zu gehen. Dann könnte er aufpassen, daß sie nicht schon morgens zu streiten anfangen. Andererseits – aber das war wohl sein Fehler gewesen – ist er ja deshalb so früh gleich raus gegangen, weil er die ewig dicke Luft satt hatte.

Gestern abend hatten sie ihm gesagt, was er eigentlich schon längst erwartet hatte: Sie würden sich trennen. Der Va-ter würde ausziehen. »Wer hilft mir dann bei den Mathe-Hau-saufgaben?« war sein erster Gedanke gewesen. Eine volle Stunde hatten sie auf ihn eingeredet. Nicht die Hälfte davon ist bei ihm angekommen. Er war nur besetzt von der Frage, ob er jetzt wieder vom Gymnasium herunter müßte, weil er doch Mathe nicht allein schaffen würde. Und während sie redeten und redeten, probierte er innerlich, wie er es seinen Freun-den erklären könnte, daß er schon nach sechs Monaten das Gymnasium wieder verlassen würde.

»Ich freue mich auf unsere Zukunft zu zweit, Mirco, du und ich« – dieser Satz der Mutter war ihm allerdings hängen geblieben. Er konnte sich nicht vorstellen, was sie meinte.

Jetzt war alles ruhig im Schlafzimmer. Vielleicht hatten sie sich ja doch wieder versöhnt. Vielleicht war es doch noch nicht endgültig. – Mit solchen Hoffnungen schlief er ein.

Als er aufstand, war der Vater schon zur Arbeit gegangen. Die Mutter saß mit rot verweinten Augen am Frühstückstisch. Auf Mircos Teller lag ein Zettel vom Vater. »Hallo Sohnemann, komme heute abend nicht nach Hause. Du weißt ja jetzt Bescheid. Samstag besuche ich dich. Muß auch noch ein paar Sachen holen. Halt die Ohren steif, Junge. Vater.«

»Ich besuche dich« – Mirco war wie vom Donner gerührt. »Besuchen« kann man Tante Heidemarie und Onkel Ernst. Bei denen müffelt es immer so, und man ist froh, wenn man wieder weg kann. »Besuchen« kam man auch eine Ausstellung im Museum – Vater kannte eine Menge Künstler und nahm Mirco immer mit zu Ausstellungseröffnungen. Auch das war eher langweilig. Wie wird das also sein, wenn der Vater ihn »besucht«? Soll er etwa für Kaffe und Kuchen sorgen oder wie?

Die Mutter nahm ihn in den Arm: »Ja, dein Vater hat uns verlassen, Mirco. Jetzt machen es wir uns eben zu zweit gemütlich«. In einer kurzen Aufwallung von Wut stieß Mirco die Mutter von sich. War sie es nicht, die immer zu streiten angefangen hatte? Ja, sie hatte den Vater aus dem Haus getrieben ...

Sieben Fallen

Die nächsten Monate und Jahre enthalten für Mirco als Trennungskind sieben Fallen.

1. Er kann sich von Mutter und Vater in eine Schiedsrichterrolle drängen lassen. Wenn sie sich streiten über seine Geburtstagsgeschenke oder darüber, wie er die Ferien verbringen soll, wenn sie ihm wieder mal aufgebracht erzählen (»Der Junge muß schließlich wissen, mit wem er es zu tun hat«), wieso der andere unerträglich war – dann gibt er mal ihr, mal ihm Recht, hat mal für den einen Verständnis, dann wieder für den anderen. Und, damit sie aufhören, schlägt er selbst kluge Lösungen vor. Dann loben ihn die Erwachsenen und sagen »Wenigstens unser Mirco hat einen kühlen Kopf behalten. Er findet immer eine Lösung, wenn wir uns nicht einigen können.«

2. Mirco kann die Rolle des Briefträgers zwischen Vater und Mutter übernehmen. Wenn die Mutter sich nicht traut, vom Vater eine Erhöhung des Unterhalts zu verlangen, weil der ja dann gleich wieder ausrastet, schafft es Mirco, den Vater so diplomatisch darauf anzusprechen, daß er nur ein bißchen knurrt und es einsieht, daß die Mutter mehr Geld braucht.

3. Vielleicht solidarisiert sich Mirco mit einem der beiden. Zum Beispiel könnte ihm die Mutter leid tun, die jetzt wieder arbeiten gehen muß, damit das Geld reicht, und die ihrem Sohn immer wieder erzählt, welch schöne Zukunft sie sich ausgemalt hatte, damals, als sie eine junge Familie waren. Mirco wird dann so eine Art Beschützer seiner Mutter werden und sich mit ihr zusammen gegen den Vater stellen. Und er wird vor sich selbst die Sehnsucht verleugnen, auch zu ihm ein gutes Verhältnis zu haben. Im Gegenteil wird er sich bei seinen Schulfreunden verächtlich über seinen Vater äußern, wird betonen, daß dieser kein Vorbild für ihn ist (»Der hat doch alle vier Wochen eine andere Freundin«). – Erst später, als junger Erwachsener, wird Mirco sich schämen deswegen und sich schuldig fühlen für das Fremdheitsgefühl, das zwischen ihm und dem Vater entstanden ist.

4. Mirco kann einem oder beiden Elternteilen gegenüber in eine Ratgeberrolle hineingeraten. Der Vater könnte in einem Betrieb in einer anderen Stadt wesentlich mehr Geld verdienen; andererseits möchte er in Mircos Nähe bleiben. Auch fürchtet er die Umstellung auf den neuen Betrieb. Mirco kann jetzt fast wie ein Therapeut mit dem Vater das Für und Wider durchsprechen und ihm dann einen Rat geben, selbstlos und ihm die Entscheidung abnehmend: »Geh ruhig. Dann komm ich eben mit dem Zug zu dir.«

Die Mutter würde gern mit ihrem neuen Freund zusammenziehen, fürchtet aber, daß der Vater dann den Unterhalt einschränkt. Mirco regelt auch das und rät der Mutter zum Umzug zu ihrem Freund.

5. Mirco kann zum Seelentröster für seine Eltern werden. Die Mutter beklagt immer wieder ihre Einsamkeit. Mirco tröstet sie und bleibt wegen ihr zu Hause statt mit seinen Freunden ins Kino zu gehen. – Der Vater erzählt seinem Sohn, wie ihn die Leute in der Gemeinde links liegen lassen seit der Scheidung. Mirco geht demonstrativ mit dem Vater zur Kirche.

6. Mirco übernimmt Verantwortung für die Stimmung seiner Eltern. Ohnehin hat er das Gefühl, wenn er nicht wäre, hätten sie sich nicht so zerstritten. So oft war er der Anlaß ihrer Streitereien gewesen. Jetzt möchte Mirco das wenigstens nachträglich wieder gut machen und will dafür sorgen, daß sie nicht so unglücklich sind, daß sie nicht ständig mit dem Scheitern ihrer Ehe hadern, daß sie mit der Trennung zurecht kommen.

7. Mirco läßt sich zum Spion machen. Wenn er vom Wochenendbesuch beim Vater und seiner neuen Partnerin zurückkommt, fragt die Mutter ihn aus, ob »die« auch kochen kann, wie es eigentlich »da« im Haushalt aussehe, ob »er« mit der Neuen auch so knurrig sei wie er mit ihr gewesen war. – Und wenn Mirco beim Vater ist, muß er erzählen, welchen Ramsch die Mutter vom Unterhaltsgeld wieder mal gekauft hat (»Hat sie wieder ihrem Frustkauf gefrönt?«) und ob sie immer noch diese lächerlichen Schlafanzüge trägt.

Was ändert sich?

Das Kind tappt in solche Fallen aus der Verwirrung der Gefühle heraus, aus dem Orientierungsverlust – aus dem eigenen und dem der Erwachsenen. Mit der Trennung der Eltern ändert sich Grundsätzliches für das Kind. Um die Unsicherheit und notwendige Neuorientierung abzukürzen, ist es in Gefahr, die unterschwellige Bitte der Erwachsenen, sich jetzt selbst wie ein verantwortungsfähiger Erwachsener zu verhalten, zu erfüllen. Die Fallen bestehen darin, daß das Kind jeweils in einer etwas anderen Variante der Erwachsenenrolle eigenverantwortlich in das Geschehen eingreift. Es läuft darauf hinaus, daß es gegenüber seinen erschütterten und orientierungslosen Eltern in Umkehrung der Verhältnisse selbst eine fürsorgende Elternfunktion übernimmt.

Wie kann es dazu kommen?

Der heute gängige Aufruf an das sich trennende Elternpaar »Eltern bleiben Eltern« oder »Eltern können sich nicht trennen« mag als Appell zur Kooperation in bezug auf die gemeinsamen Kinder taugen, für die Kinder selbst aber stimmt der Satz nicht. Denn wenn ein Elternteil weggeht – und darum handelt es sich aus der Sicht des Kindes –, dann verletzt dieser elementar die wesentliche Elternaufgabe: präsent und emotional verfügbar zu sein. Auch wenn das Kind – von sich aus oder weil es ihm eingeredet wurde – das Bild hat, der eine habe den anderen fortgeschickt, verletzt dieser – fortschickende – Elternteil jene grundlegende Elternfunktion. Ansprachen an das Kind wie »Wir bleiben trotzdem deine Eltern« sind deshalb für Kinderohren bestenfalls abstrakt, wenn nicht heuchlerisch.

Auch der bleibende Elternteil setzt für das Erleben des Kindes mindestens vorübergehend seine Elternrolle aus. Schon in der Vorphase der Trennung, sodann in der akuten Trennung und noch Monate danach fällt gerade der zurückbleibende Elternteil als Ansprechpartner für das Kind aus.

Dieses spürt sehr genau, wie umfassend die Mutter absorbiert ist vom Scheitern ihrer Ehe und wie wenig sie tatsächlich Kopf und Herz frei hat für das Kind, allen gegenteiligen Versicherungen und Bemühungen zum Trotz.

Kinder spüren auch die Paradoxie oder Selbstüberforderung in der Vorgabe »Wir bleiben deine Eltern«. Denn diese befinden sich ja mitten in einer heftigen und oft aggressiv geführten emotionalen Distanzierung voneinander. Wie sollen sie ausgerechnet jetzt vernünftig und kooperativ da miteinander umgehen können, wo es um die gemeinsamen Kinder geht?

Aus der Sicht des Kindes ist die Elternrolle *wechselbezüglich*. Es kann nicht einer seine Elternrolle aufgeben oder auf das Wochenende beschränken und der andere führt sie genau so weiter wie bisher. Mit anderen Worten: Das Kind steht fürs erste unter dem Eindruck, daß *Vater und Mutter ihre Elternrolle in der bisherigen Form beenden.* Damit sieht es sich auf sich selbst verwiesen und kommt nun in die Versuchung, dieses so entstehende Vakuum auszufüllen, indem es selbst eine Art Elternrolle übernimmt – an sich selbst (»Ich muß mich jetzt selbst um Mathe-Nachhilfe kümmern. Was bekommt so ein Nachhilfelehrer wohl?«), aber auch an den beiden Elternteilen, sofern sie dem Kind einen hilflosen Eindruck machen.

Die neue Gesetzgebung, die in Deutschland seit 1998 das gemeinsame Sorgerecht als Regelfall vorsieht und dem Kind ein Mitspracherecht bei seiner Aufenthaltsbestimmung und beim Besuchsrecht zuspricht, hilft nur im seltenen Idealfall. In der weniger idealen Praxis leistet sie der Mitverantwortlichkeit das Kindes Vorschub, die dieses meint wahrnehmen zu müssen oder in die es von den Eltern unterschwellig hineingeschoben wird. Und ein gut abgegrenztes Kind wird fürs erste gerade nicht entscheiden wollen, wie oft es zum Vater geht, weil hier fast jede Festlegung einen Affront gegenüber der Mutter enthält, die es schließlich nicht verletzen möchte.

Häufig streiten sich getrennte Paare um das Kind. Das gemeinsame Sorgerecht beruhigt diese Situation nicht, sondern kann sie zuspitzen. Während sonstige Streitanlässe für das Kind meist aushaltbar sind, weil es sich davon abgrenzen kann, bekommt es selbst Schuldgefühle, wenn wegen ihm gestritten wird. Und der Streit *um* das Kind ist selten ein Streit *für* das Kind. Vielmehr funktionalisieren die Getrennten das Kind und seine Belange, um die Unerlöstheiten zwischen ihnen auszutragen, die ja durch die Trennung nicht aufhören, sondern im Gegenteil festgeschrieben werden. »Bei mir sind die Kinder viel besser aufgehoben. Die Wohnumgebung ist bei mir günstiger, der Garten größer und das Essen gesünder ...« – alles Gesichtspunkte, die für das Kind keine sind. Es erlebt vielmehr, daß wegen ihm gestritten wird. Also fühlt es sich schuldig nicht nur an der Trennung, sondern auch am Fortbestehen des Zerwürfnisses.

Die Trennung selbst sowie die Scharmützel danach führen also dazu, daß die Elternfunktion für das Kind ausfällt. Es ist deshalb schöngeredet, wenn in Trennungsratgebern die Rede geht, die Elternfunktion ändere sich nicht, nur der eine übe sie jetzt eben von woanders her aus.

Selbst in den Fällen, bei denen die Kinder die Trennung lange vorhergesehen haben oder, was auch vorkommt, selbst eine Trennung für die einzig mögliche Lösung halten, können sie sich das Herausfallen aus der wechselbezüglichen Elternfunktion vorher nicht vorstellen und sehen sich genau so auf sich selbst verwiesen wie das Kind, für das die Trennung überraschend kommt.

Die Beziehung zu den Elternteilen ändern

Auch wenn das Kind nicht in die skizzierten Fallen und Versuchungen gerät, selbst eine fürsorgende Rolle für die Getrennten einzunehmen, steht es vor der Aufgabe, seine Beziehungen zu beiden Elternteilen – auch zum zurückbleibenden – ändern zu müssen. So wird zum Beispiel für den Sohn der ausziehende Vater meist wichtiger als er vorher schon war. Auch wenn er ihn vor der Trennung kaum zu Gesicht bekommen hat, weil er beruflich oder durch Freizeitbedürfnise außer Haus gebunden war, so wird der Vater wichtiger, weil der Sohn sich jetzt mit Bewußtsein zu ihm in Beziehung setzen muß, was für den Sohn einer intakten Familie nicht notwendig ist. Bis zur Pubertät ist aber die bewußte Reflektion und Handhabung der Beziehung zum Vater nicht das, was der Sohn von sich aus suchen würde. Im Gegenteil braucht er die Selbstverständlichkeit dieser Beziehung – für seine Geborgenheit und seine Suche nach Identifikationsmöglichkeiten einerseits und seine entwicklungsgemäßen Abgrenzungsbedürfnise andererseits. Diese Qualität der Beziehung zu den Elternpersonen bricht also ab, wenn sie sich trennen.

Nicht anders verhält es sich mit der Beziehung zur Mutter, bei der die Kinder in der Regel verbleiben. Sie muß ihren Alltag, ihre sozialen Beziehungen, oft auch ihre berufliche Situation verändern. Damit ändert sich die bisher übliche Betreuungssituation und bringt Bewußtheit auch in diese Beziehung, die bis dahin von ihrer Unhinterfragbarkeit und Unreflektiertheit lebte. Die Mutter sieht sich jetzt vor der Anforderung, mehr Verantwortung für die Kinder zu übernehmen (»Ich muß ihnen jetzt auch den Vater ersetzen«), greift zum Beispiel stärker in den Alltag der Kinder ein, wird strenger oder verlangt mehr Mitverantwortung von ihnen. Später wird vielleicht ein anderer Mann auftauchen – gerade jetzt, wo die Kinder sich in die neue Situation hineingefunden haben. Die Mutter an der Seite eines anderen Mannes – ein befremdliches Bild. Setzt sie sich jetzt noch mal von mir ab? Hat sie keine Lust mehr, mit mir allein zu leben? Ist das jetzt die »Gemütlichkeit zu zweit«, von der sie damals gesprochen hat?

177

Das »auffällige« Trennungskind

Auch für das Trennungskind, das sogenannte Verhaltensauffälligkeiten zeigt, gilt, was bereits allgemein über das auffällige Kind dargelegt wurde: Lang bevor das Kind »auffällt«,
fällt dem Kind die Situation auf, in diesem Fall der Ausfall der
wechselbezüglichen Elternfunktion und die Herausforderung, zu den beiden Elternteilen je eine neue Beziehung finden zu müssen. Auch hier reagiert das Kind mit seinen Möglichkeiten, seinen Fähigkeiten und natürlich auch mit seinen
Schwächen, um die auffallende, belastende Situation einordnen und verarbeiten zu können.

Jungs reagieren meist heftiger als Mädchen, die häufig
»vernünftig« sind in dieser Situation. So werden Jungs zum
Beispiel aggressiv, um zu testen, ob sie nicht wenigstens mit
solchen »Auffälligkeiten« die Eltern in ihre gemeinsame Elternrolle wieder hineinlocken können.

Aber weder Junge noch Mädchen können die Trennung
wirklich fassen. Es ist außerhalb ihres Horizontes, daß sie aus
der gemeinsamen Fürsorge der Eltern herausfallen könnten.
Beide werden dazu neigen, die Trennung auf sich zu beziehen
(»Ich war es nicht wert, daß der Vater hier blieb« oder »Ich
muß so unmöglich gewesen sein, daß er es mit mir nicht mehr
ausgehalten hat«) oder – auch das eine kaum zu verarbeitende
Belastung – sich in eine Art Größenwahn hineinzusteigern
(»Ich hab es geschafft, den Alten, der sowieso nur noch an mir
herumgenörgelt hat, aus dem Haus zu treiben«).

Welche »Auffälligkeiten« zur Verfügung stehen, ist alters-
abhängig:

Erst ab drei oder vier Jahren wird das Kind bewußt regi-
strieren, daß der Vater endgültig nicht mehr nach Hause
kommt. Deshalb sind erst im Kindergartenalter akute Reak-
tionen auf den Trennungsvorgang selbst zu erwarten. Da sich
in dieser Phase das Ich noch als Mittelpunkt der Welt erlebt,

sich noch fraglos mit der unmittelbaren menschlichen Umgebung identifiziert, werden kleine Kinder die Trennung unweigerlich auf sich beziehen. Sie können nicht verstehen, daß der Vater sie verlassen hat. Schlafstörungen, manchmal heftige Aggressionen gegen Geschwister (»Vielleicht bin ja gar nicht ich schuld, sondern mein kleiner Bruder, der mir schon immer auf die Nerven geht«) und Rückfälle in längst überwundenes Baby-Verhalten sind die üblichen Folgen. Das Kind mag versuchen sich zu beruhigen durch Daumenlutschen, manchmal heftige Onanie, es mag anklammerndes Verhalten entwickeln, es kann in Panik geraten, wenn die Mutter nur aus dem Zimmer geht. Gerade Kinder, die sich selbst die Schuld geben, werden sogenanntes selbstaggressives Verhalten zeigen: Sie reißen sich büschelweise Haare aus, kauen Fingernägel ab oder schmieren sich mit Kot voll. Und weil sie noch so stark mit der aktuellen Umgebung identifiziert sind, übernehmen sie jeweils die Gefühle des Elternteils, bei dem sie sich gerade befinden. (Samstag morgen: »Ich möchte nicht zu Papi«, Sonntag abend: »Ich möchte nicht zu Mutti«). Damit heizen sie Mißtrauen und gegenseitige Vorhaltungen der Elternteile an oder werden als »Lügner« mißverstanden.

Kinder im Grundschulalter bemühen sich schon um ein Verständnis für die Eltern, versinken aber gerade deswegen oft in tiefe hilflose Trauer. Sie schämen sich, auch vor Freunden, und geraten möglicherweise in eine Selbstbefangenheit hinein, aus der sie höchstens noch für Momente befreit werden können. Die für sie typische »Auffälligkeit« ist der Leistungsabfall in der Schule, manchmal auch die forcierte Leistungssteigerung, welche den Erwachsenen allerdings positiv auffällt (»Mein Sohn hat verstanden, daß er jetzt für sich selbst sorgen muß«) und sie scheinbar entlastet.

Zehn-, Elf-, und Zwölfjährige schotten sich auch oft ab, versuchen sich heraus zu halten, lassen, mit einem kaum verhohlenen Ausdruck von Verachtung, die Eltern betont allein

(»Seit der Trennung ist mein Sohn so verstockt«). Andere beginnen zu schauspielern. Sie stellen jeweils das dar und sagen das, was der Elternteil von ihnen erwartet, bei dem sie gerade sind.

Jugendliche können Beziehungsprobleme schon nachvollziehen und machen sich Sorgen um die Eltern oder auch um jüngere Geschwister. Gerade sie geraten leicht in die Verantwortungsfalle: Schnell erklären sie sich bereit, sich verstärkt um die Geschwister zu kümmern, »beraten« Vater und Mutter. Sie denken mit und überfordern sich gerade dadurch. Die für den Jugendlichen anstehende Lösung vom Elternhaus mißrät oder wird verschoben. Er ist in Gefahr, sich zu isolieren von der peer-group, kann deren Experimentierlust nicht mitvollziehen, weil er besetzt ist von den Beziehungsproblemen der Elternpersonen. Er kann sich aufgerufen fühlen, schnell erwachsen und »vernünftig« zu werden, den eigenen Raum fordernden Entwicklungsprozeß dahin überspringend. Anstatt mit der eigenen Identität experimentieren zu können, sehen sie sich in der Rolle, sich um die Stabilisierung der Erwachsenen kümmern zu müssen.

Andere Jugendliche reagieren auf die Trennung nach der anderen Richtung: »Die Alten sollen doch selbst sehen, wie sie mit dem Mist, den sie gebaut haben, klar kommen.« Das heißt, sie lösen sich abrupt vom Elternhaus, das dann als Ort des Rückzuges und als Heimathafen ausfällt.

Die Führung des Kindes in der Trennung

In der Trennungssituation und noch lang danach braucht das Kind eine Führung durch die Erwachsenen, die zu leisten ihnen, eben weil sie sich selbst in einem schmerzlichen Umbruch befinden, gerade jetzt schwer fällt. Es wäre in dieser Phase notwendig, sehr viel Zeit mit dem Kind zusammen zu verbringen und – je nach Alter – Gefühlsäußerungen zu ermutigen und immer wieder Orientierung für die Zukunft zu geben. Dabei sollte das Kind keine Schuldzuweisungen an den anderen Elternteil hören müssen. (»Dein Vater hatte sich nie auf die Familie eingelassen.«)

Schon die Trennungsankündigung sollte durch beide Elternteile gemeinsam geschehen, und sie sollten sich vorher absprechen, wer was wie sagt. Sie sollten sich nicht erregt ins Wort fallen, und sie sollten dem Kind eine altersgemäße Erklärung für ihren Trennungsbeschluß geben, ohne natürlich vor dem Kind den Inhalt ihrer Beziehungsprobleme auszubreiten. Die Situation sollte emotional sein dürfen; die Betroffenheit der Eltern braucht vor dem Kind nicht versteckt zu werden, ohne daß es andererseits zum Publikum von Heulkrämpfen gemacht wird.

Das Kind muß in dieser Situation auch hören – und das muß es in den Wochen und Monaten danach immer wieder hören –, was sich nicht ändern wird: Du gehst weiterhin in deinen Kindergarten. Du wirst wie immer mit Lotte, Lenchen und Veronika spielen, und Oma und Opa sind wie bisher für dich da und freuen sich über deinen Besuch.

Die – vorher abgesprochene – Besuchsregelung muß skizziert werden. Für kleinere Kinder sollte dabei erwähnt werden, daß sie Vertrautes (den Teddy, die Playmo-Autos) mit zum Besuch nehmen können.

Und immer wieder muß betont werden, daß das Kind ursächlich nichts mit dem Trennungsbeschluß zu tun hat. Auch ist zu besprechen, wie und wann man die neue Situation den Freunden mitteilt, der Lehrerin ... Bei dieser Gelegenheit wie auch zum Beispiel beim Thema Besuchsregelung sollte es in ein Gefühl der Aktivität der Situation gegenüber hineinkommen, sollte im kleinen Rahmen zur Mitgestaltung ermuntert werden, damit es die Situation nicht als etwas erlebt, das es passiv und hilflos über sich ergehen lassen muß.

In den Monaten nach der Trennung müssen die Eltern viele Gespräche mit ihrem Kind führen, kurze, beiläufige und ausführliche. Hierbei sollte es auch immer wieder um die Frage gehen, was es verliert, was gleich bleibt und was es vielleicht gewinnt durch die neue Situation. Die Kinder haben hiervon durchaus selbst ein Bild, trauen sich oft aber nicht, es von sich aus anzusprechen (»Seit der Trennung schimpft mein Vater nicht mehr so viel mit mir wie früher«). Sinn solcher Gespräche ist nicht »Information« oder Psychologisierung, vielmehr braucht das Kind das Erlebnis, daß die Eltern um seine Gefühle, seine inneren Bilder, seine Wahrnehmungen und Stimmungen wissen und sie als berechtigt anerkennen.

Die Eltern müßten ihm also zu etwas verhelfen, was ihren eigenen Empfindungen und Sehnsüchten widerstrebt. Sie suchen jetzt, jeder für sich und manchmal gegen den früheren Partner, eine neue Nähe zum Kind. Dieses aber sollte in das Bild kommen, insofern Distanz zu den Eltern haben zu dürfen, als sie ein getrenntes Paar sind. Es dürfte sich nicht das Bild aufbauen, daß die Trennung etwas mit ihm zu tun hat, und auch nicht, daß es den Erwachsenen in irgendeiner Weise helfen müßte. Sonst würde es in die eingangs beschriebenen Fallen geraten.

Das Mitdenken des Kindes, seine Aktivität gehören an eine andere Stelle: Es gilt, sein Potential zur Mitgestaltung *seiner* neuen Situation anzusprechen. Welche Spielsachen hinterlegst du beim Vater? Sollen wir eine neue Sitzordnung bei Tisch einüben? Wie feiern wir nächstens deinen Geburtstag – soll der Vater kommen? Oder feierst du zwei Mal? Wenn ja, wie?

Die neue Ordnung, der neue Alltag werden sich erst einspielen müssen. Die Erschütterung des Kindes beruhigt sich erst, wenn den Worten (»Wir bleiben trotzdem deine Eltern«). auch Taten und verläßliche neue Gewohnheiten gefolgt sind.

Daß dies viel Zeit braucht, ist an den von vielen Trennungseltern beklagten und fehlgedeuteten *Übergangssituationen* abzulesen: Aufgewühlt, oft sogar verstört kommt das Kind vom Wochenendbesuch beim Vater zurück. Ketchup klebt auf dem Pullover, die Hausaufgaben sind nicht gemacht worden; Sonntag auf Montag schläft das Kind schlecht, berichtet vielleicht sogar von Alpträumen, und am Montagmorgen in der Schule kann es sich nicht konzentrieren. Die Mutter macht sich Sorgen und verdächtigt insgeheim ihren früheren Mann: »Was ist beim Vater Schlimmes passiert, daß das Kind so aufgedreht zurück kommt? Hat er sich nicht gekümmert? Beschäftigt er sich überhaupt mit dem Kind?«

Tatsächlich hatte es aber ein schönes Wochenende, durfte sich endlich nach Herzenslust über Pommes mit Ketchup hermachen, konnte sich nicht umziehen, weil es keinen anderen Pullover mit hatte; brauchte nicht die blöden Hausaufgaben zu machen, und »Papa ist den ganzen Samstag mit mir Fahrrad gefahren und Sonntag haben wir einen spannenden Film im Kino gesehen«. Gerade weil es so schön war, ist das Kind beim Übergang zum anderen Alltag »auffällig«. Es schafft die Umstellung nicht ohne weiteres, bringt die beiden Lebenswelten noch nicht in einen Zusammenhang. Auch eventuell unterschiedliche Erziehungsstile sind für das Kind kein Problem, sondern eher eine Erweiterung seines Horizontes, manchmal auch Anlaß, die Eltern gegeneinander auszuspielen (»Beim Papa durfte ich so viel Marmeladenbrote essen, wie ich wollte«) und damit ein kleines Machterlebnis zu haben. Das Kind leidet nicht unter solchen Unterschieden.

Wohl aber die Mutter. Sie verlangt vom Vater, daß er den gleichen Erziehungsstil pflege wie sie. Ihrer sei auf jeden Fall besser. Und es kostet sie eine große Überwindung, das zuzulassen, was das Kind beim Übergang braucht: Erzählen zu dürfen, was es erlebt hat, ohne dazu einen kritischen Kommentar von der Mutter hören oder ihren mißbilligenden Gesichtsausdruck sehen zu müssen. Die Besuchskontakte sollten nicht nur nachbereitet werden, ohne dem Kind ein schlechtes Gewissen zu machen. Sie sollten auch so vorbereitet werden (»Was willst du mitnehmen? Welches Spielzeug, welche Kleider? Willst du dem Papa die Fotos zeigen vom Schulausflug?«), daß das Kind erleben kann: Die Mutter gönnt mir den Vater.

Das gilt natürlich auch umgekehrt. Anstatt das Kind unterschwellig zu bedauern, weil es nun wieder in den grauen, strengen Alltag zurück muß – die alleinerziehende Mutter hat immer die schlechteren Karten –, sollte der Vater es positiv auf den Übergang vorbereiten: »Was hast du denn nächste Woche vor? Willst du Mutti etwas mitnehmen von dem Kuchen, den wir hier gebacken haben?«

Ziel für beide Eltern ist also, dem Kind eine positive und interessierte Beziehung zum jeweils anderen Elternteil zuzugestehen, diesen als gleich berechtigt und gleich wertig für das Kind zu sehen. Dieses braucht die Gewißheit, beide Eltern lieben zu können und den jeweils gerade nicht verfügbaren Elternteil vermissen zu dürfen.

In diesem Zusammenhang ist es für das Trennungskind wichtig, Alltag und Lebenswelt des Vaters zu kennen, auch dessen neue Partnerin, ohne mit Spionage- oder Briefträgeraufträgen belastet zu sein oder vor dem jeweils anderen Elternteil und seinem »verlotterten« (die Mutter) beziehungsweise »sturen« (der Vater) Alltag gewarnt zu werden. Es soll insbesondere ein realistisches Bild davon haben dürfen, wie der Vater jetzt lebt. (»Muß Papi jetzt auf dem Fußboden schlafen?«) Es braucht das Gefühl, sich keine Sorgen um ihn machen zu müssen. Wenn das Kind, das nach der Trennung bei der Mutter verbleibt, vom Vater oder dessen Lebensweise ferngehalten wird, baut es diesen zum Popanz auf. (»Mein Vater hat, glaub ich, fünf Rennwagen und achtzehn Hubschrauber.«)

Nun ist all dies leicht geraten, aber kaum so durchzuführen. Es ist ein Stern am Horizont. Um sich diesem wenigstens annähern zu können und damit Eltern sich nicht verstellen müssen, hat es sich als sinnvoll erwiesen, dem Trennungskind einige Zeit eine neutrale Begleitung zur Seite zu stellen. Das kann die Oma sein oder ein Pate, es kann auch eine Fachperson, zum Beispiel aus einer Erziehungsberatungsstelle, sein. Aufgabe dieser Begleitperson ist es, das Kind darin zu unterstützen, eine gewisse Distanz zu den Unerlöstheiten zu finden, die zwischen dem getrennten Paar fortbestehen, und es zu seinem eigenen Weg durch das neue, unbekannte Gelände zu ermuntern, das sich zwischen den auseinandergerückten Eltern auftut.

Aber auch dieser »Trennungspate« kann und soll das direkte Gespräch und die direkte Auseinandersetzung und Fühlungnahme mit den Elternpersonen nicht ersetzen. Nur aus der Unmittelbarkeit der inneren Berührung mit den beiden Elternteilen kann das Kind das Gefühl verlieren, an den Rand geschoben zu werden, nicht ernst genommen und den Abläufen hilflos ausgesetzt zu sein. Hier kann man durchaus auch einmal zusammen weinen, und auch die Schuldgefühle dürfen einmal geäußert werden, die bei Eltern ja spätestens dann auftreten, wenn das Trennungskind »verhaltensauffällig« wird.

Besuchsregelungen sollten nicht, schon gar nicht unmittelbar bei der Trennung, als endgültig betrachtet werden. Die entsprechenden Bedürfnisse und Möglichkeiten des Kindes ändern und erweitern sich, wenn es älter wird. Wenn zum Beispiel für die erste Zeit die übliche vierzehntägige Wochenend-Regelung richtig erscheint, so wird später eine flexiblere Besuchsregelung angebrachter sein. Kleineren Kindern vermittelt der Vierzehn-Tage-Rhythmus keinen Eindruck von Zuverlässigkeit, weil sie ihn noch nicht überschauen. Sie brauchen kürzere Abstände, aber nicht unbedingt gleich ein ganzes Wochenende. Ab der Pubertät sollten die Kinder weitgehend selbst festlegen können, wie oft und in welcher Form sie den Kontakt zum Vater brauchen.

Falls das Kind oder die Eltern mit der neuen Situation nicht zurecht kommen, steht es ihnen zu, fachliche Hilfe in Anspruch zu nehmen. Dieser Anspruch ist gesetzlich verankert (§ 17 und 18 KJHG). Erziehungsberatungsstellen leisten hier Hilfe. Eine Fachperson, zum Beispiel eine Heilpädagogin, wird dort als erstes die Wahrnehmung des Kindes und sein Erleben zu erfassen versuchen, und aus dieser Situation heraus ihm selbst und den Eltern eventuelle Verhaltens- und Orientierungsprobleme erläutern. Der erste heilsame Schritt besteht darin, dem Kinde seine Wahrnehmung zu bestätigen oder ihm zumindest zu vermitteln, daß sie verständlich und berechtigt ist. Im Weiteren wird es hilfreich sein, wenn Trennungskinder in einer geführten Gruppe sich über ihre neue Situation und ihre Erfahrungen untereinander austauschen können. Besonders für Einzelkinder ist dies wichtig. Sie können sich auf diese Weise rasch davon lösen, die Trennung auf sich zu beziehen oder sich verantwortlich für die Probleme der getrennten Eltern zu fühlen. Je nach Alter wird man über Handpuppen untereinander ins Gespräch kommen oder als Reporter mit Mikrofon und Recorder sich gegenseitig interviewen. Im Gespräch mit der Leiterin der Gruppe erwerben Trennungskinder hier ein kognitives Verständnis des Scheidungsprozesses. Falsche Vorstellungen können korrigiert werden (»Wird Papa jetzt bestraft, weil er weggegangen ist?«). Breiten Raum wird die Darstellung der Gefühlsseite einnehmen (Malen, Erzählen, pantomimische Spiele). Das Kind wird lernen, aktiv seine neue Identität als Trennungskind zu finden, wird sich ein Bild erarbeiten über das bestehende soziale Netz, in dem es aufgehoben ist, und welche Erweiterungen es vielleicht braucht. Es wird sich vor Augen führen können, was trotz Trennung unverändert bleibt und, vor allem, wird lernen, sich jetzt insofern gegenüber seinen Eltern zu behaupten, als es sich nicht benutzen läßt für deren Gefühlszwecke.

Die neue Qualität des Ich

Fassen wir zusammen, worin für das Kind die Bedeutung der Trennung der Eltern liegt: Auch wenn sie voraus geahnt wurde, erschüttert sie immer existentiell. Die frühere, selbstverständliche Ordnung seiner Welt gilt nicht mehr. Das kindliche Ich, das, wie oben beschrieben, noch weitgehend mit dem Umkreis identisch ist, erfährt einen qualitativen Sprung. Das Ich-Bewußtsein springt mit einem Ruck aus der Umgebung auf das Innere des Kindes über. In einer Art Schreck zieht es sich von der Peripherie her auf das Eigenbewußtsein des Kindes zurück. Die Trennung hat den Ring gesprengt, in dem das Kind bis dahin gehalten und geborgen war. Dadurch steigert sich plötzlich die Eigenbewußtheit. Dies ist der Grund, weshalb Kinder auf die Trennungsmitteilung mit Scham reagieren. In diesem Moment zieht sich das Ich aus der Peripherie zurück. Scham ist die Überbewußtheit, die durch (eigene oder fremde) Grenzüberschreitung entsteht. Die Grenzüberschreitung geht hier von den Eltern aus, die, indem sie sich aus der wechselbezüglichen Elternrolle zurückziehen, die bisher gültigen Ich-Grenzen aufkündigen und fürs erste unmöglich machen. Das Kind muß sich jetzt seiner Ich-Grenzen unvermittelt selbst bewußt sein.

Wenn es gut geht, bleibt es nicht dabei. In dem Maß, wie das Kind Verläßlichkeit und Sicherheit neu erfährt, wie es sich neu entwickelt mit der neuen Situation, kann es die »Ich-Fühler« wieder ausstrecken und zum Beispiel auch den entfernten Vater wieder neu als Teil seiner Identität erleben.

Wenn es nicht gut geht, übernimmt es aus der schockartigen Überbewußtheit heraus Ich-Funktionen für die Erwachsenen und gerät in die eingangs beschriebenen Fallen.

Sieben Rechte

Der Sprung kann verheilen, wenn die Rechte des Trennungskindes Beachtung finden:

1. Das Recht auf Ehrlichkeit: Das Trennungskind hat ein Recht darauf, altersgemäße Erklärungen zu bekommen – nicht nur über die Ursachen der Trennung, sondern auch zu den Folgeproblemen.

2. Das Recht auf eigene Ehrlichkeit: Das Kind muß äußern dürfen, wie sehr es erschüttert ist, wie sehr es den im Augenblick nicht verfügbaren Elternteil vermißt und wie sehr es wünscht, die Eltern kämen wieder zusammen.

3. Das Recht, verschont zu bleiben von den näheren Inhalten der Probleme zwischen den Erwachsenen. Eine Einweihung in diese macht aus dem Kind mit einem Schlag einen Erwachsenen und nimmt ihm die Unbefangenheit in der Begegnung auch mit anderen Menschen.

4. Das Recht auf beide Elternteile: Beide müssen verfügbar bleiben, und beide haben das gleiche Maß an Erziehungspflicht dem Kind gegenüber. Das müssen sie sich gegenseitig zugestehen. Den Einfluß oder die Bedeutung des anderen Elternteiles zurückdrängen oder ausschalten zu wollen, verengt oder verkürzt ihm seinen Weg der Identitätsfindung um genau die Hälfte.

5. Das Recht aufzufallen: Das Trennungskind muß durch Rückfall in kleinkindhaftes Verhalten, durch Aufwallungen von Wut und Verzweiflung, durch Aggressionen oder auch depressiven Rückzug seine innere Situation darstellen können. Denn durch solches »Auffallen« sucht es Kommunika-

tion. Ein Kind, das wesentliche Anteile seiner Person nicht in die Kommunikation einbringen darf, wäre ein ignoriertes Kind.

6. Das Recht auf Zeit: Das Trennungskind braucht grundsätzlich mehr Zeit, sich in der neuen Situation einzurichten und sich wieder zu stabilisieren, als die beteiligten Erwachsenen. Denn es orientiert sich an diesen. Ein Kind, das mit der Situation schneller »fertig« wird wie die Erwachsenen, hat es aufgegeben, an diesen Orientierung zu suchen.

7. Das Recht auf Klage: Trennungskinder brauchen die Möglichkeit, ihre Situation zu beklagen, den Trennungsbeschluß selbst sowie das nachfolgende Verhalten der Elternpersonen zu hinterfragen. Dieses Recht des Kindes kollidiert mit den Schuldgefühlen der Erwachsenen, welche die Klage weder ausdrücklich hören noch in Form von »Verhaltensstörungen« zur Kenntnis nehmen wollen. Diese Klage zuzulassen und auch einmal selbst anzusprechen, bringt dem Kind aber Entlastung und hilft ihm bei der Distanzierung von den Eltern als getrenntem Ehepaar.

Das Kind in der Patchwork-Familie

Der in unserer Gesellschaft üblichen bürgerlichen Kleinfamilie entsteht dadurch Zusammenhalt und Identität, daß ihre Mitglieder eine gemeinsame, fortlaufende Geschichte haben. Diese gemeinsame Geschichte ergibt sich aus dem zusammen Erlebten, dem Stil des Zusammenlebens, den gemeinsamen Traditionen und Gewohnheiten und dem dynamischen Gleichgewicht von Nähe und auch Distanz zwischen ihren Mitgliedern.

Ein solcher Gewohnheitsleib kann deshalb Sicherheit geben, weil er selbstverständlich ist. Er braucht nicht reflektiert zu werden. Erst wenn die Kinder größer werden, wenn sie anfangen, ihre eigene, familienunabhängige Identität in der kritischen Distanzierung zu suchen, treten einige Aspekte des Familienlebens ins Bewußtsein und werden Gegenstand der Auseinandersetzung. Aber auch in dieser Situation bildet das gemeinsam Erlebte den einzig vorstellbaren Hintergrund für die beginnende Individualisierung.

Die Bedeutung der Familie liegt insofern in einer Sphäre des Schlafens. Der gemeinsame Identitätsfokus ist unbewußt und tritt für die einzelnen Mitglieder nur in seiner Wirksamkeit als Bezugspunkt in Erscheinung. Wo man außerhalb der Familie sich bewegt, in der Schule, am Arbeitsplatz, bei der außerhäuslichen Freizeit, bezieht man sich, wiederum mit Selbstverständlichkeit, auf diesen gemeinsamen Identitätsfokus. Er bildet die sichere, jederzeit verfügbare Grundlage für die Individualisierung außerhalb und den Raum für erholsamen Rückzug aus dem von Wachheit und manchmal von Anstrengung begleiteten Eigensein draußen.

Noch die erwachsenen Kinder, inzwischen selbst Teil einer jungen Familie, beziehen sich, teils wehmütig, teils belächelnd, immer wieder auf die eigene Herkunftsfamilie. Wenn sie inzwischen auch überwunden ist (denn man macht jetzt alles besser als die eigenen Eltern), so taucht man doch auch wieder gern ein in die Sphäre des eigenen Elternhauses, um sich seines Ursprungs zu versichern. Mit ähnlicher Haltung geht man ins Heimat-Museum, um sich dort des breiteren geschichtlichen Hintergrundes der eigenen Identität zu vergewissern.

Der Sinn von Familie ist es also, Geschichte zu sein. Während die Individualität im Verlauf ihrer Entwicklung bis etwa zur Lebensmitte hin sich fortschreitend auf die Zukunft bezieht, lebt das, was Familie ist, da heraus, geschichtlichen Hintergrund zu bewahren.

Die aus zwei Restfamilien, das heißt zwei alleinerziehenden Elternteilen und ihren jeweiligen Kindern zusammengesetzte Stief- oder Patchwork-Familie ist fürs erste das genaue Gegenteil. Sie hat keine gemeinsame Geschichte, zunächst keinen gemeinsamen Identitätsfokus, keine gemeinsamen Gewohnheiten, keine Selbstverständlichkeiten. Sie ist nicht Hintergrund, sondern steht im Brennpunkt der eigenen Aufmerksamkeit, bewußter Aktivität und Beziehungsgestaltung.

1. Schon die Kinder sehen sich vor der Aufgabe, ihre Beziehungen untereinander finden und gestalten zu müssen – eine Aufgabe, die sie nicht freiwillig gewählt haben und die sie von der ursprünglichen Familie her als bewußte Aufgabe nicht kennen. Sie wußten nicht, daß es diese Aufgabe überhaupt gibt.
Plötzlich findet man sich in einer ganz anderen Rangkonstellation wieder. Der in der Herkunftsfamilie Älteste mit seinen Vorrechten einerseits und seiner besonderen Verantwortungsbereitschaft andererseits sieht sich zum Beispiel unvermittelt auf Rang drei – jetzt sind zwei ältere Kinder da. Das früher jüngste Kind muß jetzt vielleicht die Rolle des äl-

teren übernehmen, weil die vom Stiefvater mitgebrachten Kinder jünger sind. Es verliert seinen Nesthäkchen-Status und soll nun Vorbild sein. Es wird vielleicht nachgeahmt und bewundert von den kleineren Stiefgeschwistern.

Neue Rivalen können erstehen, neue Machtverhältnisse, auch neue Koalitionen: Hat Max sich früher mit seinem Bruder nur gestritten und seinen Status als Erstgeborener immer wieder durchgesetzt, kann er sich nun mit ihm verbünden – gegen die Stiefgeschwister. Oder Max findet im etwa gleich alten Stiefbruder den Partner, mit dem zusammen er jetzt endgültig »die Kleinen« in ihre Schranken verweisen kann.

2. Alle Kinder müssen die Beziehungen zum Stiefelternteil *und* zum leiblichen Elternteil neu finden. Meist werden der Stiefvater beziehungsweise die Stiefmutter zunächst sehr kritisch beäugt. Es wird ihnen das Recht auf Erziehung abgesprochen (»Du hast mir gar nichts zu sagen«). Der Neue ist nicht Vater und nicht Kumpel. Aus seiner Geschichte heraus hat das Stiefkind kein Vorbild für die Beziehung zum Stiefelternteil. Es spürt nur, daß dieser nicht die gleiche Nähe zu ihm hat wie zu seinen leiblichen Kindern (»Mag er mich überhaupt? Akzeptiert er mich so wie ich bin?«). Und es spürt vor allem die Nähe zum eigenen Vater, der damals weggezogen war, ganz neu.

Denn gerade in die Beziehung zum Stiefvater und zur Stiefmutter bringt das Kind seine eigene Geschichte ein: Es vergleicht den Stiefvater mit dem leiblichen Vater, erwartet oder befürchtet vielleicht auch von ihm zunächst das, was es am leiblichen Vater erlebt hatte. Nur zögernd nimmt es zur Kenntnis, daß der Stiefvater einfach anders ist. Und besonders schwierig wird die Situation, wenn er nicht anders ist. Die Notwendigkeit der Unterscheidung wird dann noch größer.

Das Kind hat die Trennung der Eltern miterlebt oder hat vielleicht schon immer nur mit der Mutter gelebt. In beiden Fällen wird es eifersüchtig sein darauf, daß der Stiefvater jetzt einen Platz im Herzen der Mutter einnimmt und ihm selbst damit scheinbar etwas abschneidet. Diese Art Eifersucht tritt in der normalen Familie höchstens ansatzweise und vorübergehend auf und ist nie bewußt. Hier aber kann sie das Verhältnis zum Partner der Mutter von vorne herein erschweren. Es hängt stark vom Zeitpunkt der Gründung der Stieffamilie ab, wie sich ein Trennungskind zum Stiefelternteil stellt. Liegt die Trennung weit zurück und hat das Kind seine Mutter beziehungsweise seinen Vater lange für sich gehabt, kann es sich ruhiger und neutraler, abwartender zum Stiefvater oder zu Stiefmutter stellen, als wenn die Mutter beziehungsweise der Vater direkt aus der früheren Beziehung in die neue eintritt. In diesem Fall hatte das Kind keine Zeit, die Beziehung zum weggezogenen leiblichen Elternteil neu zu finden und wird deshalb eine nähere Beziehung zum Stiefelternteil lang verweigern, unter Umständen sogar aktiv hintertreiben.

Die Beziehung zum leiblichen Elternteil geht bei Gründung der Stieffamilie durch ein Nadelöhr. Bevorzugt er etwa die Stiefgeschwister? Will er sich bei denen beliebt machen? Dürfen die, was man selbst nie durfte? Aber auch: Wird meine Mutter, mein Vater über die Stiefgeschwister die gleiche Autorität gewinnen, die er, beziehungsweise sie für mich hat? Und wie sehen die Stiefgeschwister ihre Stiefmutter, ihren Stiefvater? Machen sie sich lustig über ihre beziehungsweise seine Eigenarten? Nehmen sie als gegeben, was mich schon immer gestört hat?

3. Auch die Beziehung zu dem leiblichen Elternteil, der damals bei der Trennung ausgezogen war, wird revidiert. Er wird noch einmal neu wichtig. Das Kind in der Stieffamilie

wird dies zumindest am Anfang, manchmal auf Dauer sehr betonen. Wenn also die Stieffamilie zu Tisch sitzt, sind die jeweiligen außerhalb lebenden leiblichen Elternteile auch anwesend – als geheime Verbündete, als innere Zuflucht, wenn sich der Stiefvater, die Stiefmutter mal wieder zu viel Erziehungsrecht heraus nehmen.

So hat gerade für die Kinder der Stieffamilie diese nie die Geschlossenheit, welche die ursprüngliche Familie mit der Selbstverständlichkeit und Ausschließlichkeit ihrer Binnenbeziehungen hatte. Die Stieffamilie ist über weite Strecken kein geschlossener Organismus. Sie hat mehrere Brennpunkte, von denen nur einer im Innenraum der Familie liegt. Der leibliche Vater, die leibliche Mutter mögen ihrerseits neue Familien gegründet haben. Man ist dort oft zu Besuch. So hat man dort einen Bezugspunkt der Identität, der leicht in Konkurrenz treten kann zu dem neuen Fokus, den man hier in der Stieffamilie bilden soll.

Dieser Identitätsfokus der Stieffamilie ist, im genauen Gegensatz zu demjenigen der Herkunftsfamilie, durch äußerste Wachheit charakterisiert. Es gibt keine gemeinsame Geschichte, und sofern eine solche im Lauf der Jahre entsteht, steht sie immer in einem Wachheit aufstachelnden Spannungsverhältnis zur Herkunftsfamilie und zu den Familien, welche die anderen Elternteile an deren Stelle gegründet haben. Die Sphäre des Schlafens stellt sich in der Stieffamilie lange nicht oder nie ein. Sie hat fürs erste keine Individualität begründende geschichtliche Bedeutung. Sie ist im Gegenteil zukunftsbezogen, weil sie Gegenstand bewußten Wollens und bewußter Gestaltung ist. Sie hat für die zu Individualisierung und eigenen Wegen aufbrechende Grundstimmung des Kindes eher Durchgangscharakter als den Charakter eines selbstverständlichen Ausgangspunktes.

Worauf kommt es an? Es wäre schädlich und unterminierte die eigenen Ziele des Stiefelternpaares, wenn man so täte, als sei man jetzt wieder eine »normale« Familie, als würde das bekannte Stück in etwas veränderter und erweiterter Rollenbesetzung weitergespielt. Die Sphäre des Schlafens, welche auch hier Objekt der Sehnsucht ist, ist nicht zu erzwingen. Im Gegenteil, es kommt darauf an, den gemeinsamen Identitätsfokus nicht in der Fortsetzung der Geschichte, sondern im Aufbau einer neuen und ganz anderen Zukunft zu suchen. Beziehungsgestaltung und der Aufbau von gemeinsamen Gewohnheiten müssen als gemeinsame Aufgabe in den Mittelpunkt des Stieffamilienlebens gestellt werden. Kinder können sich durchaus dafür interessieren. Die Aufgabe kann ihre Neugier, Experimentierlust und ihr Engagement hervorrufen, wenn sie vom Stiefelternpaar als legitim ausgesprochen und gehandhabt wird. Sie ist das einzige, was hier selbstverständlich ist. Sie muß thematisiert werden, und das Stiefelternpaar muß es zuzulassen lernen, daß sie sich immer wieder selbst thematisiert. Kinder haben hierzu eigene Ideen und Vorschläge und sind lern- und kompromißbereit, wenn sie ihre vorgängigen Gefühle zur Sprache bringen können. Sie müssen ihre zwiespältigen Empfindungen dem Stiefvater und der Stiefmutter gegenüber zeigen und aussprechen dürfen. Und diese müssen den Status der Stiefkinder und ihre komplexen Beziehungen untereinander bewußt zur Kenntnis nehmen und betonen.

Wenn also die Stieffamilie bereit ist – und es hängt nur von den Erwachsenen ab, ob das geht –, ihre Andersartigkeit im Verhältnis zum normalen Familienmodell nach innen und nach außen zum Gegenstand der Neugier zu machen, kann ein »Arbeitsbündnis« entstehen zwischen allen Beteiligten, das dann zum Kristallisationskern einer neuen Familienidentität wird. Der offensive Umgang mit der Nicht-Geschichtlichkeit der Stieffamilie bei gleichzeitigem Zulassen des ausgeprägten herkunftsgeschichtlichen Bezugs der einzelnen Individuen kann die Stieffamilie zu einem Modell intimen Zusammenlebens machen, welches über das traditionelle Familienmodell hinausweist in die Zukunft des Sozialen. Kinder in ihrer Zukunftsorientiertheit sind meist gern bereit, daran mit zu arbeiten, wenn sie freigesprochen werden davon, das Stück »Wir sind eine normale Familie« aufführen zu müssen.

Das Kind und die alleinerziehende Mutter

Besonders in den Monaten nach der Trennung liegt es dem zurückgelassenen Kind und der jetzt alleinerziehenden Mutter nahe, ihre Situation als einen Torso, ein Schrumpfgebilde zu empfinden. Wie auch die Außenstehenden vergleichen sie sich mit dem normalen Familienmodell – und können dabei nur verlieren. Man ist jetzt nicht mehr vollwertig, auch das Kind empfindet so. Begriffsungetüme wie »Restfamilie«, »Ein-Eltern-Famlie« oder, kunstvoller, »Mutter-Kind-Familie« treffen insofern das erste Erleben der Realität. Sie erheben das angegriffene Selbstwertgefühl der Beteiligten in einen offiziellen Status. Es läßt sich aber zeigen, daß sie auch diskriminieren und den Blick auf die Möglichkeiten dieser Konstellation verstellen.

»Nachdem Vater ausgezogen war, schämte ich mich sehr, weil wir keine richtige Familie mehr waren«, erzählt Christopher. »Ich glaube, meiner Mutter ging es genau so. Wir waren natürlich froh, wenigstens uns gegenseitig noch zu haben. Irgendwie waren wir einander näher gerückt. Aber es war auch gleich dieses komische Gefühl von Enge dabei. Wir waren jetzt erst mal aufeinander angewiesen.«

In einem ersten Kompensationsversuch bemühte sich seine Mutter, dem Jungen den Vater zu ersetzen. Sie führte die Arbeiten an der Werkbank im Keller weiter, bei denen Christopher dem Vater immer geholfen hatte. Sie ging mit ihm sogar zum Eishockey – Christopher spielte in der Jugendmannschaft – und setzte sich beim Training auf die Zuschauerbank.

Für Christopher wurde aber gerade dadurch der Verlust des Vaters noch greller beleuchtet: Der hatte ihn immer angefeuert, hatte ihm Tips gegeben. Die Mutter saß nur verloren da und wartete einfach, bis die Zeit um war. Christopher wußte genau, daß sie mit ihren Gedanken ganz woanders war: Bestimmt zählte sie innerlich auf, was sie heute noch alles erledigen mußte, kämpfte auch mit ihren Schuldgefühlen, dem Jungen keine »richtige« Familie mehr bieten zu können, haderte mit dem Vater, rechnete wieder einmal durch, wie sie mit dem geringen Unterhalt auskommen konnte.

Zu Hause war es nach dem Abendbrot am schlimmsten. Christopher registrierte, daß seine Mutter sich um ein unbeschwertes Tischgespräch bemühte (»Wie lief es heute in der Schule? Hast du gehört, Schulzes haben ihren Hund ans Tierheim zurückgegeben«). Aber er spürte eben auch ihre Bemühtheit dabei. Aus allen Poren drang ihr die Angst, der Alleinverantwortung für seine Erziehung nicht gerecht zu werden. Sie kontrollierte ihn viel stärker als früher, wollte wissen, welche Musik er da eigentlich immer höre, sie fragte ihn aus nach seinen Freunden. Und als er einmal etwas benommen nach Haus kam, weil er beim Fußballspielen auf den Kopf gestürzt war, bestand sie darauf, seine Taschen zu durchsuchen. »Hast du was genommen?« – »Was soll ich denn genommen haben?« Christopher begriff erst später, daß sie wohl Angst hatte, er nehme Drogen.

Jedenfalls hatte sie offensichtlich die Vorstellung, nach dem Abendessen noch »gemütlich« mit ihrem Sohn zusammensitzen zu können. Ihm graute aber bald davor. Er wußte erst selbst nicht warum. Irgendwie war es zu eng. Einmal hatte sie vor ihm ihre ganze Enttäuschung über den Vater ausgebreitet. Bald lernte Christopher, vor dieser abendlichen Situation zu fliehen. Er behauptete, noch Hausaufgaben machen zu müssen, um auf sein Zimmer gehen zu können, schützte Kopfweh vor oder Müdigkeit. Gleichzeitig schämte er sich deswegen und hatte ein schlechtes Gewissen. »Jetzt läßt du die Mutter auch noch sitzen«, ging es ihm durch den Kopf. Er hatte das Gefühl, sich um sie kümmern zu müssen. Würde sie doch öfter mal ausgehen. Früher war sie doch auch oft fortgegangen, auf Gemeindeabende oder mit ihren ehemaligen Kolleginnen. Sie hatte das alles aufgegeben, um sich Christopher widmen zu können, um ihn nicht alleine zu lassen. Dabei war er vor der Trennung abends oft allein gewesen, auch der Vater war viel unterwegs, beruflich, oder er hatte damals schon eine Freundin. Jedenfalls hatte Christopher es genossen, wenn sie beide weg waren. Nicht weil er dann unkontrolliert und unkommentiert fernsehen konnte, sondern weil er sich dann schon groß und selbständig vorkam ….

Das Zusammenleben von alleinerziehender Mutter und Kind enthält schon im Ansatz eine Paradoxie: Beide rücken enger zusammen, aber gleichzeitig setzt ein Abstoßungsvorgang ein, der freilich lange unterschwellig bleibt. Es wird zu eng. Kinder wie Christopher empfinden das meist viel früher als die Mütter. Bei ihnen erscheint die Abstoßungskomponente als Schuldgefühl: Ich werde meinem Kind allein nicht gerecht, bin mit der Alleinverantwortung überfordert, müßte mich noch viel mehr um mein Kind kümmern. Gleichzeitig sind Sehnsüchte da, nach draußen gehen zu können, wieder eine Arbeit aufnehmen zu können, noch etwas anderes als nur Kind und Haushalt in den Kopf zu bekommen.

Wenn die Situation nicht anders gegriffen wird, entsteht die Gefahr, daß Mutter und Kind, gerade weil sie so eng zusammenleben und so ausschließlich aufeinander bezogen sind, sich innerlich voneinander entfremden. Gerade weil nach der Trennung die Belange des Kindes stärker in den Vordergrund treten (»Wer außer mir kümmert sich denn darum?«) und weil im Alltag für das Kind nur noch die Mutter der Bezugspunkt ist, kann ein geschlossener Raum entstehen, der schnell Gefängnischarakter bekommt.

Aber wie kann die Situation anders gegriffen werden? Das Problem entsteht aus der Tatsache, daß die Beteiligten ebenso wie Außenstehende und auch Fachleute das Zusammenleben von Kind und Mutter mit dem üblichen Modell der bürgerlichen Familie vergleichen und an diesem Modell messen. Von diesem Vergleich her kommt man zu Begriffen wie »Ein-Eltern-Familie« oder »Restfamilie«. Man sieht diese Zweier-Konstellation als reduzierte Version des geschlossenen Systems Familie. Das trifft zwar die Gefühlslage der Beteiligten nach Trennung, übergeht aber die Tatsache, daß hier von Familie gar nicht die Rede sein kann. Die tragende Grundlage der Familie ist die Ehe (oder Partnerschaft) der Eltern. Wo keine Ehe ist, ist keine Familie. Die gegenseitige Unterstützung und Solidarität des Elternpaares als Rahmen für die Fürsorge an den Kindern ist nicht vorhanden. Folglich kann die Mutter die für sie notwendige Unterstützung nur *außerhalb* ihres Bezuges zum Kind finden. Sonst würde sie das Kind in eine Erwachsenenrolle drängen. Daraus ergibt sich, daß die Mutter-Kind-Konstellation nicht in der Weise ein geschlossenes System sein darf, wie es die Familie ist. Alle Versuche, diese Konstellation als geschlossenes System zu führen, gehen fehl, überfordern Kind und Mutter und treiben sie in eine Entwicklung behindernde Beziehungsenge.

Auch vom Kind aus gesehen kann diese Zweier-Konstellation kein der Familie entsprechendes geschlossenes System sein. Denn es sucht Orientierung und Sicherheit immer in zweifacher Hinsicht: An der Mutter sucht es die emotionale Unterstützung und Beheimatung, am Vater in erster Linie den Blick über den Innenraum der Familie hinaus. Ist der Vater nicht vorhanden, so kann und darf das Kind an der Mutter nicht beide Orientierungen haben. Die Verfügbarkeit der Mutter in der Familie ist eine andere als die des Vaters. Fehlt der Vater, muß das Kind lernen und darin unterstützt werden, *außerhalb* des Zweierbezugs zur Mutter nach der väterlichen Orientierung zu suchen. Im nächstliegenden Fall findet es diese väterliche Orientierung am entfernt wohnenden Vater selbst. Das Kind hat *dort* also einen wesentlichen Bezugspunkt. Entzieht sich der Vater ihm, muß es bei anderen Männern seines sozialen Nahraumes das wegweisende Element suchen dürfen.

Von beiden Seiten her ruft die Mutter-Kind-Konstellation also danach, als offenes System geführt zu werden. Damit ist sie geradezu das Gegenteil von Familie. Sie ist nicht ein geschrumpfter Rest, sondern etwas Neues und Anderes: Was die Stieffamilie zu ertragen und zuzulassen lernen muß, daß die einzelnen Mitglieder wesentliche Bezugspunkte außerhalb des Binnenraumes ihres Zusammenlebens haben, das muß die Mutter-Kind-Konstellation aktiv aufsuchen und pflegen.

In der Regel ergibt sich schon in den ersten Monaten nach dem erschrockenen Zusammenrücken das Bedürfnis nach Außenorientierung. Die alleinerziehende Mutter wird lernen, im Bekanntenkreis, auch bei Fachdiensten Unterstützung und Ergänzung für ihre Erziehungsverantwortung zu suchen, und das Kind wird sich im Sportverein, im Jungendclub, bei den Pfadfindern, vielleicht auch in der Verwandtschaft Vorbilder und Bezugspersonen suchen. Das ist natürlich auch bei der klassischen Familie in begrenztem Maß der Fall, aber für die Mutter-Kind-Konstellation ist die Außenbezüglichkeit von existentieller Bedeutung, wenn sie gedeihlich verlaufen soll. Es handelt sich hier also nicht um einen Familientorso, sondern um eine asymmetrische Partnerschaft eigener Qualität und eigener Berechtigung. Asymmetrisch ist sie, weil die Beteiligten nicht gleich berechtigt und nicht gleich verantwortlich sind für das Zusammenleben. Dieser Aspekt ist für die Befreiung des Kindes von der ihm nahe liegenden Beziehungsverantwortung sehr wichtig. Partnerersatz sein zu müssen, sprengt den Raum der Kindheit, für den die Verantwortung durch Erwachsene konstitutiv ist. – Von Partnerschaft läßt sich sprechen, weil ausschließlich der zweiseitige Bezug das Zusammenleben begründet.

Es handelt sich also um eine asymmetrische Partnerschaft, die sich wesensmäßig als außenbezüglich verstehen muß, wenn sie den Entwicklungsbelangen der Beteiligten gerecht werden will. Wenn die Mutter sich und dem Kinde zugesteht, sich diese Auffassung als Haltung zu eigen zu machen, entsteht Entlastung. »Nachdem wir beide schließlich nur noch Fluchtreflexe hatten, wenn wir uns überhaupt schon sahen, und uns gleichzeitig deswegen selbst immer mehr Vorwürfe machten«, berichtet Christopher, inzwischen fünfzehn, »hatte meine Mutter eines Abends die rettende Idee. Wieder mal saßen wir ziemlich gequält beieinander, ›kümmerten‹ uns um den anderen, waren aber in Gedanken irgendwo draußen. Da sagte sie: So geht das nicht weiter, Christopher. Wir brauchen Abstand voneinander. Ich geh jetzt einfach zu meiner Freundin, vielleicht hat sie ja Lust, daß wir noch ins Bistro gehen. Und was machst du? – Da bin ich aufgesprungen, hab den Mike angerufen, gesagt, daß ich noch vorbeikommen will. Die ganze Nacht haben wir geredet und Musik gehört. Am anderen Abend freute ich mich zum ersten Mal seit langem, meine Mutter wieder zu sehen. Und sie wirkte auch entspannter. Seitdem hat sie aufgehört, mich zu kontrollieren und sich um jede Kleinigkeit zu kümmern. Ich hab viele Freiheiten und sie unternimmt viel. Wenn wir uns zu Hause treffen, erzählen wir uns davon. An manchen Tagen verkehren wir nur über Zettel miteinander. Sie ist richtig vernünftig geworden, die Alte«, fügt er noch liebevoll hinzu.

Geschwister

Eltern und besonders Mütter einer ganzen Kinderschar haben es gut. In vieler Hinsicht helfen und »erziehen« Geschwisterkinder sich gegenseitig. Daß dies auch zugelassen wird, brauchen sie vor allem für den Erwerb sozialer Fähigkeiten und die Entwicklung der sozialen Seite ihrer Identität.

Frau M. sitzt an ihrem PC, wo sie online ihrer Honorartätigkeit als Bilanzbuchhalterin für verschiedene kleine Betriebe nachgeht. Klärchen (sechs Jahre alt), Muck (vier), Paola (sieben) und Hans-Paul (acht) spielen im Zimmer der Mädchen. Die beiden haben ihre Brüder Muck und Hans-Paul, die im Zimmer gegenüber leben, »eingeladen«. Hans-Paul hat den Korb mit den Utensilien für die Holzeisenbahn mitgebracht, Muck seine Playmo-Figuren sowie, vorsichtshalber, seine Milchnuckel-Flasche. Klärchen gibt eine Runde Schokokekse aus, Paola übernimmt erst mal das Kommando: »Wir spielen verreisen. Du wärst der Zugführer, Hansi, und Muck der Schaffner.« »Was ist ein Schaffner?« fragt Muck. »Der kontrolliert die Fahrkarten. Und wenn jemand keine Fahrkarte hat, holt er die Polizei.« Muck schreckt dieses rabiate Berufsbild etwas ab. »Ich will aber auch verreisen«, sagt er trotzig. »Na gut, dann wäre Klärchen der Schaffner.« »Die Schaffnerin«, korrigiert Hans-Paul.

Die Mutter hört geschäftiges Murmeln, offenbar steht der Zug kurz vor der Abfahrt. Man lacht, hat Reisefieber. Klärchen ruft mit kräftiger, tiefer Stimme die Stationen aus. Paola kreischt genervt: »Schrei doch nicht so!« Darauf Klärchen: »Aber im Zug ist es laut.« – Zehn, zwanzig Minuten vergehen mit eifrigem Spiel. Zwischendrin ein kurzer Disput, weil der Zugführer woanders hin fahren will als die Fahrgäste Muck und Paola. – Plötzlich ein schriller Schrei. Hans-Paul hat sich zwei Kekse auf einmal gegriffen. Paola belehrt ihn. Hans-Paul, der befürchtet, nun gar keine Kekse mehr zu bekommen, nimmt sich gleich nochmal eines. Paola reißt ihn mal eben an den Haaren, Muck haut seinem Bruder eifrig den dritten Keks aus der Hand. Klärchen pufft Muck. Muck, im Getümmel noch ohne Trennschärfe, packt Paola an der Nase, weil die nun mal gerade neben ihm sitzt, und zerrt daran. Alle schreien durcheinander. Das kleine Regal mit den Bilderbüchern fällt um. Hans-Paul nimmt eines und haut es Klärchen auf den Kopf. – Die Mutter überlegt, ob sie einschreiten soll. Da rettet die Schaffnerin die Situation und ruft:»Bücherhausen! Erst mal alle aussteigen und Bücher wegräumen.« Verblüffte Stille. Es folgt geschäftiges Aufsammeln der Bücher. Das Regal wird leise wieder aufgerichtet. Die Reise geht weiter. Klärchen verwandelt sich jetzt in eine Keksverkäuferin, die auf der Fahrt Schokokekse verkauft. Muck sieht sich zum Assistenten berufen und verkauft Milch aus seinem Nuckelfläschchen, findet allerdings nur zögerliche Abnehmer.

Das Zusammenleben von Geschwistern verschafft Möglichkeiten der Herausbildung sozialer Fähigkeiten, wie sie im Zusammenleben des einzelnen Kindes mit Erwachsenen nicht gegeben sind. Geschwister können in der Auseinandersetzung untereinander vor allem lernen, die Polarität von Abgrenzung und Selbstbehauptung einerseits und kommunikativer Offenheit und Solidarität andererseits auszutarieren. Sie können vom harmonischen Spiel unvermittelt zu erbittertem Streit wechseln, aber genauso abrupt zu Gemeinsamkeit und Solidarität zurückfinden. Sie erwerben ein ausgewogenes Maß zwischen Sich-Durchsetzen und Sich-Einordnen. Es entsteht untereinander ein sicheres Gespür dafür, wo die Dominanz, wo die Unterordnung und wo der Kompromiß hingehören. Grundlage dafür ist die Fähigkeit des Kindes, auch nach heftigstem Streit sofort wieder die voraussetzungslose und solidarische Kommunikation aufnehmen zu können.

Im Zusammenleben mit Erwachsenen ist dieses soziale Lernen nicht in dieser Weise möglich, weil die Beziehung zwischen Kind und Erwachsenem keine unter Gleichen ist, vielmehr stark geprägt ist von der Dominanz des Erwachsenen und der Abhängigkeit des Kindes von ihm. Gerade in diesem Zusammenhang des sozialen Lernens überschätzen Erwachsene oft die Möglichkeiten ihrer Erziehung. Sie meinen, eingreifen und regulieren zu müssen, besonders wenn die Streitigkeiten körperlich ausgetragen werden. Hier besteht aber ein Mißverständnis: Prügeleien unter Kindern *sind* soziales Lernen. Das Kind lernt, das rechte Maß zwischen Selbstbehauptung, Unterordnung und Kompromiß zunächst durch die körperliche Auseinandersetzung zu finden. Was es auf dieser Ebene lernt, wird später seelisch-soziale Qualität. Der körperliche (und lautstarke verbale) Austrag von Abgrenzung und Selbstbehauptung ist die Grundlage für die entsprechende spätere seelische Fähigkeit. In der Regel sollten Eltern also, jedenfalls solange kein Blut fließt, nicht eingreifen. Die Ausnahme von dieser Regel wird weiter unten betrachtet.

Das soziale Lernen des Einzelkindes, das nur unter Erwachsenen lebt, geschieht demgegenüber nur indirekt: über das Vorbild – das Kind übernimmt, was es in dieser Hinsicht an den Eltern erlebt – und die verbale Erziehung. Besonders letztere ist aber von eindrucksvoller Fruchtlosigkeit. Weder Vorbild noch verbale Erziehung vermitteln dem Kind *Erfahrungen.* Was das Einzelkind in sozialer Hinsicht primär erlebt, ist die Dominanz des Erwachsenen und dessen Rolle als Orientierungspunkt. Das ist aber nur eine wenig tragfähige Grundlage für den Erwerb sozialer Fähigkeiten, die beim Umgang mit Gleichen und Gleichberechtigten relevant werden.

Daß man nach einem Streit wieder Freund sein kann, können Kinder zwar auch an Erwachsenen erfahren, aber hier hängt es vom Erwachsenen ab, ob und wann es dazu kommt. Es ist kein gemeinsames, sich selbst regulierendes Lernen.

Was jeweils das rechte Maß und wo der rechte Ort ist für Nähe und Distanz, für Wettbewerb und Kooperation läßt sich für das Kind aus dem Zusammenleben mit Erwachsenen nur unzureichend und indirekt lernen. Denn diese können ja alles schon (aus seiner Sicht) und es liegt in ihrer Hand, ob, wann und wie soziales Lernen stattfindet.

Sicher hängt es auch vom Altersabstand ab, inwieweit die Geschwisterkindheit dieses sich selbst organisierende soziale Lernen ermöglicht. Kinder mit geringem Altersabstand haben untereinander viele Anknüpfungspunkte, aber auch viele Anlässe zu streiten. Bei großem Altersabstand sind die Berührungspunkte nicht so zahlreich, und das Beziehungsmuster nähert sich dem Dominanz-Abhängigkeitsverhältnis an, wie es die Beziehung zwischen Kind und Erwachsenem kennzeichnet.

In jedem Falle aber ist das, was auf sozialem Feld aus der Geschwisterkindheit gelernt wird, die soziale Seite der Identität, Ausgangspunkt für das soziale Verhalten des späteren Erwachsenen im Betrieb, im Verein und so weiter. In diesem Zusammenhang prägt auch die Geschwisterposition das spätere Verhalten stark:

Das erstgeborene Kind wird sich, besonders bei großem Altersabstand zu den nachfolgenden Geschwistern, doch eher an der Erwachsenenrolle orientieren als sich als Gleicher unter Gleichen zu fühlen. Es entwickelt eine hohe Verantwortungsbereitschaft, wächst auch oft in eine Führungsrolle hinein. Wegen der Entthronungserfahrung ist es aber selten so selbstbewußt wie das zweit- und drittgeborene Kind, sondern braucht viel Zustimmung und Ermunterung durch Erwachsene.

Zweitgeborene orientieren sich in der Regel weniger an Leistung und Wettbewerb und können diplomatischer vorgehen bei der Durchsetzung ihrer Interessen als Erstgeborene. Sie spüren, daß sie deren Dominanz und Leistungsbereitschaft ohnehin nicht erreichen können und versuchen es deshalb erst gar nicht. Sie entwickeln mit der Zeit betont andere Interessen als das erstgeborene Kind und orientieren sich viel weniger an Erwachsenen als an der »Bande«, der Clique, der »Straße«.

Die privilegierte Glückspilz-Position des Letztgeborenen ist bekannt. Es entwickelt oft schon früh erstaunliche Fähigkeiten in der Vermittlung zwischen Menschen, die in Spannung miteinander leben. Dies geht offenbar darauf zurück, daß das jüngste Kind seine erst- und zweitgeborenen Geschwister ganz neu einander nahe bringt und Solidarität zwischen den vorangehenden Geschwistern hervorrufen kann.

Natürlich ist unser späteres soziales Fühlen und Verhalten als Erwachsene noch von anderen Faktoren geprägt als nur von der Geschwistererfahrung und -konstellation. Aber sie legt die Grundlage dafür.

Die elementare Prägekraft der Geschwistererfahrung kann jedoch dadurch geschwächt oder sogar neutralisiert werden, daß der Erwachsene eingreift in die soziale Welt der Geschwister – von sich aus oder weil er sich dazu verführen läßt.

Der Krach im Kinderzimmer kann den Erwachsenen nerven oder ihn ängstigen – und das soll er oft auch. Kinder versuchen manchmal, die soziale Erfahrung dadurch abzukürzen, daß sie ihre Eltern dazu veranlassen, für sie und gegen die anderen Partei zu ergreifen oder die Schiedsrichterrolle einzunehmen. Sie haben immer wieder Zeiten, in denen sie alleiniger Gegenstand elterlicher Aufmerksamkeit sein wollen. Sie wissen, daß das am besten klappt, wenn sie nerven oder wenn sie sich als Opfer schrecklicher Aggression und himmelschreiender Ungerechtigkeit darstellen. Besonders jüngere Geschwister entwickeln hier beachtliche Fähigkeiten. Wenn Eltern es aushalten, trotz dramatischer Hilferufe nicht einzugreifen, vielmehr die Geschwister selbst mit der Schlichtung zu beauftragen, treten solche Neigungen rasch in den Hintergrund. Denn das Geschwisterkind, das zu oft Hilfe bei den Eltern sucht, wo eigentlich die Auseinandersetzung mit den anderen Geschwistern anstünde, wird bald geächtet und bringt sich in eine quengelige Außenseiterposition, die es unter Umständen ein Leben lang behält.

Was nun die Notwendigkeit einzugreifen betrifft, ergibt sich folgende Paradoxie: *Erwachsene müssen nur dann wirklich eingreifen, wenn sie vorgängig schon eingegriffen haben.* Folgendes Beispiel möge dies illustrieren: In einer Variante der eingangs skizzierten Situation – die Mutter arbeitet, die Geschwister spielen nebenan – fühlt sich die Mutter gedrängt, zugunsten von Klärchen einzugreifen, weil Klärchen immer ausgenutzt wird von ihren Geschwistern und diese immer mehr nehmen, als sie anbietet. Aber Klärchen ist in diese Rolle gekommen, weil die Mutter gerade dieser Tochter immer schon vermittelt hat, wie wichtig es ist, zu teilen. Klärchen ist ihr nämlich in mancher Hinsicht ähnlich, und sie sieht in Klärchen eine Art Abbild ihrer selbst. Die Mutter war aber selbst Erstgeborene gewesen. Sie wollte also Klärchen als Drittgeborener dasjenige soziale Verhalten beibringen, zu dem sie selbst sich früher als Erstgeborene genötigt sah. An Klärchen sollte sich also eine »Erfahrung« wiederholen, die die Mutter selbst gemacht hatte – aber aus einer ganz anderen Position heraus.

Durch solche, meist unbewußten, Rollenzuschreibungen greifen wir in das noch sehr dynamische und entwicklungsbereite soziale Gefüge unter den Geschwistern ein und polarisieren es damit, geben ihm einen einseitigen Akzent, den es ohne unser Eingreifen wahrscheinlich nicht hätte. Die anderen Kinder steigen auf eine solche Zuschreibung ein, indem sie Klärchen systematisch ausbeuten. Um Klärchen vor dieser Seite der Rolle zu schützen, muß die Mutter jetzt tatsächlich eingreifen, die anderen Kinder ermahnen und so weiter. In dieser Situation finden Kinder aber nicht mehr ihren eigenen sozialen Raum. Dieser ist vielmehr durchdrungen von den Erwartungen und Befürchtungen der Erwachsenen. Dadurch verfälscht und verengt sich ihr soziales Lernen. Wenn Klärchen sich dagegen wehrt, ausgebeutet zu werden, so kämpft die Mutter mit.

Streitigkeiten unter Geschwistern können sehr deutlich den Charakter von Stellvertreterkämpfen haben. Sabrina ähnelt sehr ihrem Vater: begeisterungsfähig, ein wenig oberflächlich, sanguinisch. Ihr Bruder Martin schlägt der Mutter nach: zäh, etwas ängstlich, melancholisch. Die Eheleute haben nur mit Mühe im Laufe der Jahre einen Weg gefunden, mit den zum Teil polaren Wesenszügen des anderen auszukommen. Nun wiederholt sich in zugespitzter, fast karikierter Vereinseitigung zwischen den beiden Kindern, was die Ehe der Eltern beinahe gesprengt hätte. Wenn Sabrina und Martin sich streiten, und das tun sie oft, tragen sie erbittert aus, was auszutragen die Eltern aufgegeben haben. Dies ist kein soziales Lernen mehr, sondern ein Stellvertreterkampf. Man erkennt es auch daran, daß die beiden nicht zur voraussetzungsfreien Kommunikation zurückfinden, daß im Gegenteil die Kommunikation zwischen ihnen mit der Zeit unheilbar abreißt. Wenn der Vater eingreift, wird er es zugunsten von Sabrina tun. Die Mutter wird für Martin Partei ergreifen. Das Muster ist so festgefahren, daß die Eltern tatsächlich eingreifen müssen. Aber indem sie dies tun, tragen sie immer weiter zur ausweglosen Ritualisierung der Auseinandersetzung bei.

Auch andere Rollenzuschreibungen können beobachtet werden: Jonathan ist Mutters Liebling. Er ist genauso musikalisch begabt wie sie und fleißig – aus ihm wird sicher einst ein großes musikalisches Talent werden (was der Mutter versagt blieb). Lenchen hingegen ist das Kuckucksei der Familie. Sie ist ungeschickt und obendrein faul, außerdem peinlich unmusikalisch. Die Mutter schämt sich manchmal wegen Lenchen. »Sie ist genau so ungeschlacht wie deine Mutter«, sagt sie dann zu ihrem Mann. Bekanntlich haben ja unsere Kinder ihre angenehmen Eigenschaften von uns, die unangenehmen von den Schwiegereltern, wahlweise auch vom Ehepartner, wenn man gerade mit ihm im Streit liegt.

Was können diese Kinder noch aneinander lernen?

Geschwisterkinder übernehmen solche Rollenzuschreibungen. Bald wird sich auch Jonathan seiner Schwester schämen. Sie wird still und ängstlich werden, in der Schule versagen, keine Freunde haben. Sie wird »auffällig«. Dann muß sie zum Therapeuten.

Jedes Kind fordert andere Zuschreibungen, Erwartungen und Befürchtungen bei Mutter und Vater (und bei Opa und Oma und bei Tante und Onkel) heraus und lernt im Extremfall eher, sich in zugeschriebene Identitäten einzuleben als die eigene zu finden.

Glücklicherweise aber ist die Realität nicht oft so extrem. Gerade Geschwisterkinder können sich wesentlich besser gegenüber den unausgegorenen Belangen der Erwachsenen abschotten als Einzelkinder. Sie erwerben eine gesunde Solidarität den Eltern gegenüber. Und daß sie im häuslichen Rahmen oft einfach nur das Rollenspiel der Erwachsenen spielen statt ihr eigenes, ist daran zu erkennen, daß sie viel freier, vielseitiger und weniger festgelegt miteinander umgehen, wenn sie sich außerhalb der Familie bewegen.

Es gibt also Felder, auf denen Kindheit den Erwachsenen nicht nur nicht braucht, sondern wo er stört.

Das adoptierte Kind

Vorbemerkung

Auch die Sorgen und Nöte, mit denen Adoptiveltern beziehungsweise Adoptierte selbst zur Erziehungsberatung kommen, belegen deutlich und drastisch, wie dem »auffälligen« Verhalten eines Kindes die Auffälligkeit seiner Situation vorangeht. Die Probleme, die das adoptierte Kind hat oder macht, zeigen, wie ein Kind durch die nie endende Besonderheit seiner Lebenssituation zu norm- und erwartungsabweichendem Verhalten herausgefordert wird.

Die Lebenssituation des adoptierten Kindes ist eine künstliche. Sie verhindert die vollständige Verwirklichung seines Ichs auf Erden, weil ihm dessen irdische Anknüpfung genommen wird. Wenn dieser Gesichtspunkt im Folgenden näher ausgeführt wird, soll damit nicht unterstellt sein, daß es nicht auch gelingende Partnerschaften zwischen dem Kind und dem adoptierenden Ehepaar gibt. Es mag im Gegenteil daraus hervorgehen, daß das Gelingen davon abhängt, daß die Beteiligten untereinander und nach außen offen und offensiv mit eben dieser existentiellen Künstlichkeit umgehen.

Motive der Adoption

Die notwendige Offenheit beginnt beim Umgang mit den, zunächst oft untergründigen, Motiven für die Adoption. Oftmals lautet das vordergründige, plakative Motiv: »Wir wollen einem elternlosen Kind das Nest einer Familie schaffen.« Aber darunter liegen manchmal noch andere Motive, die anzusprechen und in ihrer Bedeutung für das Kind zu klären unerläßliche Voraussetzung für ein gedeihliches Zusammenleben ist.

Der häufigste Ausgangspunkt für eine Adoption führt zu einem kompensatorischen Motiv des adoptionswilligen Ehepaares: Sie können selbst keine Kinder bekommen und wollen diese Tatsache umgehen durch den Rechtsakt der Adoption. Das Kind bekommt also, noch bevor es überhaupt in das Haus dieses Ehepaares eingetreten ist, die *Funktion*, eine biologisch oder psychosomatisch bedingte Tatsache zu kompensieren. Schon im Ansatz wird das Kind benutzt, um einen subjektiv erlebten Mangel zweier Menschen, mit denen es bislang nichts zu tun hat, auszugleichen. Die Verbindung zwischen dem Kind und dem Paar entsteht nicht durch eine gemeinsame Begründungsgeschichte – Auswahl der Eltern durch die Seele des Kindes von der geistigen Welt her, Zeugung, Schwangerschaftserleben –, sondern durch einen Rechtsakt zwischen ungleichen Parteien: Über das selbst nicht rechtsberechtigte Kind wird *verfügt* dahingehend, daß seine bisherige Begründungsgeschichte, die es mit seinen von ihm gewählten leiblichen Eltern hat, für ungültig und irrelevant erklärt wird. Ein solcher Eingriff schneidet das Kind von seiner Herkunft ab; und unter diesem Signum tritt es an.

Manchmal wollen Eltern dem bereits vorhandenen leiblichen Kind ein Geschwisterkind verschaffen. Aus medizinischen Gründen können sie keine weiteren Kinder mehr zeugen und wenden sich nun an die Adoptionsvermittlungsstelle. Gerade in dieser Konstellation, aber auch bei kinderlosen adoptionswilligen Paaren kann es zu einer regelrechten Auswahl eins Kindes kommen, die sich von der Auswahl eines Möbelstückes aus dem Katalog nur durch die längere Lieferfrist unterscheidet.

Generell werden Mädchen bevorzugt. Jungs sind schwieriger zu vermitteln. In der Schweiz ist es offizielle Handhabung, in Deutschland oft stillschweigender Usus, nach Kindern zu suchen, die zum schon vorhandenen Kind oder dem Lebensstil des Hauses passen. Ehepaaren aus gehobenen Kreisen werden Kinder vermittelt, die möglichst nicht aus den untersten sozialen Schichten stammen. Im Einzelfall kommen Auswahlkriterien zur Anwendung wie Augen-, Haar- und Hautfarbe. Zum Beispiel fand ein wohlhabendes Ehepaar, daß ein kleines Negermädchen in ihre feine Siedlung durchaus einen unkonventionellen Farbtupfer bringen könnte.

Ein weiteres Adoptionsmotiv kann der Wunsch sein, ein eigenes Kind, das man durch Unfall oder Krankheit verloren hat, ersetzen zu wollen. Bei dieser Konstellation wird gern ein Kind ausgesucht, das in Alter, Geschlecht und Statur in etwa dem verstorbenen entspricht.

Auch wenn wir von den illegalen Auswüchsen des Adoptionswesens absehen (etwa Handel mit Kindern aus Südamerika), wird deutlich, daß die Motive zur Adoption nicht Motive des Kindes sind. Dieses steht im Gegenteil nur zur Verfügung.

Auf die dringliche Frage des adoptierten Kindes, nachdem ihm sein Adoptionsstatus eröffnet wurde (»Warum habt ihr gerade mich aufgenommen?«), gibt es keine das Kind stützende oder aufbauende Antwort. Jede mögliche ehrliche oder weniger ehrliche Antwort würde deutlich machen, daß es nicht um dieses Kind ging, sondern um das adoptionswillige Ehepaar.

Die dreizehnjährige Janine bekam zur Antwort: »Wegen deinen schönen Locken.« Daraufhin ließ sie sich eine Glatze schneiden. Es war ihr Weg, ihre Würde wieder zu erlangen.

Im Gespräch über die Motive zur Adoption brachte das Ehepaar vor, schließlich würden sie doch dem Kinde dienen durch die Adoption. Die Mutter sei doch offensichtlich zur Ausübung ihrer Mutterpflichten nicht in der Lage gewesen, sonst wäre das Kind ja nicht freigegeben worden. Unter diesem Motiv wäre dem Kind aber auch mit einer Pflegeelternschaft gedient gewesen. Der Status der Pflegschaft beinhaltet im Gegensatz zum Adoptionsstatus die Achtung vor der Herkunft des Kindes und den Vorrang dieser Herkunft. Pflegeeltern dienen mit ihrer Sorge um das Kind dessen leiblichen Eltern, die vorübergehend oder auf Dauer zu dieser Sorge nicht in der Lage sind. Adoptiveltern gelangen selten bis zu diesem Gesichtspunkt, offenbar weil die Berücksichtigung der Herkunft des Kindes ihren Motiven zuwider liefe.

Verlust der Herkunft

Das Adoptivkind wird von seiner Herkunft durch einen Rechtsakt abgeschnitten. *Alle* Adoptierten, auch wenn es zu einem befriedigenden Zusammenleben kommt und auch wenn sie schon erwachsen geworden sind, leiden hierunter ein Leben lang.

Aus der Tatsache, daß Adoptierte von ihrer eigenen Anknüpfung im Irdischen abgeschnitten sind und sie für die Zwecke der Adoptiveltern instrumentalisiert werden, ergibt sich die *existentielle Künstlichkeit* ihrer Lebenssituation. Diese besteht darin, daß ihr Status, einerseits ausgesetzt und andererseits nach ihnen fremden Kriterien ausgewählt zu sein, geleugnet wird.

Er wird in zweifacher Hinsicht geleugnet. Erstens ist es bis zu einem bestimmten Alter des Kindes gar nicht möglich, dieses über seinen Status aufzuklären, weil es solche Aufklärung schon intellektuell gar nicht verstehen kann. Es *muß* also in dem falschen Glauben aufwachsen, bei seiner leiblichen Familie zu sein. Zweitens aber liegt die Leugnung des Adoptionsstatus darin, daß Adoptiveltern noch über die Aufklärung hinaus so tun, als ob sie die Beziehung zum Kinde hätten, wie sie zu einem leiblichen Kind möglich ist. Diese Vortäuschung ergibt sich aus ihrem Motiv: »Wir wollen zeigen, daß wir auch Eltern sein können«, oder: »Wir haben ein Recht auf Elternschaft.«

Das Kind verbindet sich ganz natürlich mit der Geschichte, dem Milieu und dem Lebensstil der Adoptiveltern und macht sich dies als Wurzel seiner Identität zu eigen. Wenn es eines Tages erfährt, daß es adoptiert ist, erlebt es diesen Grundlage schaffenden Teil seiner Identität als Chimäre, hinter der ein elementares Fragezeichen auftaucht: »Wo komme ich wirklich her? Wer bin ich also wirklich?« So entsteht dem Adoptierten aus der Künstlichkeit seiner Lebenssituation das zentrale Motiv seines weiteren Lebens: Die Suche nach der Wurzel.

Suche nach Herkunft

Der Adoptierte lebt nicht nur insofern in der Sphäre des Geheimnisses, als ihm in der Regel die Motive der Adoptiveltern verborgen bleiben, sondern vor allem, weil ihm seine Herkunft verborgen ist. Sie wird von behördlicher Seite aktiv geheim gehalten. Sofort nach Eröffnung seines Adoptivstatus kommen die Fragen auf, die ihn sein ganzes Leben begleiten werden: »Warum hat meine Mutter mich nicht behalten? Sehe ich meiner Mutter oder meinem Vater ähnlich? Habe ich Geschwister? Wie und wo leben meine Eltern? Leben Sie noch?«

Phantasien entstehen, die Antworten auf solche Fragen ausprobieren und ein starkes Gewicht bekommen können. Sie können das Kind auf die Dauer stärker prägen, als was es real erlebt in der Adoptivfamilie. Die phantasierte Beziehung zur leiblichen Mutter zum Beispiel – »Sie würde es bestimmt bereuen, mich weggegeben zu haben, und ich würde ihr verzeihen«, »Sie ist bestimmt toleranter als meine Adoptivmutter« – bekommt Vorrang vor der realen Beziehung zur Adoptivmutter.

Die Herkunftsphantasien können einen negativen Grundton haben – »Ich stamme aus einer Verbrecherfamilie«, »Meine Mutter ist eine Prostituierte«, »Meine Eltern sind obdachlos« –

oder sich in Größenphantasien verlieren – »Vielleicht bin ich ein Königskind. Vielleicht sind meine Eltern aus politischen Gründen gezwungen gewesen, mich zu verstecken.« In beiden Fällen üben die Herkunftsphantasien einen unwiderstehlichen, das Verhalten und Erleben zwingend prägenden Sog aus.

Und in jedem Fall setzt die Vorstellung, von den eigenen Eltern nicht gewollt und weggeben worden zu sein, eine tiefe Verwundung. Diese ist nicht zu heilen. Erzählungen der Adoptiveltern, wie sie das Kind ausgewählt haben, kompensieren diese Verwundung nicht, sondern vertiefen sie. Denn jedes Kind weiß intuitiv darum, daß es nicht von seinen Eltern ausgewählt wird, sondern im Gegenteil ein Recht darauf hat, bedingungslos angenommen zu werden.

Identität beginnt mit Anknüpfung. Jedes Kind verankert sein Selbstbild und sein Selbstbewußtsein da, wo es sich vorfindet. Das Adoptivkind verliert durch die Mitteilung über seinen Status diese Wurzel. So versucht es bald auch real, sich ein Bild von seiner Herkunft zu verschaffen. Erschwert wird der Erfolg dieses elementaren Bedürfnisses dadurch, daß es seine Ersatzeltern nicht vor den Kopf stoßen möchte. Damit bekommt aber die Künstlichkeit seiner Lebenssituation noch eine Wendung ins Psychologische. Das Adoptivkind fühlt sich zu nicht endender Dankbarkeit verpflichtet und hat deshalb ein schlechtes Gewissen, weil es trotz guter Fürsorge durch die Adoptiveltern die wirklichen Eltern suchen will. Abgesehen davon, daß sich damit unter Umständen eine Unechtheit oder Unehrlichkeit in die Beziehung zu den Adoptiveltern einschleichen kann, ergibt sich die Künstlichkeit in diesem Zusammenhang aus dem Umstand, daß diese Art verpflichteter Dankbarkeit kein normaler Zug ist in der Beziehung eines Kindes zu seinen Eltern.

Mithin entsteht Distanz zu den Adoptiveltern. Diese werden oft als Hindernis bei der Suche nach der Herkunft erlebt. Könnte nicht dieser Mann dort im Bus mein Bruder sein, die

Bettlerin am Bahnhof meine Mutter? Könnte ich sie ansprechen? Was würden meine Adoptiveltern dazu sagen? Sie würden mich sicher auslachen oder es mir verbieten. – Ein ruheloses Umherstreifen kann entstehen.

Unterstützung durch die Adoptiveltern

Adoptiveltern können in dieser Situation Echtheit in die Beziehung dadurch einführen, daß sie den Sog des Kindes zu seiner unbekannten Herkunft hin anerkennen und aktiv unterstützen. Eventuelle »Verhaltensauffälligkeiten« sollten nicht mit der bedenklichen genetischen Ausstattung des Kindes oder traumatischen Vorerfahrungen erklärt, sondern als Versuch des Kindes gesehen werden, sich selbst seine Wurzellosigkeit handhabbar zu machen.

Janine zum Beispiel war zu der Phantasie gekommen, ihre Mutter sei Prostituierte. Folgerichtig ging sie nun selbst auf den Strich, die Konsequenzen für sich selbst nicht überblickend. Sie hörte damit erst auf, als ihre Adoptiveltern mit ihr zusammen beim Jugendamt und Gesundheitsamt entsprechende Nachforschungen anstellten.

Im günstigen Fall also wird die Suche nach der Vergangenheit zur gemeinsamen Aufgabe. Dies ist offenbar denjenigen Adoptivfamilien möglich, die darauf zu verzichten lernen, so zu tun, als seien sie eine normale Familie. Sie lernen sich vielmehr als Statthalter der leiblichen Eltern zu sehen und billigen dadurch dem Adoptivkind seine eigene Geschichte zu. Dieses Bewußtsein, letztlich den leiblichen Eltern des Kindes zu dienen, ist sperrig und widerspricht meist den ursprünglichen Motiven zur Adoption. Wenn es aber gelingt, zu dieser Auffassung vorzudringen, kann das Kind seinen Status aktiv in seine Identität aufnehmen. Die Adoptiveltern können dann Verbündete werden.

Geschichte

In dieser verschärften, problematischen Form, wie sie hier beschrieben wurde, scheint das Signum des Adoptierten – einerseits ausgesetzt und andererseits auserwählt zu sein – erst in heutigen Biographien aufzutauchen. Auch Mythos und Geschichte kennen den Adoptierten als zugleich Ausgesetzten und Erwählten. Ursprünglich scheint er aber durch diesen Status eine besondere, heraus gehobene Aufgabe gehabt zu haben: Als Urbild des Adoptierten können wir Moses ansehen, der, im Korb ausgesetzt, von einer ägyptischen Königstochter aufgezogen wird, und, indem er seine Anknüpfung findet, Führer seines Volkes wird. Ähnlich spricht der Mythos von Romulus und Remus, die von Wölfen gesäugt wurden. Auch der Ödipus-Mythos enthält diese Signatur.

Adoption als rechtlicher Vorgang war schon in dem Gesetzeswerk des babylonischen Königs Hammurabi (1700 vor Christus) vorgesehen, und im Römischen Reich gängige Praxis. Die Motive der Adoption kamen offenbar nicht aus der psychologischen Sphäre, sondern aus der wirtschaftlichen: Bis ins 19. Jahrhundert hinein adoptierte man, wenn man keine leiblichen Erben hatte, um den Besitz zusammen zu halten.

Im Mittelalter wurden Findel- und Waisenkinder von Wohlhabenden adoptiert – als billige Arbeitskräfte. Bis zum Anfang des 20. Jahrhunderts konnten die Adoptierten aber den Kontakt zu ihrer Herkunft behalten. Diese war bekannt, und die Beziehung zu den leiblichen Eltern durfte gepflegt werden. So blieb der Adoptierte zum Beispiel auch erbberechtigt gegenüber seinen leiblichen Eltern.

Im 20. Jahrhundert bekam vom Gesetzgeber her das Schutzprinzip Vorrang vor dem Interessenprinzip: Jetzt suchte die Behörde gezielt passende Eltern für verlassene Kinder. Legalistisch gesehen, ist das heute noch so. Die Verschiebung des

Adoptionsmotivs auf das adoptionswillige Paar und die sich hieraus ergebenden Beziehungs- und Identitätsprobleme des Kindes zeigen aber, wie sich subtil das Interessenprinzip wieder durchsetzt. Aus der wirtschaftlichen Funktionalisierung des Kindes wird eine psychologische.

Migrantenkinder

Zbginiew

In der Schule nannten sie ihn »Zibi«, weil sie »Zbginiew« nicht aussprechen konnten. In der großen Pause durfte er nicht mit ins Versteck hinter dem Schulgebäude, wenn die Zigarettenschachtel und der Flachmann mit dem Wachholderschnaps kreisten. Denn Zibi trug nicht diese Sportschuhe mit dem Luftkissen, mit denen man bei offenen Schnürsenkeln über den Boden schlurft. Dem Zibi, da waren sie sich sicher, polierte seine Mutter jeden Morgen diese altmodischen Lederschuhe. Womöglich band sie ihm auch noch die Schleife.

Zibi wußte augenscheinlich nie, was angesagt war. Der hörte noch die Backstreet Boys. Und wenn er dann »Beckstrret Boysch« sagte, mit dem rollenden »R« und dem verschwommenen »Sch« am Schluß, drehten sie sich schmerzverkrümmt weg. Wenn sie eines nicht leiden konnten, dann war es das, wenn einer »Beckstrret Boysch« sagt.

In Mathe war Zibi ein As. Daß sie ihn deswegen nicht ständig verprügelten, lag nur daran, daß er jeden Morgen seine Mathe-Hausaufgaben auf den Tisch legte, damit alle sie abschreiben konnten.

Nur wenn die Türken und Marokkaner von der Hauptschule gegenüber vermöbelt wurden, gehörte er dazu. »Hau ab, Kanake« konnte er so fehlerfrei aussprechen, als wäre er von hier.

Zuhause ging es streng zu. Für die Eltern war es das wichtigste, daß er gehorchte. Was er anzuziehen und zu essen hatte, gehörte in die Zuständigkeit der Mutter; Fernseh-Verbote unterlagen der Entscheidungsgewalt des Vaters. Zbginiews Eltern waren vor acht Jahren aus Polen gekommen. Sie hatten gehört, daß man in der Bundesrepublik vom Staat Waschmaschine und Wintermantel bekommt. Außerdem waren der Onkel mütterlicherseits und dessen Schwager schon zwei Jahre vorher umgesiedelt und hatten Phantastisches aus der neuen Welt berichtet. Die deutsche Wirklichkeit hatte sie bald erschreckt und enttäuscht. Eine Waschmaschine hatten sie nicht bekommen, den Wintermantel auch nicht; nur einen Zuschuß zum Telefon zahlte das Sozialamt, weil der Vater Diabetiker war. Für den Notfall mußte er ein Telefon haben. Arbeit hat er nicht gefunden, entgegen den Verheißungen des Onkels. Nur die Mutter konnte ab und an die Sozialhilfe etwas aufbessern, wenn sie zu Stoßzeiten im Getränkemarkt einer anderen polnischen Familie aushalf.

Die Eltern gingen im Laufe der Jahre immer strenger mit Zbginiew um. Je mehr Enttäuschung und Hilflosigkeit um sich griffen, umso mehr beharrten sie auf seinem Gehorsam. Zum Deutschunterricht für Aussiedler sind sie schon nach dem zweiten Monat nicht mehr gegangen. Sie waren doch Deutsche, deutschstämmig. In Polen hatten sie es zu etwas gebracht. Wieso sollten sie jetzt noch einmal die Schulbank drücken. So wurden sie abhängig von Zbginiew. Er fand schnell hinein in die deutsche Sprache und war der einzige in der Familie, der die endlose und beängstigende Behördenpost verstehen konnte. Wenn es etwas Wichtiges war, übersetzte er es für die Eltern. Und wenn die Mutter Geld von der Bank holen wollte, mußte er mitgehen, weil nur er mit dem Geldautomaten zurechtkam.

In den Sommerferien fuhren sie immer nach Polen – in ihr altes Dorf, oder auch in Landstriche, die sie damals gar nicht kennen gelernt hatten. Der Junge sollte die Schönheit seiner Heimat kennen lernen. Zbginiew wäre allerdings lieber nach England gefahren oder nach Italien – ein Mal bei einem Heimspiel seines Lieblingsvereins AC Mailand dabei sein.

Zwischen den Welten

Aussiedler- und andere Migrantenkinder leben oft zwischen zwei Welten, ohne wenigstens einer der beiden wirklich zuzugehören. Zu Hause sollen sie die Traditionen und Werte des Herkunftslandes teilen, gleichzeitig wird erwartet, auch von ihren Eltern, daß sie die bundesrepublikanische Wirklichkeit meistern. Die Familie versucht, das eng geknüpfte Netz der Großfamilie und Verwandtschaftsbeziehungen aufrecht zu erhalten. Hingebungsvoll werden Geburtstage und andere Feste gefeiert. Man spricht polnisch, und abends sieht man den polnischen Fernsehsender, den man über Satellit empfängt.

Wenn Aussiedlerkinder von der Schule nach Hause kommen, treten sie oft in eine Atmosphäre von Resignation ein. Die Paradies-Erwartungen, die zur Umsiedlung führten, haben sich nicht erfüllt. Die Sitten hier sind fremd und rauh. Sie sind am Wettbewerb, nicht am Erhalt der Gemeinschaft orientiert. Die Eltern, besonders wenn sie sich nicht in das Arbeitsleben integrieren konnten, ziehen sich in eine die Herkunft verklärende Sehnsucht zurück. Eigentlich hatte man es in Polen doch gut gehabt. Wer kommt hier schon mal auf einen Schnaps vorbei, bringt eine kiloschwere Rauchwurst mit und erzählt von der Arbeit?

Der Anpassungsdruck gerade auf polnische und russische Aussiedlerkinder ist enorm hoch; gleichzeitig sollen sie die Orientierung der Eltern am Herkunftsland teilen. Polnischen oder russischen Sprachunterricht für das Kind zu organisieren, ist oft das erste, was Aussiedlereltern hier in Angriff nehmen. Den gezielten Deutschunterricht halten sie dagegen weder für sich noch für ihre Kinder für notwendig (»Sein wir Deitsche«). Türkeneltern hingegen legen gezielt Wert darauf, daß wenigstens ihre Kinder die deutsche Sprache beherrschen und behalten dennoch selbstbewußt ihre kulturelle Identität bei (»Wir sind keine Deutschen«).

Die sich steigernde Rückwärtsgewandtheit ihrer Eltern können und wollen die polnischen und russischen Aussiedlerkinder nicht mitvollziehen. Meist haben sie keine eigenen Erinnerungen an das Herkunftsland. Sie kennen es nur indirekt über die Eltern und spüren, daß sie mit anderen Werten und Erwartungen aufwachsen als deutsche Kinder. Wenn sie wach und interessiert die Normen und Werte der hiesigen Gesellschaft aufnehmen, geraten sie in eine gewisse Distanz zu ihren Eltern und deren inselartigem Dasein. Orientieren sie sich stärker an den Eltern, werden sie von der nativen Gleichaltrigen-Gruppe nicht als vollwertige Mitglieder aufgenommen. Anders als türkische, marokkanische oder pakistanische Kinder haben Aussiedlerkinder einen ambivalenten, unklaren Status. Für die deutschen Mitschüler sind sie nicht in der selben Weise eindeutige Ausländer wie Kinder arabischer oder asiatischer Herkunft; sie wirken aber auf der anderen Seite auf eine so altmodische, verfremdete Weise »deutsch«, daß sie oft weniger dazugehören als eindeutig ausländische Kinder.

Belastungen

Zur Belastung durch den ambivalenten Status kommt für Aussiedlerkinder häufig noch die Verantwortung hinzu, die sie für ihre Eltern übernehmen müssen, wenn diese sich vor Behördengängen, Elternabenden et cetera scheuen. Die Kinder müssen hierbei nicht nur die Dolmetscher-Rolle einnehmen, sondern auch in einem Zwischenraum vermitteln, der für ihre Eltern angstbesetzt ist. Es gibt polnische Eltern, die die ältere Tochter zum Elternabend an der Grundschule ihres Sohnes schicken.

Die Eltern handhaben diese Abhängigkeit von den Kindern aber nicht offen, sondern versuchen im Gegenteil, elterliche Autorität immer starrer durchzusetzen. Erziehung reduziert sich dabei auf äußerliche Normen der Kleidung und des Benehmens.

Aus diesem Mangel an Orientierung und der Wirklichkeit zugewandter Führung schließen sich manche dieser Kinder rein polnischen oder rein russischen Straßengangs an. Meist dominiert von einem jungen Erwachsenen, der ebenfalls die Integration nicht geschafft hat, werden hier zwei Ziele verfolgt: Erstens wird im Viertel aufgeräumt mit Vietnamesen, Türken, Arabern. Denn so kann man sich beweisen, daß man Deutscher ist. Zweitens übt man sich in familienähnliche »Geschäftsbeziehungen« ein: Eine Untergruppe klaut Autoradios und Videorecorder, eine zweite verhökert sie, eine dritte kundschaftet neue Quellen aus. So meint man sich ins deutsche Wirtschaftsleben einzugliedern.

Aus Polizeistatistiken geht hervor, daß Jugendkriminalität nur bei solchen Migrantenkindern höher ist als bei gleichaltrigen nativen Kindern und Jugendlichen, die länger als fünf Jahre in Deutschland leben. Daraus läßt sich schließen, daß sie die ersten Jahre nach der Übersiedlung zu dem Versuch bereit sind, sich einzugliedern und sich mit Assimilationsproblemen auseinanderzusetzen. Finden Sie ihre Integration nicht, entsteht die Tendenz, sich mit Gewalt zu holen, was beim Versuch der Anpassung nicht zu erreichen war. Sie haben jetzt deutsche Ansprüche, ohne deutsche Chancen zu haben.

Nicht nur wegen der Sprachprobleme, sondern wegen ihrer fremdartig wirkenden »deutschen« Identität haben Aussiedlerkinder schon schlechtere Bildungschancen als native Deutsche. In Sonderschulen für Lernbehinderte und sogenannte Erziehungsschwierige sind sie überrepräsentiert. Über 50 % der minderjährigen Sozialhilfeempfänger sind Aussiedler- und andere Migrantenkinder. Ihre Chancen, Ausbildung und Arbeit zu finden, sind nicht halb so groß wie die Chancen deutscher Jugendlicher.

Dieses Ausbleiben des Integrationserfolgs kann das Verhältnis der Kinder zu ihren Eltern erheblich belasten: Sind sie doch oft wegen der Kinder umgesiedelt. Gerade für ihre Kinder haben sie sich viel vom Leben in der Bundesrepublik versprochen: eine moderne, technik- und medienorientierte Bildung, hohes Einkommen, komfortables Wohnen. Gelingt den Kindern dieser Zugriff nicht, steht unausgesprochen, aber umso lastender, die frustrierte Erkenntnis im Raum, mit der Umsiedlung eine existentielle Fehlentscheidung getroffen zu haben.

Gelingt den Kindern andererseits die Integration, wird sie von den Eltern oft argwöhnisch und mit der Angst beobachtet, das Kind an diese neue Welt zu verlieren.

Bei Flüchtlingskindern, deren Ausländerstatus eindeutiger ist, tragen die Unsicherheit und die Vorläufigkeit ihres Lebens hier dazu bei, Integration zu erschweren. Die Familien haben zunächst nur vorübergehende Aufenthaltserlaubnis. Sie leben meist in Asylantenheimen und müssen ausländerfeindliches Klima oder gar Anschläge befürchten.

Interkulturelle Pädagogik

Zbginiew hatte Glück. Nach zwei Schulwechseln und einer Jugendstrafe wegen gemeinschaftlichen Raubes fand sich eine Schule, in der er mit seinem widersprüchlichen Doppelstatus, »ausländischer Deutscher« zu sein, ausdrücklich gefragt war. Die Klasse war gezielt durchmischt worden: Außer sechs deutschen und zwei polnischen Aussiedlerkindern lernten hier zwei Tamilen, drei Libanesen und sechs Türken gemeinsam. Hier war er nicht mehr »Zibi«, sondern »Zbginiew«. Man übte jeden Namen ein und legte Wert darauf, daß er korrekt ausgesprochen wurde. Der Lernstoff wurde mehrsprachig präsentiert: deutsch, polnisch, türkisch, französisch und englisch.

Diese Sprachen waren auch Unterrichtsfach. In Erdkunde und Politik wurden die geographischen, wirtschaftlichen und kulturellen Verhältnisse der fünf Volksgruppen behandelt. Am katholischen, islamischen und evangelischen Religionsunterricht nahm immer die ganze Klasse teil, benotet wurde aber bei jedem Kind nur die Leistung im Unterricht der Religion, der es angehörte. Kleine Unterrichtseinheiten übergaben die Lehrer und Lehrerinnen, die allesamt Deutsche waren, den Volksgruppen selbst: Welche Feste feiern die Türken und wie feiern sie? Wie sieht der Alltag in der tamilischen Heimat aus?

Zbginiew blieb das As in Mathe. Außerdem erwies er sich als sprachbegabt. Nach einem Jahr konnte er bereits den Libanesen den Mathe-Stoff auf Französisch erklären. In der großen Pause managte er zusammen mit zwei Türken und einem deutschen Mädchen das Schülercafé. Dort gab es türkische Süßspeisen und außer Cola gekühlte Fruchtgetränke, die die Libanesen zusammenmischten.

Nur auf den Elternabenden gelang die Integration nicht so gut. Die Eltern der beiden polnischen Kinder sind nie erschienen. Oft waren die türkischen, libanesischen und tamilischen Väter unter sich. Die Mütter der sechs deutschen Kinder sind eben deshalb weggeblieben, weil sie sich nicht daran gewöhnen konnten, daß ein Elternabend fast nur von Männern besucht wird. Von den Schulen ihrer anderen Kinder waren sie gewöhnt, daß fast nur Mütter den Elternabend besuchten.

Auch gab es Animositäten zwischen den türkischen Vätern, die allesamt Arbeit hatten und in einem gewissen Wohlstand lebten, und den libanesischen, die arbeitslos geblieben waren.

Interkulturelle Pädagogik greift die ethnischen Unterschiede gezielt auf und macht sie zum Gegenstand der Bewußtseinsbildung. Sie verlangt nicht primär Anpassung an bundesrepublikanische Normen und Werte. Damit bringt sie der Herkunft des Kindes Wertschätzung entgegen und weist zugleich auf die Relativität der Herkunft in einem Einwanderungsland hin. Die Kinder können deshalb mit Selbstbewußtsein auf ihre Wurzeln blicken und zugleich ihren eigenen, über die Wurzeln hinaus führenden Weg finden. Die Zwiespältigkeit ihrer Lebenssituation kann damit fruchtbar werden, statt nur Belastung zu sein. Was in der Wirtschaft und in der Politik »Globalisierung« und »Vernetzung« heißt, sich dort aber für den Normalbürger auf einer abstrakten Ebene bewegt von Wirtschaftsdaten, Renditen und Gesetzesangleichungen, wird für Migrantenkinder zur konkreten Lebensaufgabe. Man kann hierin ein biographisches Thema sehen, dessen Bedeutung über die individuelle Biographie hinausgeht.

Die Jugendszene am Bahnhof

Die Biographie eines Jugendlichen zu skizzieren, die ihn durch vielfältige Frustrationen, Zurücksetzungen und Mißerfolge zum Ausstieg aus dem gesellschaftlich vorgesehenen Rahmen und in das Milieu der Straßenkinder am Bahnhof hineinführt, liegt gerade angesichts solcher extremer Lebensstationen nahe. Es empfiehlt sich aber, dieser Versuchung zu widerstehen. Denn die Skizze könnte Mitleid hervorrufen oder andererseits Vorurteile bedienen. Um Wesen und Bedeutung der Jugendszene am Bahnhof zu erfassen, könnte es demgegenüber weiter führen, sie zunächst nur als Phänomen zu beschreiben.

Natürlich haben wir auch hier das Bedürfnis, die Ursache zu finden. Wir möchten solche, im ursprünglichen Sinne des Wortes, ausgefallenen Lebenssituationen aus der Geschichte und der Psychologie der Betroffenen »erklärt« wissen, um die Ursache sodann beseitigen zu können. Im Einzelfall mag das auch möglich und sinnvoll sein. Die Erfahrung zeigt aber, daß diese Jugendszene damit nicht aus der Welt zu schaffen ist.

Die Szene als Organismus

Zahlenmäßig ist die Szene klein – in einer Stadt wie Dortmund umfaßt sie circa fünfzig junge Menschen zwischen fünfzehn und zwanzig Jahren, in Hamburg zum Beispiel zweihundert. Zwei Drittel sind Jungs, ein Drittel Mädchen.

Sofort fällt jedoch ihre Raum greifende, aber durch Maß und Zahl nicht zu bestimmende Ausdehnung auf. Sie weist keine genauen räumlichen Grenzen auf und doch hat sie einen verborgenen, geschützten Innenraum. Andererseits sind die Grenzen für ihresgleichen immer offen. Ständig treten Neuankömmlinge auf; andere verlassen die Szene, auf Dauer oder vorübergehend, wechseln in die Bahnhofsszene der Nachbarstadt.

Anders als bei bürgerlichen formellen oder informellen Gruppierungen, gibt es keine Aufnahmeprozeduren. Mit dem ersten Erscheinen gehört man schon dazu. Begründungen und Erklärungen sind überflüssig. Man erkennt und kennt sich sofort.

Ausschlüsse gibt es nicht (auch dies ein Unterschied zu bürgerlichen Zusammenschlüssen), allenfalls vorübergehende Konflikte zwischen einzelnen, die aber nie ihre Zugehörigkeit zur Szene in Frage stellen.

Die Glieder der Szene eines Bahnhofs beziehen sich ständig aufeinander, unabhängig davon, ob sie an einer bestimmten Stelle physisch zusammen sind oder nicht und ob sie sich überhaupt gerade im Bahnhofsareal bewegen, vielleicht noch im Abbruchhaus nächtigen.

Die Szene ist in ständiger Bewegung. Nicht nur herrscht ein Kommen und Gehen, sondern sowohl einzelne wie kleine, flüchtige Gruppierungen wechseln innerhalb des Areals in kurzer Folge den Ort. Knappe Gesten, ein Zuruf – jeder weiß Bescheid über jeden und über alles für die Szene Relevante. Jeder bezieht jeden in seine Ortsbewegungen ein. Da sieht einer die Möglichkeit, einem Passanten etwas Geld abzubetteln. Sofort tauchen andere auf, betteln denselben Passanten zehn Meter weiter wieder an. Einer versucht am Obststand ein paar Apfelsinen zu klauen. Wie aus dem Nichts tauchen andere auf, schirmen ihn ab, nehmen ihn in ihren Pulk auf, falls er entdeckt wird.

Wie ein Vogelschwarm, der ohne anführende Hierarchie, aber in präziser, sich selbst organisierender Abstimmung untereinander seine Kreise zieht, durchdringt die Szene den Bahnhof. Es gibt hier keinen Ältesten oder aus sonst einem Recht Dominierenden. Jeder bezieht und verläßt sich auf jeden. Alles ist im Fluß. Stabil ist nur diese Solidarität und gegenseitige Bezüglichkeit.

Die Szene geht keinen bestimmten Aktivitäten nach. Sie ist nicht auf irgendein in der Zukunft zu erreichendes Ziel gerichtet. Sie ist nur. Zwar verfügt man über Überlebensstrategien zur Besorgung des elementaren Daseins. Die Obdachlosen unter ihnen machen immer neue Schlafplätze ausfindig. Man kennt die Getränkemärkte in den Vorstädten, aus denen sich unentdeckt Bier organisieren läßt. Man hat längst das System der Überwachungskameras in den Kaufhäusern ausgekundschaftet und kann in aller Ruhe Lebensmittel, selbst Kleidung einsammeln.

Manchmal taucht ein portabler CD-Player auf. Einige sitzen in einer Nische und hören Musik. Eine Stunde später hat sich die Gruppierung wieder aufgelöst. Das Gerät bleibt unbeachtet zurück. Es kommt nicht auf den materiellen Besitz an, nur darauf, im Fluß zu bleiben, den Schauplatz und den knappen Austausch immer wieder zu wechseln.

Der einzelne bleibt anonym. Keiner fragt: »Wer bist du? Wo kommst du her? Was suchst du hier?« Wer geht, wird nicht befragt: »Wohin gehst du? Warum gehst du?« Es interessiert nicht. Trotzdem kennt man einander so genau, daß man weiß, wann einer vom Rausch in die Vergiftung abkippt, wann einem die Polizei auf den Fersen ist oder wann einer Schutz und Fürsorge braucht.

Der Bürgerwelt gegenüber besteht kein gezieltes Interesse, dennoch wird sie beobachtet und durchschaut. Man kennt den Angestellten, der jeden Morgen mit dem 7-Uhr-Zug kommt, ebenso wie den Rentner, der am Vormittag sein Bier in der Bahnhofskneipe bestellt. Ganz ohne psychologisches Interesse, aber mit feinsten Antennen erfaßt man die Anspannung des Abteilungsleiters beim heimlichen Treff mit seiner Geliebten im Fast-Food-Restaurant. Und vor allem hat man einen Blick dafür, wen anzubetteln Erfolg verspricht: Einzelpassanten, sehr fröhliche Menschen und Leute, die ein schlechtes Gewissen plagt. So gibt der Abteilungsleiter nach seinem Rendezvous großzügig zwei, manchmal fünf Mark.

Die Szene hat keine Geschichte. Sie ist nie begründet worden, und sie hat keine Ziele. Sie entwickelt sich nicht auf etwas hin. Sie ist keine gefügte Gruppe von Individuen, sondern ein fließender Organismus, ein in sich höchst beweglicher Leib aus Beziehungen, dessen Zusammenhalt sich aus der kontinuierlichen Aufmerksamkeit der Glieder füreinander ergibt, nicht aus irgendwelchen Strukturen, Rechten oder Absichten.

Das Schauspiel

Wieso durchdringt dieser Organismus den Bahnhof und nicht etwa den Wald oder das aufgelassene Fabrikareal? Auch der Wald und die alte Fabrik würden Anonymität bieten und Flucht- und Versteckmöglichkeiten. – Sehen wir ab vom Symbolwert des Bahnhofs, Sphäre des Übergangs zu sein, Schwelle zu sein zwischen Endstation und Aufbruch, so ergibt sich der Zugang zur Bedeutung der Szene am Bahnhof für ihre Glieder aus einer Paradoxie, die der Begriff »Szene« in diesem Zusammenhang freilegt:

»Szene« ist ursprünglich Teil eines Schauspiels. Es wird etwas aufgeführt, gezeigt, vorgeführt. Insofern muß der Begriff hier zunächst überraschen. Denn ein wesentliches Merkmal der Bahnhofsszene liegt ja darin, daß ihre Glieder als Individuen in ihr untertauchen, um verborgen und geborgen zu sein gegenüber dem Zugriff bürgerlicher Regularien und Instanzen. Das Innenleben der Szene ist für den Außenstehenden heimlich. Und dennoch zeigt sie sich offen der bürgerlichen Welt, von der sie sich zurückgezogen hat. Im Wald würde sie nicht gesehen. Dort wäre man ohne Publikum.

Augenscheinlich gehört also das bürgerliche Publikum dazu, dem zugleich etwas vorgeführt und verborgen wird. Die Szene wird nicht nur gesehen, sie fällt auf; mancher Passant ist verärgert, fühlt sich gestört, wenn er angebettelt wird, oder bedroht. Und gleichzeitig ist sie nicht zu fassen, ist nie als Gesamtorganismus dingfest zu machen, geschweige denn, daß man von außen in sie eingreifen oder sie verpflanzen könnte.

Viele Glieder der Szene – es ist wahrscheinlich die Mehrzahl – führen ein Doppelleben, was den Begriff »Szene« noch auffälliger macht: Sie gehen werktags bürgerlichen Tätigkeiten nach, absolvieren ihre Kfz-Lehre, gehen in die Schule, einige nehmen durchaus am Familienleben ihres Elternhauses teil. Am späten Nachmittag, samstags dann tauchen sie in die Szene ein, leben wie Obdachlose, betteln, obwohl sie Taschengeld oder Lehrgeld bekommen.

Zumindest dieser Teil der Szene *spielt* also ein Stück von Verweigerung und Ausstieg. Aber auch der harte Kern, der wirklich obdachlos ist, aus Heim oder Familie entwichen, legt Wert darauf, seinen Ausstieg gerade in der Öffentlichkeit zur Darstellung zu bringen, von der er andererseits nichts mehr erwartet.

Charakteristischerweise ist die Jugendszene am Bahnhof nicht identisch mit dem Drogenmilieu und auch nicht mit der Gruppe der »Berber«, den erwachsenen umherziehenden Obdachlosen. Zwar gibt es Berührungen und Übergänge, aber man grenzt sich auch nach diesen Richtungen ab. Berber und Drogenabhängige sind keine »Szene«, wenn auch letztere von Außenstehenden, Zusehenden manchmal so genannt wird. Berber und Junkies führen nichts vor. Hier gibt es nichts mehr zu demonstrieren oder zu inszenieren. Ihre Wirklichkeit ist das, was erscheint. Publikum findet sich zwar manchmal, gehört zu dieser finalen Lebensweise aber nicht dazu.

Bedeutung der Szene

Die Paradoxie, zugleich unterzutauchen und andererseits genau dieses Untertauchen vorzuführen, scheint sich zu berühren mit einem Phänomen, das jeder kennt: Es ist die Paradoxie des Ich, zugleich ein Innen und ein Außen zu sein. Meine Identität kann ich inwendig nur spüren, wenn sie von anderen wahrgenommen wird. Erst aus der vielfältigen Bezüglichkeit des Ich zu anderen Menschen erwächst ihm, besonders in der Kindheit, sein Innenraum. Das Ich muß gesehen, bestätigt werden, damit es seiner selbst gewiß sein kann. Andere – zuallererst die eigenen Eltern – müssen Kenntnis nehmen von mir, damit ich weiß, daß ich bin. Und aus dem Umstand wie sie mit mir umgehen, ergibt sich mir mein Selbstbild. Aus ihrer Achtung oder Mißachtung ernährt sich mein Selbstbewußtsein. Ich grenze mich ab von diesem Außen und brauche gerade deswegen den ständigen Bezug dorthin.

Die Szene am Bahnhof scheint als Organismus also etwas nachzuvollziehen, was bei gesunder Entwicklung jedes Individuum vollzieht: die Konstituierung des seiner selbst bewußten Ichs im Wechselspiel von Abgrenzung und Sich-Zeigen, in der Spannung zwischen Innen und Außen, zwischen verborgen und öffentlich.

Aber die Ähnlichkeit der Phänomene bringt sie noch nicht zur Deckung. Denn das sich so ausfaltende Ich verfügt über Geschichte, bezieht sich auf Herkunft und Geschichte als seiner Wurzel, und es sucht Geschichte und Entwicklung. Es hat Ziele, Hoffnungen, Strebungen, die über den Augenblick hinausgehen. – Nicht so die Szene. Sie hat keine Geschichte, niemand kennt eine solche, niemand interessiert sich dafür. Wenn einer hier eintritt, ist es unerheblich, wann diese Szene an diesem Bahnhof entstanden ist, wie es dazu kam, und was sie hier schon erlebt hat. Und es gibt keine über das Mitschwimmen im Fluß der Binnenbeziehungen hinaus gehenden Ziele.

Die Szene ist mithin kein Ich-Ersatz, wie man zunächst vermuten mag. Die Gruppe als Ersatz und Stütze für das seiner selbst noch nicht gewisse Ich kennen wir als normales Entwicklungsstadium in und nach der Pubertät, wenn Jugendliche sich Fangruppen, Vereinen, der Straßenclique anschließen. Diese Gruppierungen haben eine Geschichte, die gemeinsam, fast rituell, immer wieder zur Sprache kommt, und sie haben Ziele, Ideale, die gemeinsam verfolgt werden. Die Szene kann diese Bedeutung für ihre Glieder nicht haben. Vielmehr ergibt sich ihre Bedeutung gerade da heraus, daß sie keine Ich-Leistung verlangt oder übernimmt. *Die Szene ist Ich-Verweigerung.*

Man »landet« nicht in ihr aus der Zwangsläufigkeit einer bestimmten Entwicklung oder einer Ich-Schwäche heraus. Vielmehr sucht man sie *aktiv* auf. Gerade diejenigen ihrer Glieder, die ein Doppelleben führen, gehen da hin, sie geraten nicht da hin. Offensichtlich wird also etwas gesucht, was von Geschichte und Zielstrebigkeit entlastet und diese Entlastung zur Darstellung bringt. Was hier aufgeführt wird, ist das Stück von der Ich-Losigkeit. Es ist die Demonstration von der Verweigerung und Verachtung zielstrebigen bürgerlichen Lebens, von dem man nichts mehr erwartet, über das man sich keine Illusionen mehr macht, das man durchschaut und als hohl, unzuverlässig und autoritär erkannt hat. Man verweigert sich somit im Grunde dem eigenen Ich.

Diese Verweigerung kann aber nicht im stillen Kämmerchen geschehen. Sie muß gemeinschaftlich sein, weil der Verzicht auf das Ich nur unter Gleichgesinnten Halt gibt, bei denen dieser Verzicht jene fast übersinnlichen Antennen freisetzt, die fraglosen Schutz und Stütze ermöglichen.

Und die Verweigerung muß gezeigt werden. Sie ergibt nur Sinn, wenn sie Botschaft ist: Die Welt, von der ich mich abgrenze, muß wissen und sehen, daß ich mich von ihr abgrenze. Sonst spürte ich es selbst nicht. Sie muß meine Verachtung und Desillusionierung, die ich an ihr habe, zur Kenntnis nehmen, damit ich mich in dieser Verachtung erkenne. Das sich verweigernde Ich taucht unter in eine Sphäre der Freiheit vom Ich. Diese kann es aber nur in den Zwischenräumen geben, mitten unter dem ichhaften, ichbezogenen Treiben der Bürgerlichen. Der Wald, das leere Fabrikgelände hält keinen Freiraum für das Ich vor, sondern fordert im Gegenteil das Ich zu erhöhter Präsenz vor sich selbst auf.

Hieran knüpft sich der Unterschied zum Drogenmilieu. Dort geht es nicht mehr um aktive Ich-Verweigerung aus Enttäuschung und Verachtung, sondern um den Verlust des Ich und dessen Kompensation durch die Droge. Der Junkie hat nichts davon, der bürgerlichen Welt etwas vorzuführen. Vielmehr spürt er sich nur noch im Flash, der ein kurzes, körperbezogenes Ich-Surrogat ist. Wenn Drogenabhängige sich im Bahnhofsareal spritzen, so demonstrieren sie nichts, sondern sie haben im Gegenteil die Kontrolle darüber verloren, wo sie sich wie verhalten. Zwischen den Flashs sind sie auf Beschaffung aus und müssen schon deshalb an öffentlichen Orten agieren.

Allerdings gibt es Übergänge: Aus der aktiven, demonstrierten Ich-Verweigerung kann ein Ich-Verlust werden.

Mißtrauen

Die Jugendlichen der Bahnhofsszene gehen also in die Szene, wie man zu einer Demonstration geht. Auch die politische oder im Umweltschutz engagierte Demonstration muß gesehen werden, muß Anstoß erregen, will Botschaft sein.

Die Botschaft der Szene heißt: Wir pfeifen auf eure Welt. Wir haben sie als unzuverlässig und ausbeutend kennen gelernt. Wir entziehen uns euren »Sozialisationsinstanzen« – Familie, Schule, Jugendamt –, denn diese wollen uns nur disziplinieren. Entgegen ihren Behauptungen wollen sie gar nicht, daß wir eigenständige Individuen werden. So lassen wir das Ich fahren, das ihr uns anerziehen wolltet. Es würde genauso unecht und unzuverlässig wie das eure.

Durch Erfahrungen von Fremdbestimmung und Ausbeutung, von elterlicher Gewalt, Vernachlässigung und Mißbrauch, von Beziehungsabbruch und Präsenzverweigerung früher Bezugspersonen entsteht hier ein Ich, das an sich selbst friert. Schon als Kinder sahen sich die Glieder der Bahnhofsszene brutal auf sich selbst gestellt, lernten zu überleben durch forcierte Selbständigkeit, lernten zu täuschen und Beziehungen auszunutzen. Dadurch entstand ihnen ein kaltes Ich, undurchwärmt und ungetragen von der Verläßlichkeit der Beziehungen. Dieses Ich strengt den Betreffenden selbst an. Er möchte es mindestens zeitweise ablegen können, sich davon erholen. Die Bahnhofsszene bietet eben diese Entlastung von einem Ich, das hart und mißtrauisch ist. Sie erlaubt die Abgrenzung von der eigenen kalten Geschichte und verschafft Wärme im geschichtslosen Fließen verläßlicher, fragloser Beziehungen.

Manches Ich erwärmt sich hier so weit, daß es die Szene auch wieder verlassen kann. Ausstiegshilfen, wie sie von Seiten des Jugendamtes geboten werden, greifen nur, wenn sie vorgängig die Szene und ihre Bedeutung akzeptieren. Am mobilen Café hinterm Bahnhof schaut man schon mal vorbei, holt sich ein paar warme Socken, einen Schlafsack, läßt sich auch mal auf ein kurzes Gespräch mit dem Streetworker ein.

Etwa drei Viertel der Jugendlichen steigen wieder aus aus dem Ausstieg, meist durch eigenen Entschluß und manchmal, wenn professionelle Beziehungsangebote dadurch überzeugen, daß sie nicht ausbeuten und nicht disziplinieren wollen.

Etwa ein Viertel wechselt ins Drogenmilieu über oder schließt sich den Berbern an, geht für immer auf Trebe. Einige wenige schlagen eine kriminelle Individualkarriere ein.

Man kann mit der demonstrierten Ich-Verweigerung also auch wieder aufhören, so wie man jede andere Demonstration beenden kann. Wird dieses Ende nicht gefunden, verliert man die Verfügung über sich selbst

Mutters Junge

Sascha kann am weitesten: 1,85 Meter. Weit abgeschlagen Alex mit 1,62, fast gleichauf Joscha mit 1,60. Drago ist das Schlußlicht mit gerade mal 90 Zentimeter. Das Ergebnis wird ausführlich analysiert. Drago hatte es nicht mehr ausgehalten und sich zwanzig Minuten vor dem angesetzten Wettbewerb Erleichterung verschafft. Damit ist seine Niederlage entschärft, und Drago kann sein Gesicht wahren. Was Saschas Sieg betrifft, so ist man sich einig, daß er auf einen ballistischen Vorteil zurückgeht. Sascha kann, ohne umzukippen, den Oberkörper besonders weit nach hinten abbiegen. Damit setzt er natürlich schon mit einem günstigeren Winkel an. Joscha gebührt Solidarität. Der hatte vor drei Wochen eine Phimoseoperation, und die Jungs vermuten, daß man ihm dabei irgendwie die Harnröhre verbogen hat.

»Was soll's«, sagt Sascha, »eigentlich sind wir alle gleich gut« und teilt damit seinen Sieg mit den anderen. »Unter günstigen Bedingungen hättet ihr auch 1,85 erreicht.« Zufrieden und im Gefühl schöner Verbundenheit beginnen alle Vier, sich warm zu trippeln. Ein Fußballmatch steht bevor …

Da kommt wie ein Gewitter aus heiterem Himmel Alex' Mutter auf die Wiese gestürmt. »Ich habe euch genau beobachtet«, ruft sie schon von weitem. »Die Schweinereien hören auf! Wenn jetzt ein Spaziergänger vorbeigekommen wäre? Oder ein kleines Mädchen?« Die Jungs erschrecken. »Ihr seid wohl auch solche Kerle, die meinen, an jedem Gebüsch pinkeln zu dürfen.« Die vier Knaben sehen betreten zu Boden. »Aber das wird ein Nachspiel haben. Ich spreche mit euren Müttern. Und du, mein Früchtchen«, sie meint ihren Sohn, »kommst jetzt nach Hause.« Sie hält kurz inne, sucht nach einer Begründung und setzt dann triumphierend nach: »Hast du überhaupt schon dein Zimmer aufgeräumt? Bestimmt liegen wieder die Schulsachen am Boden verstreut und dazwischen die Socken von gestern.« Sie zieht ab. Alex zuckt hinter ihr die Schultern. »Da kann man nichts machen. Ihr kennt das ja«, sagt er damit. Resigniert trottet er hinter seiner Mutter her. »Es ist doch immer das gleiche mit euch Kerlen«, schimpft sie noch von weitem.

An dieser Tragödie aus der Welt der Knaben soll uns hier nur ein Detail weiter beschäftigen: Alex' Mutter will über die exhibitionistischen Gefährdetheiten der Jungs mit deren *Müttern* reden.Darüber dürfen wir erstaunt sein. Wieso will sie nicht mit den Vätern darüber reden oder wenigstens mit den Eltern?

Das wirft die Frage auf, wer sich in unserer Gesellschaft eigentlich zuständig fühlt für die Erziehung von Jungs? – Soweit man es aus der Perspektive der Erziehungsberatung beantworten kann: Frauen, Mütter.

Mütter sagen oft: »Ich muß einen richtigen Mann aus ihm machen.« – Ein wundervolles Ziel. Nur: Wie macht sie das?

Stellen wir uns den umgekehrten Fall vor (der aber, wiederum aus dem Blickwinkel der Erziehungsberatung gesehen, gar nicht vorkommt), ein Vater würde sagen: »Ich muß aus meiner Tochter eine richtige Frau machen.« Wir würden das zumindest bedenklich finden, würden eine Grenzüberschreitung in diesem Ansinnen sehen. Und je nach dramatischer Gestimmtheit würden wir sagen: »Was weiß der denn vom Frausein?« Oder wir würden gleich beim Jugendamt anrufen.

Was ein Junge ist, ein »richtiger« Junge, wie er sich zu benehmen hat, auch was ihm steht – dies fällt in unserer Gesellschaft augenscheinlich in die Zuständigkeit der Frau und Mutter. Offenbar weiß sie kraft ihrer Mutterschaft, was den »richtigen« Jungen ausmachen sollte. Die eigenen Vorstellungen des Jungen davon, was er tun möchte, was er braucht, was er anziehen möchte, scheinen schon im Ansatz unausgegoren, um es noch schonungsvoll auszudrücken. Der Knabe wächst also damit auf: »Was es mit mir als Junge auf sich hat, was für mich richtig ist, das weiß ich selbst nicht. Meine Vorstellungen darüber sind ungeschlacht und bedürfen der Korrektur und Verfeinerung durch die Mutter.«

Mütter haben das Ziel klar vor Augen: Ihr Sohn soll später einmal ein »richtiger« Mann sein. Was ist ein richtiger Mann? Ein richtiger Mann ist eine Mischung aus Arnold Schwarzenegger und Heidi. Er soll also schon ein gut durchblutetes Mannsbild werden, kräftig, kernig, aber er soll auch einfühlsam und rücksichtsvoll sein und »anständig«. Gerade diesen »Anstand« dem Jungen beizubringen, ist ebenso wichtig wie anstrengend. Denn Männlichkeit ist für solche Mütter etwas, das prinzipiell zivilisiert und in Schach gehalten werden muß. Ein Junge ist, weil er ein Junge ist, immer in Gefahr, zu verrohen, sich zum Gewalttäter, Drogenhändler oder Sexualverbrecher zu entwickeln. Die Aufgabe der Mutter ist es, dies zu verhindern. So wird ihr die Männlichkeit des Sohnes zum immer währenden Gegenstand der Belehrung, der Eingrenzung, der Warnung, der moralischen Entrüstung und Korrektur. Auf dem Spielplatz, in der Straßenbahn, im häuslichen Alltag können wir beobachten, daß etwa 90 % der erzieherisch gemeinten Botschaften an Jungs Zurechtweisungen sind.

Wieso sprechen wir Frauen diese Aufgabe zu? Wieso fühlen Frauen sich zu dieser Aufgabe berufen? Und: Wieso fügen sich Väter da rein?

Offenbar teilen die Väter das Bild ihrer Ehefrauen, daß Männlichkeit etwas Rohes und Animalisches ist, das nur vom friedfertigen und anständigen Geschlecht, der Frau, domestiziert werden kann. Auch Väter glauben an die Dompteurslizenz ihrer Ehefrauen. Sie zeigen damit vor allem, daß sie selbst kein Vertrauen zu ihrem Mannsein haben. Dadurch geben sie ihren Söhnen jene Botschaft, die ein Scherz so zusammenfaßt: Fritz brütet über seinen Biologie-Hausaufgaben. Er hat nicht alles verstanden und fragt seinen Vater, der gerade Zeitung liest: »Papa, wo haben wir das Testosteron her?« Darauf der Vater: »Frag Mutti, die kauft immer ein.«

Damit wir uns die Bedeutung solcher Pädagogik für die Jungs vor Augen führen können, darf der Sachverhalt zu einer These zugespitzt werden. Die These lautet: »Mütter sehen ihre Tochter eher als Individuum, ihren Sohn eher als Vertreter seines Geschlechts.« Fügen wir hinzu: »... als dessen Hauptmerkmal die Bändigungsbedürftigkeit gilt.«

Wie kommt man auf so eine provokante These? Beobachten wir noch einmal auf dem Spielplatz, in der Straßenbahn und zu Hause und vergleichen, wie Mütter mit ihren Töchtern umgehen und wie sie mit ihren Söhnen umgehen. Erhebliche Unterschiede zeigen sich: Ihren Töchtern stellen sie interessierte Fragen über deren Tun, ihr Erleben, ihre Motive. Sie gehen auf deren persönliche Sichtweise ein und sprechen insgesamt *unterstützend* mit ihnen. – Ihren Söhnen gegenüber äußern sie hauptsächlich Zielvorstellungen. Sie weisen sie immer wieder darauf hin, was sie tun und vor allem lassen sollten, was ihre Motive sein und wie sie sich benehmen sollten. Sie thematisieren also laufend den Unterschied zwischen Realität und Soll-Zustand. Dadurch fragen sie nicht interessiert, sondern sie beurteilen und *ermahnen*. Ein Junge muß also das Bild bekommen, daß Männlichkeit erstens in die Zuständigkeit der Mutter fällt und zweitens chronisch Gegenstand von Befürchtungen ist.

Scham

Wie wird er darauf regieren? Auf jeden Fall nicht so, daß er darüber ein Gespräch sucht. Im Gegenteil wird er es vermeiden, über sein Inneres, seine Motive und Vorstellungen sich auszutauschen, denn er muß immer noch mehr Ermahnung und Verurteilung befürchten. Da er auch mit dem Vater über Inneres nicht sprechen kann, weil der nicht da oder zu feige ist, über Männerspezifisches mit seinem Sohn zu sprechen oder eben an die Erziehungskompetenz der Frau für das Männliche glaubt, lernt dieser, überhaupt nicht über sein Inneres zu sprechen.

So kommt es zu der in unserer Gesellschaft typischen männlichen Kommunkationsbehinderung. Schon die Knaben reden nicht über ihr Innenleben. Natürlich haben Knaben und Männer nicht an sich eine Kommunikationsstörung. Im Gegenteil können gerade sie über alles reden, solang es sich außerhalb ihrer Seele befindet. Schon Zwölfjährige können ihrer Mutter detailliert und souverän das home banking erklären; ihre Väter halten eindrucksvolle Reden unter dem Maibaum, und auch die Jubiläumsrede im Kegelclub übernimmt man gern. Sie können über alles reden außer darüber, was es bedeutet, ein Junge, ein Mann zu sein.

Bekanntlich können Mädchen und Frauen aber gerade das: sich untereinander austauschen über ihr Innenleben, ihr Körpergefühl zum Beispiel, und was es für sie bedeutet, eine Frau zu sein.

Jungs haben es nicht gelernt. Deshalb wissen sie schon mal gar nicht, worüber sie sich in diesem Zusammenhang eigentlich besprechen sollten. Das Thema – Mannsein – gibt es nicht. Man stelle zwei Männern die Aufgabe, sich über spezifisch männliche Körpererfahrungen auszutauschen. Sie verstehen die Aufgabe nicht, kommen allenfalls aufs Schwitzen beim Fußball, um wenigstens der Peinlichkeit zu entrinnen.

Jungs und Männer wissen nicht, was sie aus sich heraus als männlich verstehen könnten, was Mannsein von innen her ist. Andererseits müssen sie ständig vorführen, wie enorm männlich sie sind, wie sehr sie eins sind mit dem allgemeinen Männerbild.

Väter reden auch mit ihren Söhnen nicht darüber. Sie sind froh, daß ihre Ehefrauen das erledigen. Außerdem haben sie bekanntlich keine Zeit. Und Mütter, die mit dem Jungen über sein Inneres sprechen wollen, sprechen für sein Erleben bedrängend, beurteilend, verurteilend. Auch wenn Alex' Mutter nicht gleich losgepoltert, sondern mit ihm das Gespräch gesucht hätte, wäre dies für ihn eine Grenzüberschreitung gewesen. Fragen wie »Was erlebst du beim Wettpinkeln? Was ist dir daran wichtig?«, wenn von der Mutter gestellt, laden nicht zur Kommunikation ein, sondern schaffen Peinlichkeit und verhindern sie.

So entsteht beim Jungen um seine Männlichkeit eine zentrale Scham. Diese ist wiederum ein weiterer Grund, weshalb Jungs nicht über Inneres sprechen wollen. Sie erleben das Jungesein als etwas Peinliches, sobald es thematisiert wird. Ein Mädchen würde sein Mädchensein nicht als peinlich erleben, wenn es zur Sprache käme. Im Gegenteil, sie haben eine natürliche Neigung, Weiblichkeit, weibliche Rolle und weibliches Erleben zu thematisieren.

Ein Junge zu sein ist also peinlich, gefährlich und auch ständig gefährdet. Jeder Junge weiß, daß er dem klassischen Jungenbild und auch dem Zielbild der Schwarzenegger-Heidi-Kreuzung nicht entspricht: autonom sein, nicht hilflos, leistungsorientiert sein, vor allem körperlich leistungsorientiert, wettbewerbsbereit, andererseits ritterlich, rücksichtsvoll, sensibel gegenüber Mädchen. Peinlich und gefährdet ist das Jungesein auch, weil Jungs intuitiv um die jederzeit lauernden Entwicklungsprobleme wissen, die bekanntlich bei ihnen bis zu zehnmal häufiger auftreten als bei Mädchen: Einnässen, Stottern, motorische Koordinationsstörungen, Legasthenie, Sprachentwicklungstörungen, »Hyperaktivität«, bedenkliches bis destruktives Sozialverhalten – all dies labilisiert selten die Entwicklung der Mädchen, aber oft die der Jungs, die erleben, daß ihre Schwestern oder Mitschülerinnen in fast allen Lebens- und Leistungsbereichen besser sind oder jedenfalls unbelasteter von Problemen klarkommen. Besonders die Sprachentwicklung und Entwicklung der sozialen Kompetenzen, die Fähigkeit, sich sprachlich auszudrücken und sich über die Sprache durchzusetzen, entwickelt sich bei Mädchen im Durchschnitt schneller und störungsfreier.

Jungs bemerken auch, daß sie im Gegensatz zu den Mädchen im Lauf der Jahre das selbstverständliche Verhältnis zu ihrem Körper verlieren. Sie werden nicht wie diese zum interessierten und liebevollen Entdecken des eigenen Körpers angeleitet. Vielmehr sollen sie ihn durch Leistung unter Beweis stellen. Und später, in der Pubertät, erfährt ihr Körper, ihr Körpererleben, durch den Vater keine und durch die Mutter höchstens peinliche und herabsetzende Aufmerksamkeit.

Der Junge schämt sich also, daß er seine Rolle nicht erfüllt. Er weiß, daß er nicht annähernd so stabil ist, wie es seine Rolle verlangt. Er schämt sich, wenn er kein Top-Fußballer ist, und er schämt sich, wenn es an die ersten Sexerlebnisse geht. Wenn die Kameraden in der siebten Klasse damit protzen, wieviel Lehrerinnen sie schon unter den Rock gespäht haben und wie souverän sie sich folglich da unten auskennen, wird er sich der Angeberei anschließen oder zumindest wissend grinsen. Nur insgeheim wird er sich fragen, weshalb er noch nie auf die Idee gekommen ist, einer Lehrerin unter den Rock zu sehen. Und dann erhebt die zentrale Horrorfrage ihr Drachenhaupt: »Bin ich überhaupt ein richtiger Junge?« Denn mit zwölf Jahren muß ein richtiger Junge, augenscheinlich, schon mindestens zehn Frauen unter den Rock gesehen haben.

Dabei richtet sich die Scham des Jungen nicht umschrieben auf ein bestimmtes Versagen einer einzelnen Leistungs- oder Entwicklungsnorm gegenüber. »Bin ich überhaupt ein richtiger Junge?« meint vielmehr den Kern der Identität.

Am wichtigsten und dümmsten daran ist, daß man darüber nicht redet. Über sein zentrales Schamgefühl zu kommunizieren, hieße für den Jungen, bei anderen diesen Zweifel an seiner Männlichkeit erst hervorzurufen, den sie – hoffentlich – noch nicht hegen.

Mit wem sollte er auch darüber sprechen? Sicher nicht mit seiner Mutter. Sie ist erstens eine Frau und kann sich zweites eben darum überhaupt nicht vorstellen, worum es ihm hier geht, macht sich aber sehr zuständige Vorstellungen. Mit anderen Jungs kann er darüber auch nicht reden, denn dann könnte er gleich zum Mond umziehen. »Der ist wohl ein Mädchen«, würden sie höhnen, oder, noch schlimmer: »Der ist ja schwul.« Und kaum etwas fürchtet ein heranwachsender Junge mehr als den Homosexualitätsverdacht.

Ja, und mit einem Mädchen *könnte* er tatsächlich darüber sprechen. Denn er hat längst erkannt, daß man mit Mädchen ganz gut reden kann. Aber er läßt es natürlich, denn er fürchtet, für dieses Mädchen danach als Junge nicht mehr in Betracht zu kommen.

Und sein Vater? Hier fürchtet er Verachtung, denn der Vater ist ja der Inbegriff von Männlichkeit, erstes und zentrales Leitbild. Dem könnte er das auch gar nicht antun.

So bleibt der Junge mit seiner zentralen Scham allein. Er kommuniziert nicht darüber, weil dies, so denkt er, die Scham nicht erleichtern, sondern verschärfen würde. Es ist vielleicht nicht bei jedem Jungen und immer so. Aber jeder Junge hat im Laufe seiner Entwicklung zum Mann solche Phasen des männlichen Selbstzweifels mehr oder weniger deutlich und intensiv erlebt.

Der Effekt ist fatal. Weil er über die zentrale Scham mit anderen nicht spricht, reflektiert er mit der Zeit auch mit sich selbst nicht mehr darüber. Was man verdrängt hat, darüber kann man nicht mehr kommunizieren. Aber das Verdrängte wirkt unterirdisch weiter, und zwar störend. Es behindert die Hingabe an eigene Gefühle überhaupt und die Mitteilungsabsicht aus Gefühlen heraus.

Aus diesem bedauerlichen Grund werden viele Jungs und Männer einsilbig oder erschrecken sogar, wenn sie darauf angesprochen werden, daß sie ja jetzt dieses oder jenes Gefühl haben. Sagt die Schrebergartennachbarin zum stolz auf seine Rabatten blickenden Nachbar: »Gell, Herr Häberle, heute sind sie aber mal so richtig zufrieden.« Da macht er sofort ein mürrisches Gesicht, köpft zwischen Zeigefinger und Daumen ein paar Gänseblümchen, die der Rasenmäher nicht erreicht hat, geht in sein Gartenhäuschen und brummt seine Frau an: »Die Zicke nebenan quatscht mir zu viel.« Er schämt sich einfach, daß er dabei ertappt wurde, wie er sich einem Gefühl hingab. Die verdrängte Scham behindert bald jede Äußerung von Empfindungen überhaupt in der Weise, daß sie diese sofort unter den Unmännlichkeitsverdacht stellt.

Auch geneigte Leserinnen werden einwenden, daß die Sache mit der Scham doch ziemlich übertrieben dargestellt sei. Schließlich kennen Frauen und Mädchen dieses Gefühl doch auch. Ja doch. Aber sie schämen sich wegen *etwas*, wegen einer Einzelheit. Vielleicht fanden sie sich einmal zu dick oder zu dünn oder es war ihnen peinlich, daß sie in der Schule in einem bestimmten Fach nicht klarkamen. Aber sie haben daran nicht den Zweifel geknüpft, ob sie ein »richtiges« Mädchen sind. Und selbst wenn sie als erwachsene Frauen noch meinen, ihre Figur entspräche nicht der Norm der Modezeitschriften, und sich deshalb genieren, sind sie immer noch weit entfernt von dem zentralen Zweifel daran, ob sie überhaupt eine Frau sind. So können wir das Argument durchaus noch zuspitzen und sagen: Es gibt bei Mädchen und Frauen nichts dieser zentralen männlichen Scham Entsprechendes. Sie haben keine Ahnung davon. – Wie, folglich, sollte ein Junge sich mit seiner Mutter darüber verständigen?

Was machen Jungs mit diesem elementaren Zweifel? Die eine Sorte überschreit ihn. Das sind dann die, welche anderen und vor allem sich selbst ständig und verbissen ihre Männlichkeit beweisen müssen. Das werden die kleinen Machos. Sie inszenieren Überlegenheit und Coolness. Als Mitspieler oder zumindest Publikum brauchen sie Unterlegene, Schwächere,

Mädchen. Sei es, daß sie auf dem Schulweg Mädchen verängstigen – heroischerweise immer nur zu mehreren. Sei es, daß sie sportlich nicht so entwickelte Jungs in gnadenlosen Wettbewerben und Mutproben zur Schnecke machen. Vorpubertäre plazieren der Schwester Tintenkleckse ins liebevoll geführte Hausheft. Andere legen ihr einen Regenwurm ins Bett. Auch die gewalttätige Neo-Nazi-Szene besteht in der Hauptsache aus männlichen Jugendlichen, die weniger das dumpfe Gedankengut vereint als die höllische Angst, es könnte irgend jemand auf die Idee kommen, sie wären nicht männlich genug. Untereinander muß diese Sorte Jungs so brutal wie möglich über die »Weiber« herziehen, einfach weil sie verachten müssen, was sie in ihrer fragilen Männlichkeit erkennen könnte. Wer nicht mitmacht, ist ein »Waschweib« und ein »Muttersöhnchen mit angelegten Eiern«.

Eine andere Sorte Jungs antwortet auf den Männlichkeitszweifel genau in die andere Richtung. Sie resignieren und reagieren defensiv. Sie beginnen, die Männerrolle zu verweigern. Sie meiden Situationen des Wettbewerbs mit anderen Jungs. Sie schließen sich eher (einzelnen) Mädchen an. Ihnen sind die Männlichkeitszweifel auch eher bewußt als den Machos. Sie entwickeln durchaus ein reichhaltiges Innenleben, in welchem sie die gesamten Verästelungen der Tragik des irdischen Daseins, auch des Mannseins, fein und gefühlsbeladen bewegen. Man findet sie in Lyrikkursen der Volkshochschule. Und mancher wäre lieber ein Meerschweinchen geworden als ein Mann.

Ein Junge zu sein und ein Mann werden zu sollen, ist also eine höchst unsichere und verunsichernde Angelegenheit. Man ist seiner selbst als Gattungsvertreter nie gewiß. Man schämt sich und schämt sich auch noch darüber, daß man sich schämt.

Jungenspezifische Erziehung

Es sind keine Patentrezepte in Sicht, aber einige Leitlinien schälen sich heraus:

1. Väter und Männer müssen generell mit einer ganz anderen Präsenz und Deutlichkeit in die Erziehung der Jungs eintreten. Gerade wegen der Brüchigkeit ihrer Identitätsentwicklung brauchen sie Leitbilder dafür, was Mannsein heißen kann. Männerbauftragte Frauen, die solche Leitbilder verbal formulieren und vorgeben, verstärken die Scham und verhindern das, was sie erreichen wollen: daß der Junge über sein Mannsein reflektiert und kommuniziert.

2. Jungs können nur von Männern lernen, daß man über Inneres sprechen kann, ohne tot umzufallen oder als Weichei zu gelten. Sie müssen das den Jungs vormachen. Väter müssen hier initiativ sein im Gespräch mit ihren Söhnen.

3. Jungs sollen nicht gleich ihre »weibliche« Seite kennenlernen und schon gar nicht durch Frauen. Sie müssen erst einmal ihre männliche Seite in ihren ja eigentlich vielfältigen Variationsmöglichkeiten entdecken. Auch dafür brauchen sie gesprächsfähige Väter – und hin und wieder die Mutter, die interessiert zuhört statt zu beurteilen.

4. Jungs brauchen Väter, die sich mit ihrer Gefühlsseite zeigen, die erzählen können von ihrer Kindheit, auch von den jungentypischen Nöten damals, auch von den Nöten mit dem eigenen Körper. Väter sollen den Sohn fragen, wie es ihm geht, was ihn gerade beschäftigt, anstatt nur schulische oder sportliche Leistungen abzufragen. Sie sollen Zeit haben und zeigen, daß sie sich freuen, mit dem Sohn zusam-

men zu sein, etwas unternehmen zu können. Sie sollen von sich als heute erwachsene Männer erzählen, wie es ihnen geht, im Betrieb zum Beispiel. Sie sollen es sagen, wenn sie den Verwandtenbesuch öde finden und auch lieber den Actionfilm im Fernsehen gesehen hätten. Dann kann der Sohn es auch sagen und braucht sich nicht daneben zu benehmen, wenn die Familie mit der Verwandtschaft bei Schwarzwälder Kirschtorte und Obstwasser zusammensitzt. Väter könnten die besten Freunde ihrer Söhne werden. Das würde diese entschieden stabiler aufbauen als die sorgenvollen Ermahnungen der Mütter.

5. Frauen sollen lernen und respektieren, daß sie sich aus dem Teil der Erziehung ihrer Söhne herauszuhalten haben, der deren Männlichkeit betrifft. Das Verhältnis zwischen Mutter und Sohn ist gesund, wenn sie ihn als einen Vertreter des anderen Geschlechts als fremd betrachten kann und dennoch mit Interesse. Frauen können ganz einfach nicht wissen, was männliche Identität von innen her sein kann und bedeutet. Männer und Jungs wissen es zwar auch nicht, aber das ist allein deren Problem. Es wäre in diesem Zusammenhang sogar hilfreich, wenn eine Mutter bei Gelegenheit ausdrücklich zu ihrem Sohn bemerken würde, daß Männer offenbar eine Innenseite haben, zu der sie als Frau keinen Zugang hat und daß sie diesen Zugang auch nicht beansprucht.

Wir werden noch viele Jahre damit leben müssen, daß männliche Identität unbestimmter, ambivalenter und spannungsgeladener ist als weibliche. Wir müssen es auch offen lassen, ob gerade dies vielleicht schon ein Merkmal der männlichen Identität ist und was das für Männer und Frauen bedeuten würde.

Strafende Erziehung

Zu spät

Peter klaut. Mit seinen knapp vierzehn Jahren verfügt er schon über eine solide Erfahrung darin. Es fing damit an, daß er als Achtjähriger seiner Mutter ein paar Groschen für Süßigkeiten aus der Haushaltskasse entwendete. Damals übersah es die Mutter gezielt, damit ihr Sohn vor ihrem neuen Partner nicht in schlechtem Licht erschien. Sie erhöhte nur sein Taschengeld und sah diese Maßnahme auch als erfolgreich an, weil in den Wochen danach in ihrem Geldbeutel kein Geld mehr fehlte. Dafür vermißte der neue Lebensgefährte immer öfter Geld: mal zehn Mark, mal zwanzig, mal eine ungerade Summe. Auch er reagierte zunächst nicht ausdrücklich, stand doch die Heirat bevor, und er wollte keinen Ärger vom Zaun brechen. Auch waren andere Gründe für das Fehlen der kleinen Summen nicht ganz auszuschließen.

Eines Tages, Peters Mutter war einkaufen, beschloß er aber, den Jungen zu prüfen. Demonstrativ legte er seinen Geldbeutel, dessen Inhalt er vorher abgezählt hatte, in eine Schublade. Dann ging er in den Werkraum im Keller. Als er nach einer Stunde zurück kam, sah er nach: Es fehlten sechs Mark und ein paar Pfennige. Von da an reagierte er streng: Mal erhielt Peter »eine Woche Fernsehverbot«, mal »Stubenarrest«, mal wurde er vom gemeinsamen Abendessen ausgeschlossen. Als das Taschengeld einbehalten wurde, entwendete Peter einem Mitschüler die Geldbörse.

Mit elf Jahren wurde Peter zum ersten Mal von der Polizei nach Hause gebracht: Mit anderen Jungs zusammen hatte er Coladosen im Supermarkt mitgehen lassen. Der Stiefvater sperrte daraufhin Peters Fahrrad weg. Mit dreizehn brach der

Junge an einem Sonntag Nachmittag ins Gemeindebüro ein, stemmte einen kleinen Schreibtischsafe auf und nahm circa 400 DM an sich. »Zur Strafe« mußte Peter jeden Abend unter der Aufsicht des Stiefvaters zwei Stunden Englisch und Mathe büffeln. Peter begann daraufhin, am Abend auszubleiben. Wenn er um 10 oder 11 Uhr endlich nach Hause kam, schrie der Stiefvater ihn an, die Mutter war eher froh, daß er überhaupt kam.

Als Peter wenige Wochen vor seinem vierzehnten Geburtstag mit anderen zusammen ein Auto aufbrach, ging der Vorgang ans Jugendamt. Beim Termin mit dem Sozialarbeiter grinste Peter nur. Er wußte, daß er noch nicht »strafmündig« war. Zwei Wochen später entriß er einer älteren Dame die Handtasche ...

Zu früh

Merle ist ein etwas ängstliches Kind. Seit dem kürzlichen Schuleintritt klammert sie sich noch mehr an die Mutter als zuvor. Sie sucht immer wieder deren Gegenwart, indem sie ihre Hilfe beim Abwasch, beim Falten der Wäsche und so weiter anbietet. Beim Abtrocknen rutscht Merle ein wertvolles Kristallglas aus der Hand. Die Mutter schimpft und schickt das Mädchen »zur Strafe« in ihr Zimmer. Ein anderes Mal, als Merle bügeln darf, sengt sie eine Tischdecke an. »Zur Strafe« darf sie am Nachmittag nicht zu ihrer Freundin. So spielt sie im Garten und findet dabei einen alten Füllfederhalter. Sie stürmt in die Küche, um ihn der Mutter zu zeigen. Diese schimpft aber, weil Merle quer durch die Wohnung eine Lehmspur hinterlassen hat. »Damit du endlich dran denkst, daß man sich die Schuhe abstreift, wenn man aus dem Garten kommt«, muß sie für die ganze Familie die Schuhe putzen.

Merle ist ein selbstunsicheres und ungeschicktes Kind geworden. Sie vermeidet immer mehr neue Erfahrungen. Mit zehn Jahren ist sie immer noch nicht in der Lage, ihren Schulranzen selbständig zu führen. Fahrradfahren hat sie aufgegeben, nachdem sie einmal damit gestürzt war und eine teure Reparatur der Gangschaltung erforderlich war.

Maßregelnde Erziehung ist asynchron

Strafende Erziehung kommt entweder zu spät oder zu früh. Sie ignoriert Motiv und Wesen kindlichen Lernens, das immer etwas neues erreichen und hinzulernen möchte. Strafe zielt dagegen auf Vermeidungslernen. Das Kind soll etwas unterlassen, eine Regel oder Grenzsetzung beachten, die dem Erwachsenen wichtig erscheint. Es wird sich entweder unterwerfen, wie Merle, oder trotzig reagieren, wie Peter. In beiden Fällen kommt es nicht zu einer konstruktiven Entwicklung und Entfaltung der Persönlichkeit, weil die Strafe an den eigentlichen Belangen des Kindes vorbei geht.

Im Fall Peter hinkte die strafende Erziehung dem hinterher, worum es Peter eigentlich ging. Die Strafen zeigten ihm nur, daß Mutter und Stiefvater nicht verstanden, was ursprünglich seine innere Situation gewesen war, als er anfing, kleine Summen zu entwenden. So etwas wie Erziehung wäre angebracht gewesen, als der neue Partner einzog. Die Mutter hatte mit Peter viele Jahre allein gelebt. Nun kam, aus Peters Sicht, der Lebensgefährte störend hinzu. Mit acht Jahren kann er das nicht formulieren und vorbringen, sondern er bringt, worum es ihm geht, aus typisch kindhaftem bildlichem Denken anschaulich zur Darstellung. Seine Botschaft an die Mutter lautete: »Ich fürchte, du nimmst mir etwas weg, indem du jetzt deine Aufmerksamkeit auf deinen neuen Partner richtest. Diese Befürchtung teile ich dir mit, indem ich dir etwas wegnehme.« Zu diesem Zeitpunkt wäre eine hinhörende und solidarische Erziehung nötig gewesen. Stattdessen bestätigte die Mutter Peters Befürchtung damit, daß sie wegen dem Partner nicht reagierte. Statt Peter erstens Gelegenheit zu geben, die entwendeten Groschen durch einen kleinen Dienst wieder zu verdienen und den Fehltritt damit ausgleichen zu können und andererseits sich mit dem Jungen *mehr* zu beschäftigen als vorher, überhörte sie nicht nur die Botschaft, sondern belohnte den kleinen Diebstahl sogar: Sie gab ihm mehr Taschengeld.

Peter lernte damit etwas, was er gar nicht beabsichtigt hatte zu lernen: Daß er durch Klauen einen (materiellen) Ersatz für mütterliche Zuwendung erreichte. Durch die weitere Eskalation entstand eine immer größere Distanz zwischen Peter einerseits und der Mutter und ihrem Partner andererseits. Ersatzweise erfuhr Peter aber immer mehr Bewunderung durch Freunde und Stärkung seines Unabhängigkeitsgefühls. Was er lernte, war, daß es attraktiv sein kann, sich Regeln und Grenzen gerade nicht zu unterwerfen.

Wie immer, wenn ein Machtkampf zwischen Kind und Erwachsenem entsteht, verliert auch in diesem Fall der Erwachsene – oder er gewinnt höchstens äußerlich. Aber die Halt und Orientierung gebende Beziehung zum Erwachsenen wird beschädigt.

In Merles Fall kommt die maßregelnde Erziehung zu früh. Merle kann mit ihren knapp sieben Jahren noch nicht so geschickt und routiniert abtrocknen und bügeln wie die Mutter, zumal es ihr gar nicht darum geht, diese Fähigkeiten zu erwerben, sondern der Mutter nahe zu sein. Diese hat aber kein Ohr dafür und auch keine Geduld und geht mit Merle so um, als verfügte sie über Alternativen zur Ungeschicklichkeit. Diese müßten aber erst durch Ermutigung und Unterstützung erarbeitet werden. Die Strafen führen nicht dazu, daß Merle aufmerksamer abtrocknet oder bügelt, sondern dazu, daß sie sich immer weniger zutraut. Die Mutter will hier ein Lernziel durchsetzen, statt daß sie Lernhilfen gibt. Merle resigniert, weil sie *ihr* Ziel, der Mutter nahe zu sein, nicht erreichen konnte.

In beiden Fällen ist die Erziehung ungleichzeitig. Sie geht nicht von den Belangen des Kindes aus, sondern von denen des Erwachsenen. Sie nimmt nicht Fühlung mit der Situation und Entwicklung des Kindes, sondern hantiert mit abstrakten Normen, denen sich nicht anzupassen das Kind Gründe hat, die sich aus dem Ausbleiben rechtzeitiger Erziehung ergeben.

Unterstützung statt Strafe

Die Alternative zur Strafe ist zeitgerechte und den Belangen des Kindes gerechte Unterstützung. Kinder lernen durch Ausprobieren, die Folgen ihres Tuns mit ihren Motiven zu verknüpfen. Dies wird durch Strafe behindert, nicht unterstützt.

Im Fall materiellen Schadens bestünde die Unterstützung darin, das Kind zu realem oder symbolischem Ausgleich zu führen. Das hat aber nur Sinn, wenn es eine Alternative zur Beschädigung gehabt hat. Zur Ungeschicklichkeit beim Erwerb neuer Fertigkeiten gibt es jedoch keine Alternative, solange das Kind nicht ermutigt wird und konkrete Anleitung erhält.

Der Zusammenhang zwischen Motiven oder Zielen und den Folgen des Tuns muß in der Sache logisch und einsehbar sein. Fernsehverbot hat keinen logischen Zusammenhang mit Stehlen. Das so bestrafte Kind verbindet deshalb zu Recht die Strafe nicht mit dem Stehlen, sondern damit, daß es entdeckt wurde. Der Stiefvater regte sich auf, sah seine Autorität bedroht und zeigte daraufhin Macht. Das ist zwar nicht schön, aber einsehbar. Was Peter deshalb lernte, war nicht, das Stehlen zu unterlassen, sondern möglichst so zu stehlen, daß er nicht entdeckt wurde.

Ein einsehbarer Zusammenhang zwischen Handlungsmotiven und Handlungsfolgen wäre auch der Hinweis, daß eine persönliche Grenze des Erwachsenen überschritten wurde. Lautes Herumtoben in der Mittagspause zu bestrafen, ist sinnlos. Stattdessen kann das Kind darauf hingewiesen werden, daß der Erwachsene sich persönlich in seiner Mittagspause gestört fühlt. Falls das Kind nicht spezielle Motive hatte, ihn tatsächlich zu stören, sondern einfach nur gedankenlos getobt hat, reicht es völlig, wenn es nach diesem Hinweis aufgefordert wird, draußen zu toben.

Strafende Erziehung ist demgegenüber unpersönlich. Der strafende Erwachsene setzt sich als Instanz in Positur, als Gerichtsbarkeit, die sich berufen sieht, Normen durchzusetzen. Der als Individualität, persönlich auftretende Erwachsene wird demgegenüber nicht strafen, weil er nur sich selbst, nicht aber Normen vertritt. Strafend kann er das Kind zwar einschüchtern und zur Unterwerfung veranlassen, aber er zeigt sich nicht persönlich. Er hat das Kind nicht als Person gesehen, sondern als »Regelverletzer«, zeigt sich selbst nicht als Person und spricht damit auch das Kind nicht als Person an.

Strafe führt nicht zum freien Menschen. Sie läßt, weil sie zu spät oder zu früh kommt, das Kind allein – je nach Alter, Temperament und Vorerfahrung mit Beschämung, Ohnmacht, Schwächung, Trotz oder Schuldgefühlen. Sie trägt auch nichts zur Problemlösungsfähigkeit des Kindes bei, sie stärkt und ermutigt es nicht, zeigt kein Mitgefühl und vermittelt keine konstruktiven Erfahrungen. Sie kann möglicherweise zu dem Verhalten oder der Unterlassung solchen Verhaltens führen, wie der Erwachsene das für richtig hält, sie geht aber an den Belangen und dem Entwicklungsstand das Kindes vorbei.

Instanz statt Person

Wodurch fühlt sich strafende Erziehung also berechtigt? Oft meint man eine untergründige Gemengelage der Motive zu erkennen: Autorität soll dokumentiert, das Machtgefälle zwischen Erwachsenem und Kind wiederhergestellt werden. Mancher strafende Erwachsene kann an seine Autorität offenbar selbst nur glauben, wenn er sich als Ankläger, Richter und Vollstrecker in einem darstellt. Er hat vielleicht keine Lust, keine Geduld oder kein Ohr, auf die Belange des Kindes zu hören. Es geht ihm insofern um sich, nicht um das Kind, und weil er das selbst nicht in Ordnung findet, kaschiert er dies, indem er sich auf Instanzen, den Staat, die Gesellschaft, die Moral beruft. Strafende Erziehung eskaliert immer, weil sie das Kind als Person nicht erreicht. Mit Staatsgetue kann man ein Kind vielleicht einschüchtern, man ändert aber nichts an den Hintergründen seines unerwünschten Verhaltens.

Blickt man auf das Ergebnis, muß es erstaunen, daß eine Erziehung, deren Grundsätze aus der Sphäre des Militärs und der Staatlichkeit kommen, immer noch als angebracht gilt. Viele Erwachsene setzen sich selbst darüber hinweg. Sie parken selbstbewußt das Auto falsch, obwohl sie wissen, daß es strafbewehrt ist und sie auch schon mit Ordnungsgeldern bestraft wurden. Einige lassen aus ihrem Betrieb Werkteile mitgehen, hinterziehen Steuern, beleidigen einander in strafrelevanter Weise, bestechen und lassen sich bestechen und umgehen Gesetze. Wieso nehmen sie an, daß Strafen zu irgend etwas anderem als Heimlichkeit, Wut oder Resignation führen könnten? Strafen führt nicht zum freien Menschen. Das erlebt jeder Erwachsene am eigenen Leben. Will er, wo er Kinder straft, diese Freiheit also verhindern oder hält er sie nur in Form der stillen Opposition für möglich?

Aus dem Gruselkabinett häuslicher Pädagogik

Frieder

Sagt der Onkel zu seinem zwölfjährigen Neffen Frieder: »Wenn du in der Schule in nächster Zeit besser wirst, bekommst du von mir einen Computer.«

Hintergrund: Frieders Eltern haben das Geld nicht, einen Computer anzuschaffen. Viele Klassenkameraden besitzen schon einen PC. Auch der Onkel. Wenn Frieders Familie bei ihm zu Besuch ist, darf Frieder an das Gerät. Der Onkel lebt allein, ist Frührentner. Er hat keine sozialen Kontakte außerhalb der Verwandtschaft, hilft Frieders Eltern ein wenig bei der Erziehung und gab ihm, kostenlos, auch schon Englisch-Nachhilfe.

Schauen wir uns den Satz genauer an. Zunächst fallen zwei Unbestimmtheiten auf: »in nächster Zeit« und »besser«. Wann genau ist »in nächster Zeit«? In zwei Monaten, oder in vier oder am Ende des Schuljahres oder im nächsten? – Wer entscheidet darüber, wann der Zeitpunkt, Frieder mit einem PC zu belohnen, gekommen ist? Offensichtlich nicht Frieder und nicht seine Eltern, sondern der Onkel selbst. Der Onkel hat also die Vollmacht, gibt sich die Vollmacht, dies zu entscheiden. Er ist mächtig.

Und was genau heißt »besser«? Heißt das Steigerung in allen Fachfächern um eine Note? Oder um zwei? Oder in vier Fächern oder in Fünf, oder nur in den Hauptfächern? Oder heißt »besser« disziplinierte Arbeitshaltung? Sorgfältigere Erledigung der Hausaufgaben? Wenn ja, was ist hier das Kriterium? – Auch darüber, was »besser« ist, entscheidet offenbar der Onkel, nicht Frieder, nicht seine Eltern, auch nicht Frieders Lehrer. Der Onkel hat also auch hierfür die Kriterien in der Hand.

Er kündigt eine erhebliche materielle Belohnung für Leistungssteigerung an. Darüber kann man ergiebig streiten. Was hier interessieren soll, ist die Wirkung auf Frieder. Er weiß, daß seine Eltern für solche Anschaffungen kein Geld haben. Er weiß auch, daß diejenigen Klassenkameraden, die schon einen PC ihr eigen nennen, wohlhabendere Eltern haben und den PC unabhängig von ihren Leistungen bekommen haben, ohne Bedingung also. Er aber bekommt das Gerät nur unter der vom Onkel gesetzten Bedingung. Die Botschaft »Wenn du …« enthält somit eine Abwertung. Scheinbar bemerkt Frieder das nicht. Vielmehr freut er sich und nimmt sich vor, »in nächster Zeit« »besser« zu werden.

Tatsächlich geschieht aber etwas anderes. Schon zur nächsten Klassenarbeit in Mathe müßte Frieder sich eigentlich hinter den Stoff klemmen und pauken. Da geht ihm die Formulierung »in nächster Zeit« durch den Kopf. Er hat also noch Zeit. Er kann auch noch zur folgenden Klassenarbeit lernen. Frieder lernt erstmal nicht und schreibt wieder eine Fünf. Die Eltern fragen: »Na, hat Onkel Herberts Versprechen schon gewirkt?« »Oh ja«, sagt Frieder, »hab 'ne Drei geschrieben.« Frieder beginnt zu lügen. Und er macht sich einen Plan: Er behauptet ganz einfach, bessere Noten zu haben. Das will er so zwei, drei Monate durchziehen. Vor dem Ende des Schuljahres, bevor es Zeugnisse gibt, wird er den Onkel auf die systematische Notenverbesserung hinweisen. Wenn er daraufhin den PC erst mal bekommen hat, wird der Onkel ihn nicht mehr zurückfordern, wenn dann vor den Sommerferien das schlechte Zeugnis kommt.

Wir haben es also mit einem Machtspiel zu tun. Der Onkel setzte eine *Abhängigkeit* mit seiner Ankündigung »Wenn du …«. In seiner Einsamkeit versuchte er damit, Frieder an sich zu binden, sich ihm wichtig zu machen. Außerdem hatte er es ja in der Hand, wann das Kriterium erreicht ist. Er könnte es immer höher setzen, damit Frieder ihn noch lang besucht, denn er, der Onkel, besitzt ja schließlich einen PC. Was hier als Erziehung erscheint, ist also in Wahrheit die verdeckte Durchsetzung von emotionalen Eigeninteressen des Erwachsenen. Frieders Abhängigkeit, auf die der Onkel zielt, entsteht ja nicht nur durch das Versprechen selbst. Zwischen den Zeilen teilt der Onkel Frieder auch mit, daß er die Instanz ist, die über den Wert von Frieders Person entscheidet. Indem er überhaupt eine Bedingung setzt, statt Frieder einfach so einen PC, zum Beispiel zu Weihnachten, zu schenken, sagt er ja auch: »Du bist es nicht wert, daß ich dir den PC einfach so schenke, so wie deine Klassenkameraden einfach so das Gerät bekamen.« Der Onkel bindet also Frieders Selbstwertgefühl an sich.

Scheinbar unterlief Frieder diese Abhängigkeit. Zwar durchschaute er die Machtinstallation des Onkels nicht vollständig, weil er als Zwölfjähriger dafür gar keine Begriffe hat, aber er opponiert insgeheim. Er will die Bedingung erst mal nur zum Schein erfüllen. Trotzdem wird er bei diesem Machtspiel, dem sich zu verweigern er keine wirkliche Chance hat, verlieren. Denn am Ende wird herauskommen, daß er gelogen hat. Er wird dann zwar einen PC besitzen, aber mit schlechtem Gewissen und einer Menge Ärger. Er hat sich etwas erschlichen, daß zu besitzen er nicht wert war. Frieder bestätigt also unbewußt die Botschaft des Onkels: »Du bist es nicht wert, ohne Bedingungen einen PC zu bekommen.«

Frieder hätte sich natürlich auch auf die Bedingung des Onkels einlassen können. Damit hätte er sich zwar Ärger und schlechtes Gewissen erspart, aber das Ergebnis wäre das gleiche: Sein Selbstbewußtsein wäre ein vom Onkel verliehenes, und Frieder hätte den Onkel dann als die Instanz anerkannt, die ihm Wert verleiht. Auch dies ist eine Abhängigkeit.

Lea

Lea quält sich fruchtlos mit den Physik-Aufgaben. Da sagt die Mutter: »Dein Bruder kann das doch auch.«

Auf den ersten Blick scheint dies als Ansporn gemeint zu sein. Die eigentliche Botschaft liegt aber zwischen den Zeilen. Denn Lea wird mit ihrem Bruder verglichen. »Du sollst wie dein Bruder sein«, ist die Botschaft, in der noch dazu mitschwingt: »... denn so wie du bist (faul, dumm et cetera), bist du nicht in Ordnung. Dein Bruder ist uns lieber.« Lea erfährt also, daß sie keine in sich berechtigte Person ist. Die Mutter akzeptiert sie nicht bedingungslos, sondern nur, wenn sie sich dem Bruder angleicht. Über Leas Selbstbewußtsein soll also, ohne daß er es weiß, der *Bruder* entscheiden. Von dem Standard, den *er* setzt, hängt es ab, ob *sie* anerkannt wird.

Was als Ansporn gemeint sein mag, stellt sich als Entwertung der Person Leas und als Hindernis für ihre Entwicklung heraus. Denn Lea *kann* gar nicht in derselben Weise anerkannt werden wie ihr Bruder – selbst in dem unwahrscheinlichen Fall nicht, daß sie zu noch besseren Leistungen in Physik kommen sollte als er. »Sie wollte besser sein als ihr Bruder«, würde es dann heißen. Er bleibt der Bezugspunkt, ob sie entmutigt abläßt oder den Vergleich als Ansporn aufgreift.

Sie kann der Manipulation nicht entkommen, die darin besteht, daß sie verglichen wird. Das verglichene Individuum ist kein eigenberechtigtes, sondern bezieht erst vom Vergleicher seine Berechtigung.

Judith

Ähnlich Judith. Wenn Judith ans Klavier geht, sagt die Mutter begeistert: »Wie ihre Tante.« Wenn Judith zur Klassensprecherin gewählt wird, heißt es: »Ihre Tante war auch immer Klassensprecherin.« Wenn Judith abends im Bett noch schmökert, heißt es: »Ihre Tante hat abends Stunden mit Büchern im Bett verbracht.«

Judiths Tante Lara ist vor einigen Jahren bei einem Autounfall ums Leben gekommen. Die Mutter hat ihre Schwester Lara schon immer bewundert. Lara war eine rothaarige, temperamentvolle, aber auch feine und vornehme Frau. Schon als Judith mit einem roten Flaum auf dem Kopf zur Welt kam, rief ihre Mutter glücklich: »Wie Tante Lara.« Als Tante Lara gestorben war, bekam Judith ihre Notensammlung und durfte sich Bücher aus der großen Bibliothek der Tante aussuchen. Die Mutter war dabei. Judith fand nicht so viele Bücher, die sie interessierten, und war etwas unschlüssig, welche sie nehmen sollte. Da sagte die Mutter: »Ich helfe dir.« und wies Judith auf einige Bücher hin, die Tante Lara geliebt und zum Teil mehrmals gelesen hatte.

Auch Judith wird also verglichen. Auch sie hat keine Chance, den Vergleich zu verweigern. Erfüllt sie den Wunsch der Mutter, daß in ihr Tante Laras Wesen weiterleben möge, hat sie den Vergleich akzeptiert. Entwickelt sie betont andere Wesenszüge, opponiert sie gegen die Rollenerwartung, wird die Mutter enttäuscht sein und Judith wahrscheinlich Interesse und Aufmerksamkeit entziehen. Das bliebe nicht ohne Beschädigung von Judiths Identität, denn diese bestünde im Kern aus einer Negation: »Ich bin nicht wie Tante Lara.«

Ähnlich wie Frieders Onkel den Jungen, so *benutzt* Judiths Mutter ihre Tochter für die Durchsetzung eigener Interessen und Werte. Scheinbar hat sie an Judith ihre Freude, vielleicht bewundert sie ihre Tochter sogar (Judiths Mutter kann nicht Klavier spielen und zum Lesen ist sie abends zu müde). Aber sie bewundert nicht Judith, sondern die Kopie von Tante Lara. Da Judiths Auftrag lautet: »Sei wie Tante Lara«, liegt zwischen Zeilen: »Wie du selbst, aus dir heraus bist oder sein könntest, interessiert mich nicht. Es hat keine Bedeutung.«

Judiths Fall ist allerdings noch etwas komplizierter als Frieders und Leas. Denn ihr Vater konnte Tante Lara noch nie leiden. Sie erschien ihm affektiert und weltfremd. Er möchte, daß seine Tochter ein robuster, bodenständiger Mensch wird. Er ist Malermeister im eigenen Betrieb und hofft, daß sie einst einen Schwiegersohn beibringt, der mit ihr zusammen das kleine Unternehmen weiterführt.

Judith steht also unter zwei Rollenerwartungen: »Sei wie Tante Lara« und »Sei nicht wie Tante Lara«. Darüber gerät sie in eine Art Schiedsrichterfunktion den Eltern gegenüber: Wird Judith Tante Laras Wesen weiterleben lassen, sind die Werte und Orientierungen der Mutter bestätigt. Wird sie ein robusterer Mensch mit handwerklichen oder kaufmännischen Interessen, sind Vaters Werte und Orientierungen bestätigt. In beiden Fällen wird der Partnerkonflikt zwischen den Eltern um das, was Tante Lara positiv oder negativ repräsentiert, geschürt.

Judith hat also auch Verantwortung für die Ehe der Eltern. Vielleicht entwickelt sie das Geschick, es beiden recht machen zu können. Dann wird der Dauerkonflikt um die Werte und Orientierungen in den Hintergrund treten und Judith wird von beiden Eltern geschätzt werden – aber nicht als das Individuum, das sie aus sich heraus ist, sondern weil sie es geschafft hat, sowohl wie Tante Lara als auch nicht wie sie zu sein. Was Judith selbst, ohne Bezug zu Tante Lara wäre, kann nicht erscheinen. Es spielt keine Rolle. Judihs Daseinsberechtigung ergibt sich nur aus der Entlastung der Unerlöstheiten der elterlichen Ehe.

In der Biographie von Sozialarbeitern, Psychotherapeuten und Angehörigen ähnlicher Berufsgruppen finden sich in dieser Weise Beauftragte häufig.

Klarissa

Klarissa ist ein fröhliches Kind, neugierig, draufgänge-
risch und begeisterungsfähig. Ihre Mutter beschreibt das
Mädchen so:»Klarissa ist ständig aufgedreht, in alles muß sie
ihre Nase stecken, sie kann Gefahren nicht einschätzen, und
sie ist oberflächlich, fängt laufend etwas neues an.« Täglich
findet ihre Mutter Anlässe, sich über Klarissa zu ärgern, sie zu-
rechtzuweisen und zu ermahnen. Die Mutter, alleinerziehend,
muß arbeiten gehen. Nachmittags ist sie erschöpft, und Klarissa geht ihr nur auf die Nerven. Ständig will sie etwas von der
Mutter, plappert, macht irgendeinen Unsinn, wirbelt als Zir-
kusprinzessin über den Flur, singt. Auf dem Spielplatz ist sie
schon oft von den Klettergerüsten gefallen und kam mit blu-
tenden Wunden nach Hause. Einmal mußte sie genäht werden.

»Warte nur«, sagt die Mutter bitter, »wenn du selbst mal
Kinder hast, wird dir dieser Blödsinn vergehen.« Die Mutter
spricht also eine Drohung aus. Natürlich will Klarissa auch mal
eine Mutter werden. Aber darf sie dann keinen Spaß mehr haben? – Die Mutter lebt ihr vor und macht Klarissa sogar ausdrücklich darauf aufmerksam, wie freudlos das Erwachsenenleben sein kann. Kinder haben ja keine Ahnung. Wüßten sie,
was auf sie zukommt, wären sie nicht so aufgekratzt. So die
Botschaft.

Hier ist das Kind Gegner. Die Mutter kommt mit den Anforderungen des Alltags nicht zurecht und zeigt das nicht nur
der Tochter, sondern macht sie auch noch dafür mitverant-
wortlich.»Wenn du nicht so aufgedreht wärst und nicht so viel
Unsinn machen würdest, hätte ich es leichter.« Klarissa wird
mit großer Wahrscheinlichkeit ein diffuses Schuldgefühl entwickeln. Irgendetwas an ihrem Wesen scheint ja lästig zu sein.
Sie weiß nicht genau, was das ist, aber sie weiß, daß die Mutter
sie nicht als Feind behandeln würde, wenn sie anders wäre.

Und daß sie überhaupt ein Kind ist, scheint schon eine Zumutung.

Vielleicht verfügt Klarissa über die Abgrenzungsfähigkeit, sich von der aggressiven Depressivität der Mutter nicht vereinnahmen zu lassen. Vielleicht versucht sie, der Mutter im Haushalt zu helfen, um sie zu entlasten. Vielleicht entwickelt sie Verständnis für die Mutter. – Vielleicht sind ihr Mutters Probleme aber auch egal und sie hält betont an ihren sanguinischen Zügen fest, übersieht erst absichtlich, später gewohnheitsmäßig schlechte Stimmungen, Sorgen und Probleme. Dann wird sie für andere wahrscheinlich genau so, wie die Mutter sie beschreibt: oberflächlich und nervig. Sie beginnt ständig neue Beziehungen und bricht sie wieder ab, sobald Konflikte und Probleme auftreten.

In beiden Fällen wird Klarissa wohl immer ein untergründiges Schuldgefühl begleiten. Und wenn es sehr hartnäckig an ihr nagt, ohne daß sie es auf etwas Konkretes zurückführen kann, wird sie sich tatsächlich schuldig machen: Sie tritt verletzend auf, oder sie fängt zum Beispiel an zu klauen. Es ist auch möglich, daß sie einst ihrerseits depressiv versinkt in den diffusen Schuldgefühlen. In jedem Fall wird sie es vermutlich schaffen, sich anderen zum Gegner zu machen, abgewiesen zu werden.

Das Kind als Erntegut

»Was ich gesät habe, darf ich auch ernten«, sagte der Vater, der über Jahre seine Tochter sexuell mißbraucht hatte.

Auch in weniger offensichtlichen und weniger extremen Ausbeutungsbeziehungen wird das Kind vom Erwachsenen wie ein eigener Besitz als Verfügungsmasse behandelt. Es wird mit mehr oder weniger bewußten Rollenerwartungen überzogen, mit der Entlastung elterlicher Konflikte beauftragt, zum

Popanz aufgeblasen, wenn es verborgene Größenphantasien eines Elternteils stellvertretend verwirklichen soll, oder zum Lastesel degradiert, wenn es elterliche Minderwertigkeitsängste dadurch erlösen soll, daß es die Minderwertigkeit darlebt. Noch häufiger als sexueller Mißbrauch ist der emotionale. Die Würde des Kindes ist vielfältig antastbar. Bei beiden Formen von Mißbrauch annulliert der das Kind für sich benutzende Erwachsene die Individualität[6], die sich eben erst entwickelt. Selten zeigt sich die dahinter stehende Haltung so offen und dreist wie im Fall des oben zitierten Mißbrauchers. Mißbraucher nennen, was sie tun, sonst eher »Hilfe für das Kind«. Emotionaler Mißbrauch dagegen nennt sich gern »Erziehung«.

6 Siehe Mathias Wais/Ingid Gallé: Der ganz alltägliche Mißbrauch. Aus der Arbeit mit Opfern, Tätern und Eltern, Ostfildern 1996.

Vom Objekt zum Subjekt der Kindheit

Das Kind war schon immer sowohl Objekt als auch Subjekt der Kindheit. Aus Bildern von Kindheit heraus wurde über Kinder verfügt – von Erwachsenen, von Institutionen und Instanzen. Insofern ist das Kind Objekt der Kindheit. Andererseits haben Kinder schon immer Freiräume gehabt – zugestanden oder selbst erobert –, in denen sie Kindheit selbst gestaltet und organisiert haben. Insofern sind sie auch Subjekt der Kindheit.

Wie eingangs gezeigt, läßt die geschichtliche Entwicklung, was das Mischungsverhältnis von Fremdbestimmtheit und Selbstbestimmtheit betrifft, keine lineare Tendenz zur Gewichtsverlagerung in die eine oder andere Richtung erkennen. In den verschiedenen Kulturen gab es schon immer Orte und Phasen größerer *Selbst*bestimmtheit und Orte und Phasen weitreichender *Fremd*bestimmtheit.

Wo Kindheit fremdbestimmt ist, wird sie auf die Erwachsenenwelt und ihre Werte hin orientiert. Wo sie weitgehend selbst organisiert ist, bezieht sie sich primär auf das soziale Leben der Kinder untereinander.

Obwohl Kindheit nach den Exzessen der militarisierenden Fremdbestimmung im Bürgertum auch heute noch, und zwar in zum Teil widersprüchlicher Weise, von Erwachsenen definiert, eingegrenzt und organisiert wird, scheinen wir uns in einem Übergang zu neuer, nicht primär auf die Erwachsenenwelt bezogenen Eigenberechtigung der Kindheit zu befinden. Wenn diese Auffassung zutrifft, würde das bedeuten, daß sich allmählich die Zukunftsorientiertheit des Kindseins durchsetzt. Deren Entwicklung beginnt, wie im ersten Teil dieses Buches skizziert, schon am Anfang des 20. Jahrhunderts mit einigen »Reformpädagogiken«, deren fundiertestes Beispiel aus dem von Rudolf Steiner entfalteten Menschenbild hervorgegangen.

Wenn in den nachfolgenden Jahrzehnten die Zukunftsorientiertheit manchmal eher in Form von Karikaturen und
skurrilen Auswüchsen, in Unsicherheiten der Erziehenden
und Überforderungen von Kindern sich konkretisierte, so
können diese Entwicklungen und Fehlentwicklungen doch als
etwas Vorläufiges betrachtet werden. Wir dürfen optimistisch
sein, daß die Zukunft eines Tages von denen in die Hand genommen wird, denen sie gehört, wenn in den nächsten Jahrzehnten schrittweise Kindheit den Kindern selbst übergeben
wird und der Erwachsene lernt, statt penetranter Erziehung
Solidarität anzubieten.

Orte der Selbstbestimmtheit

Ansätze zu solcher Entwicklung sind sichtbar.

Zum einen wurden in den letzten Jahren gesetzliche
Grundlagen geschaffen für die Beteiligung von Kindern an
Entscheidungen über ihre Lebenssituation. Nach dem neuen
Kindschaftsrecht zum Beispiel haben Kinder bei Trennung
der Eltern erstmals ein Recht auf Kontakt zu beiden Elternteilen. Das neue Kinder- und Jugendhilfegesetz schreibt für die
behördliche Jugendhilfeplanung ein Mitspracherecht für das
Kind fest, über dessen Lebenssituation beschlossen werden
muß. Wenn etwa Eltern mit der Erziehung und Fürsorge für
das Kind überfordert sind, hat das Jugendamt zwar weiterhin
eine Schutzpflicht, kann aber nicht mehr ohne Einbezug des
Kindes über Heimeinweisung oder Zuweisung zu einer Pflegefamilie entscheiden (§§ 8, 36 KJHG).

In einigen Städten sind Kinderbüros eingerichtet worden,
die zum Beispiel bei städtebaulichen Planungen anwaltlich
die Interessen von Kindern einbringen. Wenn am Stadtrand
eine neue Siedlung aufgebaut wird, kann das Kinderbüro mit
Kindern zusammen deren Gesichtspunkte erarbeiten und mit

Gewicht in die Planung einbringen. So sah die Verwaltung für eine neue Siedlung zwei klassische Spielplätze vor. Die Kinder machten aber geltend, daß erstens Spielplätze in kurzer Frist mit Bierdosen, Kondomen und sogar Spritzennadeln übersät sind und daß sie zweitens lieber spontan in Nischen zusammenkommen als auf offiziellen Spielplätzen. Ihr Vorschlag wurde aufgegriffen, in Hinterhöfen, neben Garagenarealen und in Ecken des kleinen Parks einfache Sitzrondelle einzurichten. Für den Winter schlugen sie einen geschlossenen Raum vor, den Kinder selbst gestalten können. Für diesen Zweck wurde eine Eckgarage freigehalten und mit Heizung, einer Sanitärzelle und Fenstern versehen.

Dieses Beispiel mag auch die außerfamiliäre Orientierung der Kinder illustrieren. Schon jüngere Kinder spielen lieber mit der peer-group in Hinterhöfen und in anderen Nischen draußen als allein oder mit »Besuch« im teuer ausgestatteten Kinderzimmer. Nachdem die Enge der Kleinfamilie und ihre pädagogische Überspanntheit immer weniger Raum für selbstbestimmtes Tun läßt, verliert auch das teuerste Spielzeug seinen Reiz, und die Attraktivität dessen, was sich draußen mit anderen ergeben mag, nimmt zu.

Die Kindertagesstätten, ursprünglich entstanden, um berufstätigen Eltern und Alleinerziehenden die Kinderbetreuung abzunehmen, sind für viele Kinder ein hochattraktiver Ort weitgehend selbstbestimmten gemeinsamen Spielens, Experimentierens und sozialen Lernens. Tagesstättenkinder entwickeln soziale Kompetenz und soziales Vertrauen in einem Maße, wie es Kindern in Kleinfamilien nicht ohne weiteres möglich ist. Auch Migrantenkindern gegenüber entsteht hier eine selbstverständliche Akzeptanz, die zu Hause mit entsprechender Erziehung so nicht zu erreichen wäre. Auf diesem und anderen Feldern neutralisieren oder ergänzen Kinder *untereinander* einseitige Prägungen durch das Elternhaus und entwickeln ihre eigenen Normen, Werte und Traditionen.

Der Bezug zu den Betreuern in der Kindestagesstätte ermöglicht, gerade weil sie nicht ständig erziehen, sondern zur Verfügung stehen, jene Mischung aus Vertrauen und Distanz, die dem Kind eigene Souveränität im Verhältnis zum Erwachsenen erlaubt.

Nachdem Schule sich nicht mehr als »Erziehungsanstalt« versteht, können in den Zwischenräumen des Schulbetriebs Nischen entstehen, die dem Kind den Schulbesuch überhaupt erst attraktiv machen. Schule ist für viele der primäre soziale Ort geworden. Hier trifft man Freunde, tauscht Neuigkeiten aus, verabredet sich, mehr oder weniger störend unterbrochen von den selten interessanten Unterrrichtsauftritten der Lehrer.

Diesen Stellenwert der Schule aufgreifend, gibt es erste Versuche, Schule als Ort selbstbestimmten *sozialen* Lernens zu praktizieren: Schüler werden nicht nur in baulichen Gestaltungsfragen (etwa die Neugestaltung des Schulhofs) einbezogen, sondern auch in die Vorbereitung und Durchführung des Unterrichts. Lehrer und Schüler arbeiten sich gemeinsam in neue Stoffgebiete ein. Medientechnisch versierte Schüler unterrichten andere in Handhabung und Bedeutung der neuen Medien. Sportlich Spezialisierte bringen ihre Erfahrung leitend in die Sportaktivitäten der Schule ein. Teamarbeit geht vor Frontalunterricht, und ab der Mittelstufe ist der Lehrer Teil des Teams. Bewertungen der individuellen Leistungen werden gemeinsam vom Team erarbeitet und unter Anleitung des Lehrers mit Hinweisen und Aufforderungen verbunden, wie die Leistung zu verbessern sei. Leistungsstarke Schüler geben Förderunterricht für Leistungsschwache und entwickeln dabei ihre eigene Kompetenz weiter.

Obwohl heute noch eine Utopie, können solche Versuche dazu beitragen, gemeinsam *mit* Kindern – statt »für« Kinder – neue, sozial orientierte Schulformen zu entwickeln, so daß auch hier Kinder mehr Subjekt ihrer Lebenssituation sein können.

Die Bedeutung der Erziehung ist begrenzt

Allmählich wird deutlich, daß viele und gerade belastete Kinder nicht wegen, sondern trotz Erziehung normale Menschen werden. Kinder brauchen Erziehung im Sinne der Erziehung zu etwas nicht in dem Maße, wie das bislang gedacht wurde.

Warum sind wir so erziehungswütig? Psychologie bringt in die Erziehung einen Blickwinkel ein, der den Menschen ausschließlich aus seiner Vergangenheit heraus erklären will. An diesem linear-kausalen Entwicklungsmodell wird trotz gegenläufiger Evidenz festgehalten. Nicht jeder, der als Kind verprügelt wurde, prügelt später selbst seine Kinder. Und nicht jeder, der seine Kinder verprügelt, wurde selbst verprügelt. Das fein erzogene Kind kann zum Rohling und Mörder werden – trotz oder wegen seiner Erziehung oder ganz unabhängig davon. Das vernachlässigte Kind, aufgewachsen in der Unzuverlässigkeit früher Beziehungen, kann später ein bindungsstarker Partner sein – trotz oder wegen solcher Erfahrungen oder ganz unabhängig davon. Solche Beobachtungen zeigen, wie begrenzt und oft unberechenbar erzieherischer Einfluß sein kann. Die kausal sein wollende Erziehung wird ihrem Ende entgegengehen. Statt unablässiger Erziehung durch Erwachsene brauchen Kinder heute augenscheinlich mehr Raum für die sich selbst organisierende Erziehung untereinander. Die erzieherische Aufgabe des Erwachsenen, für das Kind Ziele, Normen und Wege festzulegen, vergeht und jene andere erscheint, die darin besteht, Entwicklungshilfe zu leisten, wo sie gebraucht und gefragt ist.

Literatur

Ariès, Philipe: Geschichte der Kindheit, München 1978.

Ferrer, F.: Die moderne Schule. Berlin 1923.

Kersten, Joachim/Findeisen, Hans V.: Der Kick und die Ehre. Vom Sinn jugendlicher Gewalt, München 1999

Köhler, Henning: Von ängstlichen, traurigen und unruhigen Kindern. Eine Orientierung für Eltern und Erzieher, Stuttgart 1997[4].

Köhler, Henning: Schwierige Kinder gibt es nicht. Plädoyer für eine Umwandlung des pädagogischen Denkens, Stuttgart 1997[3].

Ortrud Hagedorn: Konfliktlotsen. Stuttgart 1994.

Lawlor, Robert: Am Anfang war der Traum. Eine Kulturgeschichte der Aborigines, München 1993.

Leber, Stefan (Hrsg.): Die Pädagogik der Waldorfschule und ihre Grundlagen, Darmstadt 1996[4].

Locke, John: Gedanken über Erziehung, 1920.

Mause, Lloyd de: Hört Ihr die Kinder weinen? Eine psychogenetische Geschichte der Kindheit, Frankfurt/M, 1980.

Merz, H.: Die Pädagogik von Albrecht L. Merz und seine Werkschule, Stuttgart 1961.

Postman, Neil/Richter, Tobias: Der Auftrag der Schule heute. Wirklichkeit und Unwirklichkeit in der Erziehung, Stuttgart 1998.

Rauchfleisch, Udo: Allgegenwart von Gewalt, Göttingen, 1996[2].

Richter, Tobias: Segeln oder die Kunst des Unterrichtens. Briefe an einen, der es lernen will, Stuttgart 1999.

Schnack, Dieter/Neutzling, Rainer: Kleine Helden in Not. Jungen auf der Suche nach Männlichkeit, überarbeitete Neuausgabe, Reinbek 2000.

Schneider, Johannes W.: Vom Sinn und Wert der Lebenskrisen. Ein Psychologe zu Problemen des modernen Lebens, Dornach 1998.

Steiner, Rudolf: Die geistig-seelischen Grundkräfte der Erziehungskunst, Dornach 1972.

Steiner, Rudolf: Allgemeine Menschenkunde als Grundlage der Pädagogik, Dornach 1956.

Stirner, Max: Das unwahre Prinzip unserer Erziehung. Einleitung von Willy Storrer, Nachwort von Karen Swassjan, Dornach 1997.

Wais, Mathias: Entwicklung zur Sexualität. Begleitende Erziehung und Aufklärung, Esslingen 1997.

Wais, Mathias: Der Mythos der heilen Kindheit – Der junge Mensch an der Schwelle zum nächsten Jahrtausend, Stuttgart 1998.

Wais, Mathias: Das Kind ist der Zukunft näher als der Erwachsene, Esslingen 2000.

Wais, Mathias/Gallé, Ingid: Der ganz alltägliche Mißbrauch. Aus der Arbeit mit Opfern, Tätern und Eltern, Ostfildern 1996.

Weber-Kellermann, Ingeborg: Die Kindheit. Eine Kulturgeschichte, Frankfurt/M. 1997.